U0804657

小天鹅幼儿园教育
系列丛书

从儿童经验生发的艺术化课程

大班

丛书主编——张小媛
分册主编——成　静
分册副主编——朱小平

南京师范大学出版社

图书在版编目(CIP)数据

从儿童经验生发的艺术化课程. 大班 / 成静主编
—南京：南京师范大学出版社，2021.12
(小天鹅幼儿园教育系列丛书 / 张小媛主编)
ISBN 978-7-5651-4982-5

Ⅰ. ①从…　Ⅱ. ①成…　Ⅲ. ①艺术教育—学前教育—教学参考资料　Ⅳ. ①G613.5

中国版本图书馆CIP数据核字(2021)第175803号

丛书名　小天鹅幼儿园教育系列丛书
书名　从儿童经验生发的艺术化课程·大班
丛书主编　张小媛
分册主编　成　静
分册副主编　朱小平
丛书策划　张　莉
责任编辑　张泽芳
出版发行　南京师范大学出版社
地址　江苏省南京市玄武区后宰门西村9号(邮编:210016)
电话　(025)83598919(总编办)　83598412(营销部)　83598312(邮购部)
网址　http://press.njnu.edu.cn
电子信箱　nspzbb@njnu.edu.cn
照排　南京开卷文化传媒有限公司
印刷　江苏扬中印刷有限公司
开本　787毫米×1000毫米　1/16
印张　18.25
字数　271千
版次　2021年12月第1版　2021年12月第1次印刷
书号　ISBN 978-7-5651-4982-5
定价　39.00元

出版人　张志刚

序一

让美浸润课程

幼儿园课程的根本指向是为培养体智德美劳全面发展的儿童。因此，课程的设计和实施必须关注儿童发展的各个领域，注重课程的整体性、综合性和发展性。美育作为幼儿全面发展教育的重要组成部分，必然是幼儿园课程内容不可缺少的部分。幼儿园课程应高度关注幼儿的美育，充分利用各种途径让幼儿感受美、表达美。要让幼儿经常性地欣赏各种艺术作品，感受生活中的美，环境中的美，尤其是要亲近自然，让美浸润幼儿的生活。

美育不是幼儿园课程中孤立的部分，而是课程的有机组成部分，美育与其他各育是相互渗透、有机联系的。幼儿园课程应充分反映幼儿身心发展的特点，充分反映幼儿园课程的美育特点，将美育融入幼儿园课程的方方面面，让幼儿园课程全面渗透美的气息。引导幼儿关注日常生活中的美、自然环境中的美、艺术作品中的美，让美无处不在，无时不有，真正让幼儿园课程成为美的课程，让幼儿园课程显现出美的特质，用美好的事物、美好的行为、美好的词语、美好的作品、美好的环境去塑造幼儿美好的心灵和优秀的人格，真正成为艺术化的课程。

艺术化的课程是将艺术融入整个课程体系的，是将审美融入课程实施的全过程的。艺术化课程的建设要求教师有正确的美育观，有良好的审美意识，有广泛的审美视野，有完整把握幼儿科学探索、人际交往、身体运动、语言表达和艺术创造的意识和能力，能采用综合的手段组织课程内容。因此，艺术化课程不局限于音乐、美术等艺术学科，更不只是艺术领域的课程。艺术化课程就是让幼儿园课程更具审美意义，让美的元素渗透课程的每一个角落，让幼儿的认知过程与审美过程相融合，让幼儿充分表达和表现，让幼儿的创造性与想象力得到更好的激发。

艺术化课程从本质上说是遵循儿童身心发展规律和审美特点的课程，能将幼儿的审美需求和兴趣转化并融入整个课程之中。这就要求教师能倾听幼儿的心声，感受幼儿的内心世界，努力为幼儿提供全时空的学习机会，调动幼儿多种感官，将审美与其他活动相互融合，让幼儿获得综合的经验。艺术化课程一定是为了儿童和面向幼儿的，一定是以幼儿为本的，能充分满足幼儿的审美需求，能将幼儿的审美与多样化的活动有机结合起来，让幼儿在活动中审美，在审美中活动，享受美的生活、美的教育。艺术化是幼儿园课程的一个重要特质，需要努力探索，深入实践。

南京小天鹅幼儿园一直在为艺术化的幼儿园课程而不断学习、思考和探索。他们通过课题引领，努力思考课程艺术化的路径和策略，将艺术与整个课程融合起来，让整个课程更具有艺术的气息。老师们通过对主题的畅想，拓展主题的思路和发展空间，更多地融合艺术与其他课程内容，在课程实施的进程中实现课程与整个课程内容的交融。在主题实施的具体过程中，注重审美资源的挖掘和利用，注重审美与认知、交往、运动等活动的结合，尽可能利用一切机会，融入审美，让幼儿真正感受美的世界、美的社会、美的行为、美的作品。让幼儿在行动和思考中感受美好，热爱生活，积极创造，全面发展。课程探索是一个长期的过程，相信南京小天鹅幼儿园一定会不断学习，不断改革，不断探索，在艺术化课程建设上实现新的突破。

虞永平

序二

“一个经验”：艺术化课程的生活化与审美化

我满怀兴趣读了南京军区小天鹅幼儿园的“从儿童经验生发的艺术化课程”，读完后是满满的喜悦、满满的感动、满满的收获。

“小天鹅”再次飞起来了，那么优雅，那么圣洁。“小天鹅”的不断飞翔、歌唱、舞蹈，显现出了不竭的力量。不竭的力量、持续飞翔的力量，来自艺术化课程长期深化的研究。科学研究好比“小天鹅”的双翼，艺术化课程成了“小天鹅”的代名词，成了“小天鹅”的文化符号，让“小天鹅”更优雅，更健美。

我们应当不断认识、发现小天鹅幼儿园。她是一所幼儿园，但她不稚嫩，也不只有感性，相反，她越来越成熟、越来越深刻。如果说她感性的话，那是灿烂的感性，因为，当感性遇到了科研，便与理性牵手，便成为黑格尔所说的：这是一种美。

说到小天鹅幼儿园必定想到幼儿艺术表演。的确如此。小天鹅幼儿园和艺术结缘，是幼儿艺术让它走向全国。但是幼儿园的老师们不止于此，而是将艺术与课程结合起来，进行艺术课程的研究、实践。这样，艺术教育课程化了，艺术教育也就得以落实并提升了。值得注意的是，他们又将艺术教育的理念、方式迁移至其他领域课程中去，将其称为“通过艺术的教育”，命名为“艺术化课程”。显然，这是一次次突破与超越。正是在突破、超越中，整个幼儿园也随之提升、发展。这样，走向全国的不仅是艺术表演，也不仅是艺术课程，还有艺术化课程，这是艺术对课程的优化与改造，是课程审美化的提升。

“小天鹅”的飞翔永远不会停止。艺术化课程的研究又一次深化了：他们将艺术化课程与幼儿的经验统一起来，将杜威关于“一个经验”的理论创造性地转化到幼儿园课程建构中。无疑,这又是一次新的突破和进步。

关于经验与艺术化课程的理解与统整,小天鹅幼儿园厘清、把握了一些基本问题。首先,关于经验。他们坚守这样的认识:生活与经验是教育的灵魂。经验是生命的一种现象,我们要让幼儿的生命与环境产生交互作用,从环境中吸收经验,又以自己的经验和行动影响环境。其次,幼儿经验产生、获得的主要来源与途径是日常生活。他们这么理解:教师与书本不再是幼儿唯一的导师,手、眼睛、耳朵以至整个身体都是知识的源泉,任何书本或地图都不能代替幼儿的经验,日常生活构成了儿童经验的基础。因此,完全可以认定,艺术化课程是植根于生活的,是基于儿童经验的。艺术化课程要回到日常生活中去。再次,对经验的梳理和筛选。杜威说,当零散的、无系统的日常经验之间发生相互联系,产生相互作用的时候,将构成相对圆满的"一个经验",许多小的"一个经验"联系在一起会变成更大、更完满的"一个经验"。当日常经验变成"一个经验"的时候就具有了审美的性质。小天鹅幼儿园就是想通过"一个经验"促使艺术化课程具有整体性、系统性、审美性,用"一个经验"让艺术化课程在日常生活中得以完整,逐步结构化,并能让幼儿发挥想象;更为重要的是,通过"一个经验"紧扣各领域学习与发展的核心经验,进一步优化教育各要素之间的相互联系,以项目活动和主题活动为载体,有效整合各类资源,创造适宜的环境,支持儿童在与环境的交互中获得"一个经验"。这是艺术化课程的核心理念和审美化的追求。这样的认知是深刻的,由这样的理念来引领,艺术化课程走上了审美境界。

可喜的是,小天鹅幼儿园不仅获得了理念认知的提高,更重要的是将其落实在艺术化课程,尤其是艺术化班本课程的建构与实施中。2015 年以来,生发了 150 个班本课程主题,而且这些主题在研究中被审议,并通过网络进行对比分析,再进行调整和优化,教师在其中发挥了主导作用。他们的进步离不开南京师范大学虞永平教授、王丽副教授的具体指导。再次证明,高校与幼儿园的伙伴研究多么重要。小天鹅幼儿园坚持了这么多年,他们的研究品质和方式值得大家借鉴和学习。

我想,我们应当为"小天鹅"的飞翔唱一支艺术化课程的赞歌。

成尚荣

前　言

小天鹅艺术化课程的班本开发

> 我们在所经验到的物质走完其历程而达到完满时就拥有了“一个经验”。 ——杜威

小天鹅幼儿园艺术化课程迄今已走过20多个春秋，大致可分为三个阶段。“九五”期间建构单科的艺术教育课程、综合艺术课程，这让我们的教师在研究中逐步养成一种“艺术的”眼光和思维，对美具有敏感性和具有将美传递给幼儿的教育力，为艺术化课程的发展奠定了良好的基础。“十五”到“十一五”是艺术化课程研究的第二个阶段，该阶段我们对“艺术”及其与课程的关系进行了新的探索和定位，实现了从综合艺术课程向艺术化课程的转变，这是我园课程建构的重大突破。“十二五”期间，我们进一步厘清了儿童、教师与课程的关系，明确了把儿童经验作为艺术化课程建构出发点与归宿的重要理念。研究中，我们更加深刻地认识到儿童作为课程建构的主体，其个体经验对课程建构具有极其重要的意义，关注儿童经验就是关注儿童发展的可能性。课程就是要基于儿童发展的可能性促成儿童经验的主动建构。在此基础上，“十三五”成为艺术化课程的新发展期，我们展开了更加聚焦儿童个体经验的艺术化班本课程的研究。由此，我们积累了150个班本主题案例。本丛书精选了16个主题案例，完整展现了每个主题预研究、审议、实施、再审议的全过程，并突出了主题网络的前后对比、幼儿经验的分析，以及教师在主题生发过程中的感悟和提升，期望能给读者带来实践层面的借鉴和更深入的思考。

一、艺术化课程的理论基础

（一）经验观

杜威对经验的意义和价值有着较为全面和系统的论述，他认为生活和经验是教育的灵魂。在杜威看来，有机体是活动的，经验是一种生命现象，是生命体与物理环境和社会环境之间的交流，而不仅仅是主体的一种认识事件；经验意味着我们在特定的环境下行动，外部条件影响着我们的行动，反之，我们的行为也影响着环境。这种“做”与“受”的过程，是一个生命体或者有机体与环境的交互过程，是寻求有机体与环境平衡的过程。经验不是对认知对象所发出的感觉信息的被动的接收、被动的思维活动，而是有目的、有意义、有组织的主体的行为。

杜威认为日常生活是经验的主要来源，人与人之间的交往以及感官的直接感知是获取经验的重要途径。“教师和书本不再是唯一的导师；手、眼睛、耳朵、实际上整个身体都成了知识的源泉，而教师和教科书分别成为发起者和检验者。任何书本或地图都不能代替个人的经验；它们不能取代实际的旅行。物体下落的算术公式也不能代替掷石子或把苹果从树上摇下来。”[①]所以说，日常生活经验构成了儿童经验的基础，“没有一个东西能够从无中发展出来，从粗糙的东西发展出来的只能是粗糙的东西……发展并不是指仅仅从心灵里获得某些东西的意思。它是经验的发展，发展成真正需要的经验”。[②] 但并非所有来自日常生活的经验都具有教育的意义，或能成为教育的内容。

杜威提出“教育性”的经验有两个标准。第一，经验具有连续性。经验的连续性包括纵向联系和横向联系。纵向联系意味着每种经验既从过去经验中采纳了某些东西，同时又以某种方式改变未来经验的性质；而横向联系则是指儿童在自然、社区、家庭、学校等环境中的经验应具有一致性和完整性。第二，经验具有交互作用。任何经验都产生于外部客观条件和个体内

---

① [美]杜威.学校与社会·明日之学校[M].赵祥麟，等译.北京：人民教育出版社，1994：261.

② [美]杜威.学校与社会·明日之学校[M].赵祥麟，等译.北京：人民教育出版社，1994：125.

部条件的交互作用。外部的客观条件既包括外部环境刺激，也包括和成人、同伴等之间的交互作用；个体的内部条件包括个体原有经验、兴趣、情感、需求等方面。个体的经验是以自身原有经验为起点，以兴趣和需求为引导，在外部客观条件的作用下生长起来，向横向展开，往纵向延伸的。杜威把经验的连续性和经验的交互作用比喻为“经”和“纬”，两者相互制约，相互联合，密不可分，成为衡量经验的教育意义和价值的标准。①

在《艺术即经验》一书中，杜威指出，当零散的、无系统的日常经验之间发生相互联系，产生交互作用的时候，将构成相对圆满的“一个经验”，许多小的“一个经验”联系在一起会变成更大、更完满的“一个经验”。② 当日常经验变成“一个经验”的时候就具有了审美的性质。作为经验的艺术不仅恢复了与生活的密切联系，还成了一个囊括了自然美、社会美、艺术美、科学美的广阔范畴。

卢梭认为教育是一个自然的过程，大自然是儿童最好的老师，儿童的经验来自大自然，自然中的所见所闻所感都是儿童课程的内容之源。卢梭的经验观体现在以下几方面。首先，经验、知识是由感觉与观察形成的。感官是获得经验、知识的门户，感觉与观察是形成经验、知识的基础。“由于所有一切都是通过人的感官而进入人的头脑的，所以人的最初的理解是一种感性的理解，正是有了这种感性的理解做基础，理智的理解才得以形成，所以说，我们最初的哲学老师是我们的脚、我们的手和我们的眼睛。”③其次，经验是可以还原的，任何复杂的智力都能还原为各种感觉，观念的正确依赖于对感觉的正确判断。最后，真理建立在直接经验的基础之上，真理是靠主体主动发现并自行验证的，而不是接受现成的、不加验证的。

我国幼儿教育家张雪门认为幼稚园课程是给三足岁到六足岁的孩子所能够做而且欢喜做的经验的预备。④ 他提出，幼稚园的课程应该包括技能知识、兴趣、道德、体力、风俗、礼节等多种经验，应与自然环境和社会生活

---

① ［美］杜威.我们怎样思维：经验与教育［M］.姜文闵，译.北京：人民教育出版社，2005.
② ［美］杜威.艺术即经验［M］.高建平，译.北京：商务印书馆，2010.
③ ［法］卢梭.爱弥儿　论教育［M］.李平沤，译.北京：商务印书馆，1978.
④ 戴自俺，等.张雪门幼儿教育文集［M］.北京：北京少年儿童出版社，1994.

相结合，并让幼儿实际行动，“凡扫地、抹桌、熬糖、爆米花，以及养鸡、养蚕、种玉蜀黍和各种小花，能够实在做的，都应让他们实际去做”[①]。这些活动都是当时幼儿的实际生活，幼儿在生活中通过行动获得了一定的直接经验，“然后可以补充想象”[②]，获得各种知识、技能、兴趣、习惯等。

（二）建构主义学习理论

建构主义强调，意义不是独立于我们而存在的，个体的知识是由人建构起来的。对事物的理解不是简单由事物本身决定的，人以原有的知识经验为基础来建构自己对现实世界的理解与解释。由于每个人原有经验的不同，对同一种事物理解也会不同。教学并不是把知识经验从外部装到学生的头脑中，而是要引导学生从原有的经验出发，生长建构新的经验，这一认知建构过程常常是通过参与共同体的社会互动而完成的。

以维果茨基理论基础发展起来的建构主义学习理论认为，学习是由学习者以自己的方式建构的，是积极主动的意义建构和社会互动过程。因此，建构主义学习理论非常重视教学中教师与学生、学生与学生之间的社会性相互作用，重视合作学习、交互式教学。他们认为学生并不是空着脑袋走进教室的，他们在日常生活、学习中，已经形成了丰富的经验。所以，教学不能无视学生的这些经验，而是要把学生现有的知识经验作为新知识的生长点，引导学生从原有的知识经验中“生长”出新的知识经验。

（三）相关课程理论

1. 瑞吉欧教育

瑞吉欧教育认为，真正的课程是教师与学生联合创造的经验。其课程的建立以儿童兴趣和经历为基础，以项目为主要活动形式。项目是就一个值得学习的话题或儿童感兴趣的事物、现象所开展的寻找问题答案的活动，这是瑞吉欧课程的关键点。

---

① 胡琼，喻本伐选编、校注、点评.张雪门幼儿教育论著选读下[M].武汉：长江少年儿童出版社，2014.

② 胡琼，喻本伐选编、校注、点评.张雪门幼儿教育论著选读下[M].武汉：长江少年儿童出版社，2014.

在课程的运作中，幼儿不断以符号表征来呈现任务与学习，学习表现出积极性、主动性。教师的主要职责是认真观察幼儿，并且仔细倾听幼儿的心声，以制订计划，开展工作。这体现在，在活动初期教师对未来活动和项目的方向提出预设，并做适当的课程开展准备，进而观察幼儿的活动，与幼儿一起讨论和学习。同时，瑞吉欧教育还明确父母的主要职责，认为父母作为教育项目的基本组成部分，其主要职责是参与每日的幼儿交流，参与教师、幼儿工作，讨论教育问题、特殊事件、短途旅行以及庆祝活动等。①

瑞吉欧教育强调观察并记录儿童在教育活动中的表现，评析儿童的发展状况和教育需求，以此调整教育活动方案并生成新的课程。在瑞吉欧的课程中，教师对幼儿的观察和评价在课程的组织和实施中随时进行，某种程度上我们可以说此课程做到了不断生发课程与对课程评价的一体化。

2. 高瞻课程

以皮亚杰认知发展理论为基础建构的高瞻课程，旨在针对儿童当前的发展阶段提供广泛、真实的教育经历，以促进学习建构过程的发生。高瞻课程致力于培养儿童广泛的技能，包括解决问题、处理人际关系的技能，以及在日新月异的社会中实现成功生活所必需的沟通技能。该课程通过为儿童提供学习材料、设备、时间来展开他们所选择的活动，激发儿童的创造力。一般认为，高瞻课程的开展基于三个基本原理：其一，儿童积极地参与选择、组织与评价学习活动的过程，这些都是在一定的学习环境中，由教师通过认真仔细的观察与指导来完成的，学习中心有丰富多彩的学习材料；其二，教职人员根据适应儿童身心发展规律的课程模式来制订有规律的日常计划；其三，以高瞻课程的“关键经历”为基础，为儿童设立适应身心发展的系列目标与学习材料。②

3. 认知发展课程

认知发展课程以皮亚杰的认知发展理论为基础，该理论认为“教育体系

① [美]乔治・S.莫里森.学前教育：从蒙台梭利到瑞吉欧[M].祝莉丽，等译.北京：中国人民大学出版社，2014.

② [美]乔治・S.莫里森.学前教育：从蒙台梭利到瑞吉欧[M].祝莉丽，等译.北京：中国人民大学出版社，2014.

应当去适应儿童的需要”①，为此要为“能有效地促进儿童发展的教育”②提供一种课程。该课程理论提出要使课程能有效地促进儿童发展，必须符合以下条件：一是能对儿童在某一特定发展阶段正在出现的各种能力提出挑战，并提供练习的机会；二是能鼓励和帮助儿童发展他自己独特的兴趣、才能并符合长远的目标；三是当儿童对某种学习内容处于最佳的掌握、概括和记忆期，并能把这一内容与过去已有的经验和将来的事件联系起来时，能及时给他们提供有关的学习经验。

认知发展课程以“儿童的主动学习”为中心，课程的目的在于有效地促进儿童认知能力的发展。反映儿童认知能力的近50种关键经验，共分为五类，即主动学习、语言运用、经验与表征、发展逻辑推理、理解时间和空间。这些关键经验是用来帮助教师了解人类基本的智力过程和内容的。关键经验之间有着密切的联系，在任何实际的学习活动中，它们都应该综合为一体，而不是以孤立的形式让儿童来学习和运用。也就是说，每一种经验都能通过适合儿童不同发展水平的多种活动来获得，这些活动既可以是教师设计的，也可以是儿童自发生成的。在一日活动中，教师应是儿童解决问题活动的积极鼓励者，是儿童发展的支持者，为儿童提供丰富的材料和活动，使儿童可以对材料和活动进行选择；教师明确地要求儿童运用某种方式制订计划，表明他们准备干什么、怎么干；提供问题和建议，为有关儿童的思维过程、语言发展和社会性发展的关键经验的情景安排创造条件。③

总之，在课程发展的历史上先后出现了众多的课程理论流派，这些课程理论流派在一定程度上都对课程问题做出了解释与回答。而不同课程理论流派和观念的选择决定了我们要建构什么样的课程、由谁来建构以及怎样建构。

经验的课程论从重视知识到重视儿童，从重视分科到重视综合，从重视

---

① [美]玛丽·霍曼，伯纳德·班纳特.活动中的幼儿　幼儿认知发展课程(幼儿园教师手册)[M].郝和平，周欣，译.北京：人民教育出版社，1995.

② [美]玛丽·霍曼，伯纳德·班纳特.活动中的幼儿　幼儿认知发展课程(幼儿园教师手册)[M].郝和平，周欣，译.北京：人民教育出版社，1995.

③ [美]玛丽·霍曼，伯纳德·班纳特.活动中的幼儿　幼儿认知发展课程(幼儿园教师手册)[M].郝和平，周欣，译.北京：人民教育出版社，1995.

理性到重视感性，从重视静态课程到重视活动课程，从重视一般到重视个别，完成了课程理论发展史上一次伟大革命。这对我园艺术化课程的建构有重要的借鉴价值。而建构主义的课程观将人的价值、人的创造性提到更高的位置，是人本主义哲学在课程领域的反映，以此为理论基础建立起来的课程更指向儿童本位，重视知识的生成意义，鼓励探究性学习和合作学习。这些都为艺术化课程提供了相应的理论基础、方法论基础和实践经验。

二、艺术化课程的内涵

"幼儿园课程是实现幼儿园教育目的的手段，是帮助幼儿获得有益的学习经验，促进身心全面和谐发展的各种活动的总和。"①艺术化课程不同于艺术课程。艺术课程是以实现艺术教育为目的的课程；而艺术化课程的宗旨是促进幼儿全面发展，其本质吸收了杜威的《艺术即经验》的精华，强调一种"大美育"的教育立场。课程的目的不再是传递固定的艺术知识和艺术技能，而是帮助儿童获得一个个完整、独特、整一的新经验，同时获得审美的愉悦体验；课程的内容不再局限于音乐、美术、戏剧等专门领域，而是一个不可分割的生活整体；课程实施的场所不仅仅是学校，更是要融入大自然、大社会之中。② 南京师范大学边霞教授也指出："教育不应隔断儿童现在生活和过去生活以及将来生活的联系，而应在一个最为自然的过程中，将它们串连成一个整体。儿童的生活将成为完整、持续生长的艺术化过程。"③

艺术化课程也不等同于课程艺术化。艺术化课程注重的是将艺术精神融入整个课程，而并非机械地将所有课程改成艺术活动。艺术精神本质上是自由自在、想象创造、享受愉悦。艺术化课程各领域的活动是交融、渗透的，它们之间没有明确的边界，正因为有了艺术精神的融入，整个课程都有了艺术的意蕴，有了艺术的趣味，在保证基本艺术素养培养的同时促进了儿

---

① 王春燕.幼儿园课程概论[M].北京：高等教育出版社，2012.

② 杜威.艺术即经验[M].高建平，译.北京：商务印书馆，2005.

③ 边霞.儿童的艺术与艺术教育[M].南京：江苏教育出版社，2006.

童的全面发展。

综上，艺术化课程是基于儿童兴趣与成长需要，以艺术精神为引领，以培养灵性生长的完整儿童为目标，经由儿童经验整合各领域内容，富有审美意蕴与创造趣味的幼儿园综合性课程。艺术化课程具有创造性、生成性与审美性等特征，它强调从儿童经验出发，通过亲身体验、直观想象、自由创作、艺术表现等实践路径，实现儿童经验持续不断的生长，培育儿童的审美意识，陶冶儿童的审美情操，促进儿童全面而富有个性的发展。

三、艺术化课程的理念

艺术化课程强调从儿童已有经验出发生发契合儿童兴趣和发展需要的班本课程，使儿童与周围的他人、社会与环境相互联结，以获得经验的不断生长，最终成为灵性生长的完整儿童。

（一）经验

一般认为经验既指从已发生的事件中获取知识，又指“经历”。儿童经验既指环境作用于儿童身上所实现的变化，也指儿童与环境之间交流互动的过程。儿童的发展体现在其自身经验的发展上，因此经验生长成了艺术化课程的主轴。艺术化课程关注经验的连续性、生长性、整一性等基本属性，强调以游戏为基本活动，以直接感知、实际操作、亲身体验为基本方式实现儿童经验的发展。艺术化课程中的儿童经验具体包含三个方面：一是儿童已有的日常生活经验，二是各年龄段儿童学习与发展的核心经验，三是儿童在艺术化课程中逐步发展起来的完满、整一、独特并具有审美性的新经验。

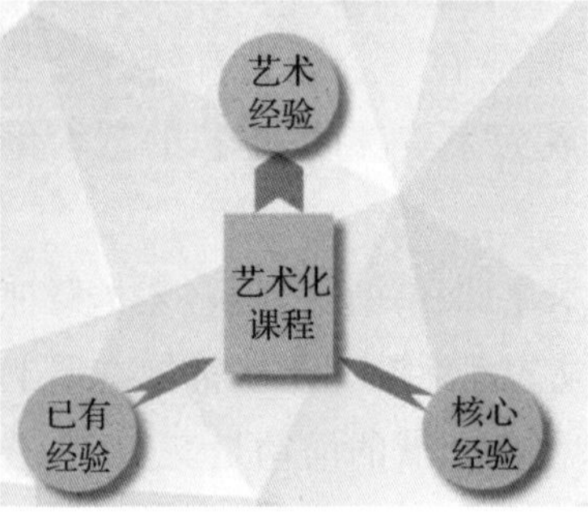

图 0－1

首先，了解儿童经验是艺术化课程的出发点。已有经验是儿童经验生发艺术化课程的触点，具体体现在儿童行为中，教师必须用科学的方法观察、理解儿童行为，感受其变化和发展，既全面把握本班儿童经验的丰富性，又关照到个体儿童经验的独特性，开放式地呈现儿童经验可能生发艺术化课程的多个触点。例如由社会活动“家乡的桥”中儿童对桥的兴趣生发了主题“小小桥梁工程师”。一开始，通过全班“头脑风暴”式的讨论活动，如“桥是什么”等，对儿童有关桥的已有经验进行了调查与归类，其中呈现出了主题的多个触点，如桥的演变、结构、功能等。已有经验为主题的开展提供了可供参照的课程生发触点。

其次，把握和分析儿童经验伴随艺术化课程建构的整个过程。儿童学习与发展的核心经验是儿童经验生发艺术化课程的重要依据。我们参照《3—6岁儿童学习与发展指南》(以下简称《指南》)《学前儿童语言学习与发展核心经验》《学前儿童健康学习与发展核心经验》等文件、专著及其他相关文献，以学习品质为内核，从运动与健康、交流与读写、认知与理解、表达与创造、交往与适应、习惯与态度六个方面梳理了儿童学习与发展的核心经验（见附录）。在具体的主题活动开展过程中，我们通过聚焦提问式的反复调查，并结合核心经验与儿童共同设计、构建了围绕主题可能开展的活动内容和可能涉及的活动形式，预构了主题可能生发的网络图。在具体的课程实践中，网络图也随着儿童经验的变化在不断地调整。

最后，新经验是儿童已有经验经由艺术化课程的开展生长起来的，具有生成性、流畅性、整一性、审美性，这些新经验都将在儿童今后的各类活动中得到应用和再发展，呈现出持续的生命力。

（二）生长

生长有生发、发展的含义，它是有机体内部一种由内而外的向上、向外生长的本能冲动和能力。儿童正处于认知、道德、审美的生理、本能层面的萌芽阶段，这种未成熟的状态具有向上生长的无限可能。艺术化课程珍视这一特质，从儿童天性出发，承认儿童生长的潜能与个性，尊重儿童生长的时间与速度；着重创设支持、开放的生长环境，集结丰富适宜的材料资源，提供自主融合的活动与方法，为儿童的生长提供最适宜的支持。

儿童经验的生长是课程中最为重要的生长，即儿童与丰富、适宜、有层次、有意义的环境相互作用，不断生长出新的经验。提升教师的教育智慧是促成儿童经验生长的重要条件，即教师在了解儿童已有经验的基础上，遵循儿童经验生长的规律和特点，开展艺术化课程班本实践，强化自身的经验意识与课程意识。同时，艺术化课程也是不断生长完善的，其生长与儿童经验的生长是相辅相成、密不可分的。

（三）联结

美国国家艺术核心素养标准曾提出联结(connecting)这一概念，指出艺术要与个人的各种经验相连通，要与社会、文化、历史等背景相连通。在艺术化课程中，我们认为联结本质上指的是课程各要素之间的有机融合，即艺术化课程中各要素是整一存在的。

儿童的发展具有整体性，课程要在充分了解和遵循儿童自身发展节律的基础上，以活动为载体，促进影响儿童发展的各方面因素（人、社会、历史、文化）之间的联结，发展儿童经验，丰富审美性情绪情感体验，实现儿童的全面发展。课程中的联结具体包含课程联结的触点和经由联结生发的联结过程，课程中的联结触点基于儿童的生活和学习，可以是一日生活中的某个惊喜时刻，也可以是某段时间持续的一个主题活动，我们认为凡是在课程中的、为了儿童经验发展、符合儿童发展需要的内容都可以成为课程联结的触点。而联结过程则指的是艺术化课程中各要素（人、事、物）之间有机融合的过程，具有动态生成性和整一性，课程中的联结过程有个体经验的发展、个体与他人的联结、个体与社会的联结、个体与环境的联结。

艺术化课程中的联结是独特的，是艺术化课程中儿童一个愿望得以实现、一个问题得以解决……“一个经验”得以完满的重要途径。

（四）灵性

灵性，是儿童天性之下的天真烂漫、新奇好动、异想天开等特性。它表现为一种心灵需求的满足——有着无限自由的空间。儿童所经历的对事物的感受力、发现力、创造力以及“共情”都是其灵性的体现，有灵性的儿童具有自发地、愉悦地探索与发现未知的动机和能力。

艺术化课程强调儿童的灵性和游戏是紧密相连的。一直以来，儿童的游戏都被认为是最为纯粹的游戏形式，是根源于“纯粹的人的本性”的活动。

游戏是艺术化课程的基本活动形式，是从儿童人性深处流淌出来的旋律，是一种“心”的活动。儿童的灵性蕴于丰富的游戏活动中。游戏中的儿童凭借丰富的想象，表现出打破常规、不拘一格的创造性、开放性和跳跃性，尽情探求未知世界、探索生命成长。

艺术化课程中儿童的灵性，伴随在儿童“一个经验”发展的全过程，也体现在“一个经验”最终完满的状态上。基于此，我们认为儿童经验发展的过程具有灵性的美。课程为儿童提供灵性发展的自由空间，创造丰富、适宜而有意义的环境，让他们在创造性的游戏活动中，在思维飞扬和激情投入的状态中，获得惊奇、智慧和纯粹的快乐，彰显灵性之美。

四、艺术化课程的基本框架

小天鹅艺术化课程以杜威的经验观、建构主义学习理论为基础，对国内外开展的方案教学、项目教学、认知课程等实施模式加以借鉴，结合我园实际情况和实践经验不断创生发展。至今，艺术化课程已初步形成一套恒定的、独具我园特色的课程框架。

艺术化课程框架主要由五个部分组成：其一为课程理念，课程以“经验”“生长”“联结”“灵性”为核心理念；其二为课程目标，课程总目标是培养灵性生长的完整儿童，总目标下又分为运动与健康、交流与读写、认知与理解、表达与创造、交往与适应、习惯与态度六个层级目标；其三为课程内容，课程来源于儿童生活，来源于与儿童生活相关的人、自然、社会，儿童兴趣和成长需要是选定课程内容的重要依据；其四为课程实施，儿童经验是课程实施的触点，伴随课程实施的整个过程，课程实施是儿童“一个经验”得以形成，并得到不断的丰富和完善，形成具有圆满性、独特性、整一性和审美性的“艺术经验”的过程，即“源于经验、为了经验、发展经验”的过程，课程以开展各类活动，如集体活动、区域活动、生活活动等为实施途径，课程实施模式由预研究、具体实施和总结反思三阶段构成；其五为课程评价，主要体现在对幼儿的评估、教师的评价以及课程的审议。具体框架如图 0－2。

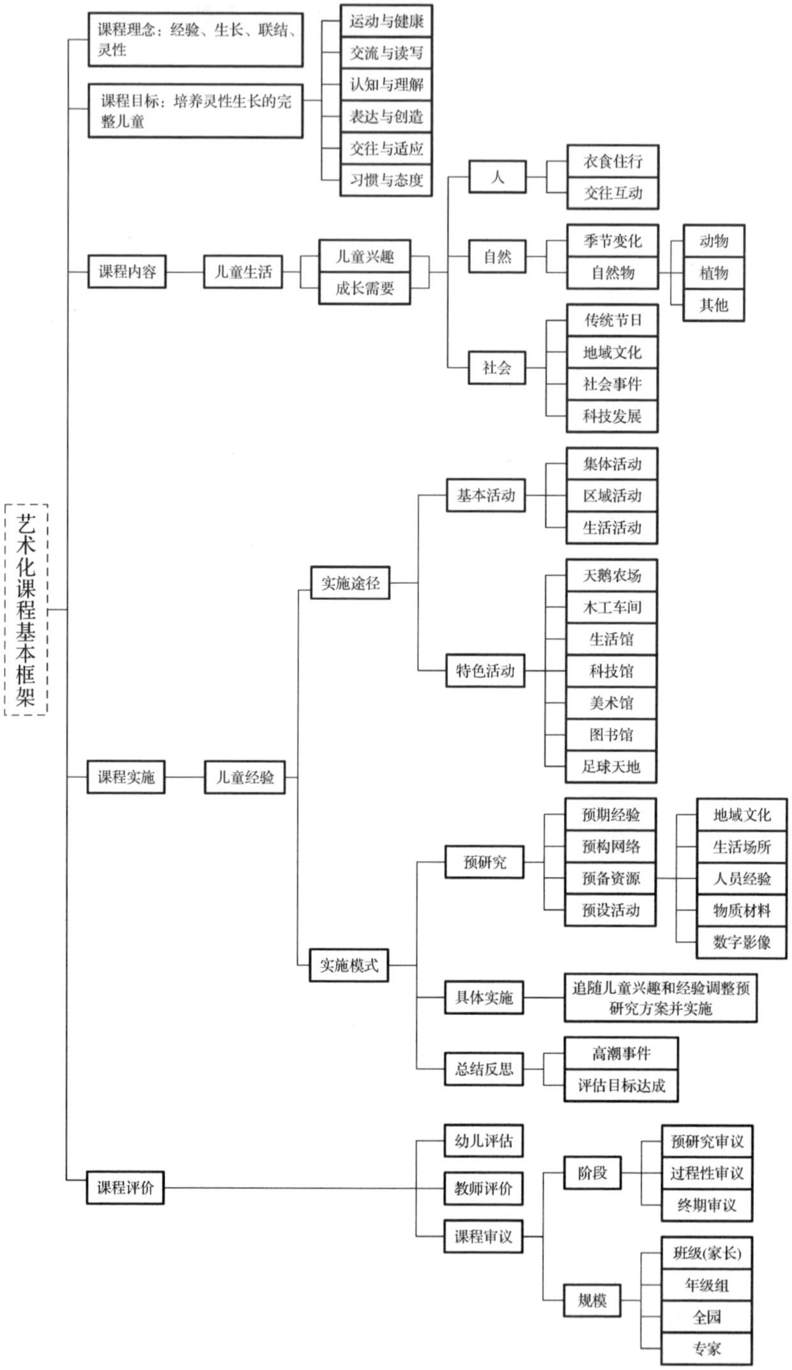
艺术化课程基本框架
课程理念：经验、生长、联结、灵性
课程目标：培养灵性生长的完整儿童
运动与健康
交流与读写
认知与理解
表达与创造
交往与适应
习惯与态度
课程内容
儿童生活
儿童兴趣
成长需要
人
衣食住行
交往互动
自然
季节变化
自然物
动物
植物
其他
社会
传统节日
地域文化
社会事件
科技发展
课程实施
儿童经验
实施途径
基本活动
集体活动
区域活动
生活活动
特色活动
天鹅农场
木工车间
生活馆
科技馆
美术馆
图书馆
足球天地
实施模式
预研究
预期经验
预构网络
预备资源
预设活动
地域文化
生活场所
人员经验
物质材料
数字影像
具体实施
追随儿童兴趣和经验调整预研究方案并实施
总结反思
高潮事件
评估目标达成
课程评价
幼儿评估
教师评价
课程审议
阶段
预研究审议
过程性审议
终期审议
规模
班级(家长)
年级组
全园
专家

图 0-2

五、艺术化课程的目标

艺术化课程以杜威经验观为理论依据，结合《幼儿园教育指导纲要（试行）》（以下简称《纲要》）和其他国家纲领性文件，将总目标定位在灵性生长的完整儿童上，即培养有灵性、有活力、有激情、有潜能的完整儿童。

我们根据艺术化课程总目标，以《指南》中的儿童发展目标为纲，借鉴参考了“核心经验与幼儿教师的领域教学知识丛书”、俄罗斯《幼儿园教育与教学大纲》、“高瞻课程的理论与实践”丛书（语言、创造性艺术、数学、学习品质、社会性和情感发展等）、《学前儿童音乐教育活动设计与指导》、《通向数学：教师指导手册》等，制订了艺术化课程中儿童学习与发展的层次目标，具体分为六个方面——运动与健康、交流与读写、认知与理解、表达与创造、交往与适应、习惯与态度，并根据年龄特点进行了层级划分。

1. 运动与健康

强健的身体、健康的生活以及良好的自我照顾能力是儿童发展的重要内容，是艺术化课程的重要目标，是完整儿童发展的重要前提。“幼儿阶段是儿童身体发育和机能发展极为迅速的时期，也是形成安全感和乐观态度的重要阶段。”课程着力于促成儿童良好的身体发育、愉快的情绪、强健的体质、协调的动作、良好的生活习惯和基本生活能力的发展。

2. 交流与读写

在社会关系和有意义的活动中发展起来的儿童语言读写能力，是日后儿童在阅读理解和其他学科领域，如科学和社会领域学习成功的必要条件，对于儿童未来的学习能力培养至关重要。

3. 认知与理解

“丰富”的经验造就了“丰富”的头脑。艺术化课程旨在为儿童提供丰富和适当的认知经验，让儿童在活动中不断思考、推理和正确使用信息，帮助儿童在丰富的经验中，获取知识、了解身边的世界并做出恰当的决定。

4. 表达与创造

创造艺术形象以表征人们对世界的认识，早已是人类经验的一部分。儿童全神贯注地表征自己世界中的爸爸、妈妈和喜爱的事物正是他们对表达创造精神的渴望。投入创造性活动给人们带来的满足感是任何事情都无法比拟的。以表达和创造作为艺术化课程的目标有利于培养儿童健康的情绪,增强其自尊和自我价值感。

5. 交往与适应

“人际交往”和“社会适应”是儿童社会性发展的重要内涵,幼儿时期充满丰富的社会学习机会。艺术化课程着力于帮助儿童发展交往与适应能力,促使他们适应新环境,与同伴、成人建立良好的互动关系。

6. 习惯与态度

《指南》中明确指出“重视幼儿的学习品质。幼儿在活动过程中表现出的积极态度和良好行为倾向是终身学习与发展所必需的宝贵品质”。艺术化课程重视儿童学习习惯与态度的养成,旨在培养儿童成为热情、主动、投入的学习者。

各年龄段层级目标见附录。

例如我们在“表达与创造”的核心经验中提及与“设计、戏剧、文化休闲”等相关的内容,这在俄罗斯《幼儿园教育与教学大纲》中也有涉及。我们在学习借鉴与深入思考之后,结合艺术化课程的特点,调整为“对戏剧游戏有积极的兴趣,理解艺术形象,关注角色人物的发展和相互影响”。

再比如“文化休闲活动”是我国《指南》中缺少的,但对儿童来说很重要,而且这还是艺术化课程核心经验的重要组成部分,而俄罗斯《幼儿园教育与教学大纲》却对此有非常细致的描述,这对艺术化课程的开展有很重要的借鉴意义。据此,我们提出“在空闲时间常做有趣的、有益的、丰富的活动,形成良好的休闲文化的基础(游戏、运动、阅读、绘画、泥塑、搭建、散步和参观等)”这一核心经验。

六、艺术化课程的内容

《纲要》指出:“幼儿园应与家庭、社区密切合作,与小学相互衔接,综合利用各种教育资源,共同为幼儿的发展创造良好的条件。”艺术化课程的内容来源于儿童生活,儿童在真实生活情境中发展起来的兴趣和成长需要是选定课程内容的重要前提条件。对课程内容需要密切结合与幼儿园相关的资源环境进行考量，具体有人、自然、社会等。

(一) 人

幼儿园的教育说到底是人的教育问题。艺术化课程注重课程中幼儿对自我的认识，注重自我与他人、自我与社会的关系，因而艺术化课程的内容与人的生存和活动密切相关，既来源于幼儿日常生活中的衣食住行等各方面，又来源于幼儿社会交往互动的过程。一方面，幼儿作为独立的个体有基本的生存需要（衣食住行）和生存意识（自我发展）。根据全人教育理论的观点，幼儿健全的自我分为身体自我、情感自我、认知自我、社会性自我与创造性自我。因此，艺术化课程内容注重挖掘与幼儿生活密切相关的衣食住行各方面内容以及作为人的自我相关内容。另一方面，幼儿是在与环境互动的过程中逐步获得健康的体魄和对自我的理解的。因此，课程也注重幼儿与他人互动中所形成的人际关系的相关内容。以此我们生成了一些相关的主题活动，如“Hello，Baby！”“十个手指头”“饼干总动员”“面面相趣”“好玩的球”等。

(二) 自然

陈鹤琴说：“大自然、大社会都是活教材。”自然环境作为幼儿园重要的课程资源，蕴藏着扩展幼儿生活和学习空间的无限可能，艺术化课程内容的选择珍视与幼儿生活相关的、幼儿感兴趣的自然内容。一方面，自然界中季节更替、阴雨晴云等自然现象都与幼儿的生活密切相关；另一方面，幼儿园、军区大院乃至周边环境（如紫金山、玄武湖、红山动物园等）中的动植物，也都是幼儿感兴趣的，这些都已逐渐被纳入我们课程内容的选择圈。比如军区大院的水杉树林是幼儿最喜欢去玩的地方，幼儿通过看、摸、闻、抱、画等多种方式观察、了解、记录水杉，由此生成了一系列的水杉活动。以自然资源生成的主题活动有“我和斑鸠做邻居”“柚子熟了”“你好，小鸭子”“小土豆大世界”“蚂蚁王国趣事多”等等。

(三) 社会

幼儿从一出生，便开始探索社会。幼儿的社会学习涉及对社会规范和习俗的认识,涉及对历史、人文、时事的学习,是幼儿整体学习和发展的重要组成部分,也是艺术化课程的内容组成。幼儿在成长的过程中获得关于社会人、社会角色、社会群体的理解;识别和理解周围社会环境的特征和地理方位;认知社会历史的过去、现在和未来;感知自然与社会的关系,形成初步的主人翁意识。这些都可能是艺术化课程内容的来源。我们对这部分的内容做了梳理与归纳,具体可以分为传统节日、地域文化、社会事件、科技发展等。以社会资源生成的主题活动有"小小桥梁工程师""各种各样的伞""跃然'纸'上""手机的秘密""筷子兄弟"等。

七、艺术化课程的实施

(一) 艺术化课程的实施途径

艺术化课程以主题活动或项目活动的方式开展,实施途径丰富而多样。一方面,集体活动、区域活动、生活活动等幼儿园一日生活的各环节是艺术化课程实施最为重要也最为基本的活动形式,任何一个主题的开展都借由集体活动、区域活动、生活活动得以实现。另一方面,主题活动的开放性、生成性使得资源对课程的实施途径有着越来越重要的影响。我园精心打造了天鹅农场、木工车间、生活馆、科技馆、美术馆、图书馆和足球天地等,为艺术化课程的实施提供了更加丰富的活动形式和活动实施的场域及资源。目前,这些都已纳入我园课程实施的途径加以考量,旨在用更灵活多样的、有效的活动促成儿童经验持续、完满、整一的发展。

(二) 艺术化课程的实施模式

艺术化课程的实施从儿童经验出发,以"经验、生长、联结、灵性"理念为统领,具体分为三个阶段。见图 0-3。

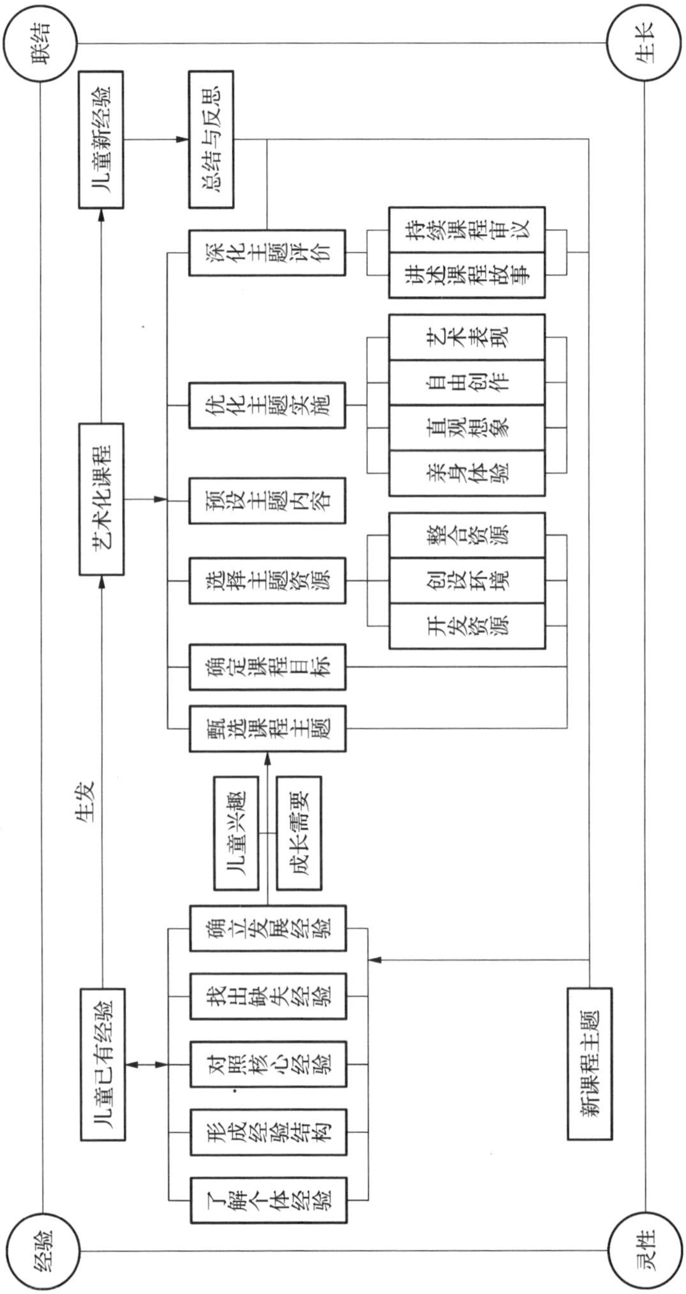

儿童经验生发艺术化课程的模型

第一阶段:整体把握儿童已有经验。

环节一:了解个体经验。

艺术化课程强调以儿童经验为本,儿童的已有经验决定着儿童的最近发展区,这是课程生发的重要触点。要整体把握儿童的已有经验,必须从个体经验出发,即通过自然观察、谈话等方式了解不同家庭背景、生活体验、个人能力等的儿童的个体经验水平。

环节二:形成经验结构。

在了解儿童个体经验水平的基础上,将儿童的已有经验按照我园艺术化课程核心经验的六个维度进行归类,形成经验结构,以便于进一步分析儿童已有经验和艺术化课程学习与发展的核心经验的差距。

环节三:对照核心经验。

将全班儿童的经验结构与艺术化课程中该年龄阶段儿童学习与发展的核心经验进行对照,找出缺失的经验,而这一部分的经验正是在他们的最近发展区之内的,是儿童可以通过自身努力获得的新经验。

环节四:找出缺失经验。

将儿童的已有经验和我园艺术化课程学习与发展的核心经验对照后,不足的地方即儿童的缺失经验,也是需要通过主题活动的实施帮助儿童获得的新经验。

环节五:确立发展经验。

根据找到的缺失经验整理出儿童的发展经验,这为下一阶段艺术化课程的实施提供了科学的依据。

第二阶段:实施艺术化课程。

环节一:甄选课程主题。

促进儿童经验的生长是幼儿园课程建构与完善的出发点和落脚点,通过对照儿童已有经验和艺术化课程学习与发展的核心经验而确立的儿童发展经验,是甄选课程主题的重要参照。

环节二:确定课程目标。

在确立主题生发点之后,即通过对照儿童已有经验和缺失的核心经验,制订符合该年龄阶段的目标。主题目标应具有适宜性与全面性,促进儿童在运动与健康、交流与读写、认知与理解、表达与创造、交往与适应、习惯与态度六个方面的全面发展。同时，主题目标应该具有生成性。正如杜威所说，“一个良好的目标会调查学生目前的经验状况，制订一个试验行为处理计划，并经常考虑这个计划，但是当情况发展时，就改变这个计划”，这就是根据儿童的生长需要不断生成目标的过程。

环节三：选择主题资源。

根据主题活动的目标，接下来应该充分挖掘与整合各类可利用的资源，提高资源的利用率。第一，根据艺术化课程资源地图，选择和主题密切相关的地域文化、生活场所资源。第二，从小天鹅“资源超市”选择丰富的物质材料资源、数字音像资源。第三，从小天鹅经验资源库选择适宜的家长资源、专家资源。第四，根据以上资源绘制主题资源图。

环节四：预设主题内容。

主题内容的确定与目标是紧密联系的，目标决定内容，内容反映目标。教师在主题实施前会根据儿童的兴趣、已有经验的分析和主题目标等预设主题内容。主要包括：第一，预设主题活动网络图，为儿童的经验增长和建构提供线索脉络，接下来的活动需要儿童自主探索并与老师共同生成；第二，预设可开展的活动，这里的活动可以是集体活动或小组探究活动，也可以是发展儿童个性的区域活动、日常生活活动。

环节五：优化主题实施。

主题实施是艺术化课程的中心环节，教师与儿童都是主题实施的主体，儿童可以在教师的指导下独立或小组合作对问题进行调查探究，也可以与教师共同探究。在这个过程中儿童可以通过调查、实地参观等收集资料，可以用绘画、测量等方式记录，也可以通过讲故事、讨论等分享在探究中的收获与想法并发展语言表达能力，教师始终作为观察者、协助者出现在儿童身旁。探究后教师对儿童探究的态度、方法、能力进行研究，对所探究的话题、过程、结论进行回顾、反思和改进。最后，师幼在一系列的探索反思后自然地将活动推向高潮。在整个活动中，教师充分关注每一个儿童的个性发展与经验获得，充分支持儿童的亲身体验、直观想象、自由创作和艺术表现。

环节六：深化主题评价。

主题评价主要包括：第一，讲述课程故事。教师回顾整个探究活动，总结儿童在主题活动中新经验的生长轨迹以及教师在主题活动中的支持与帮助。第二,持续课程审议,包括课程实施前初审议、课程实施中阶段性审议、课程结束时汇报总结。此外,讲述主题故事和持续课程审议是紧密结合、循环往复的过程。通过讲述主题故事,教师不断地分析儿童的已有经验和最近发展区,结合儿童的兴趣点开展深度的课程审议,为进一步深化主题活动提供依据。通过持续的课程审议,教师反思儿童经验的获得,反思主题活动是否适合本班儿童,从而获得教育智慧的提升。

第三阶段:儿童获得新经验。

本阶段的主要工作是主题总结与反思,一方面,教师要分析儿童在主题探究活动中所获得的新经验,同时发现儿童新的兴趣点,为下一个主题活动的生成奠定基础;另一方面,教师要提炼总结自己在主题活动中的有效策略,并反思自己的不足,以在下一个主题中得以改善。总之,主题总结与反思既是这一主题活动的结束,又是新的主题活动的开始。

综上所述,儿童经验生发艺术化课程的模型是一个可操作性的实践模型,构建了从儿童经验出发生成艺术化课程、儿童获得新经验的整个过程。

(三) 艺术化课程的实施策略

1. 了解儿童已有经验的策略

(1) 自然观察策略

自然观察策略是通过观察儿童生活中自然发生的、与主题相关的事件,捕捉儿童的个体经验,并对个体经验进行调查与汇总归类,从而了解全班儿童经验的倾向性。同时,通过自然观察的策略,将个体兴趣引发成群体兴趣,为主题的生发及主题活动脉络的预设提供支持。如当一个儿童对蚂蚁产生兴趣时,教师有意识地引导儿童为蚂蚁提供食物并进一步观察,让全班儿童产生“蚂蚁能搬动多重多大的食物”的探究兴趣,小蚂蚁的探究活动就自然而然生成了。

(2) 情境观察策略

教师通过创设问题情境,引发儿童对主题更深入的思考,不但可以更有针对性地了解儿童的已有经验,还能够将个体经验升华为班级的群体经验,助推主题的深入。当儿童对萝卜为什么会裂开产生兴趣时,教师及时抓住这个兴趣点,提出一系列的问题:“萝卜成熟时会不会发生炸裂的现象?其他蔬菜成熟时是什么样的呢？也会炸开吗？”教师在其中把握的儿童已有经验为后续课程的开展奠定了基础。

总之，在艺术化课程的开展中，既要注意避免经验的简单重复，又要注意避免经验的遗漏。因此，准确把握儿童的已有经验是开展艺术化课程的重中之重。为了准确把握儿童的已有经验，教师既要在一日生活中保持敏锐的洞察力，及时捕捉儿童对于新生事物的兴趣点，又要适时地创设问题情境，全面把握儿童经验。

2. 整合利用资源的策略

资源在艺术化课程的实施中起着不可或缺的作用，因此要逐步建立资源意识，开发利用周围的各种资源。我们将资源分为地域文化资源、生活场所资源、数字影像资源、物质材料资源与人员经验资源等五大类别，形成了多样化的整合策略，具体如下。

(1) 绘制了资源地图

为了大力开发地域文化资源和生活场所资源，我们从儿童经验出发，充分发掘与利用周围的地域文化资源和生活场所资源，以小天鹅幼儿园为中心，3 千米左右为半径，绘制了我园独特的网络资源地图。在课程的开发与实施中，教师可以根据课程的需要，查阅幼儿园资源地图，寻找可以使用的资源。资源地图也在使用中得以不断更新与完善。

(2) 建立了“资源超市”

我们建立了小天鹅“资源超市”，有效整合了物质材料资源、数字影像资源。物质材料资源分为教学挂图、家居用品、废旧物品、自然物等 8 大类，有 70 余种物品。数字影像资源中，目前主要整理了教学课件，有白板课件 34 个，PPT 课件 51 个，教师原创的获奖微课 43 个。“资源超市”可供教师和儿童在各主题开展时根据需要“选购”资源，形成主题下的课程“资源包”。主题开展时，教师可进一步展开调查，与儿童共同挖掘新资源进行补充；主题结束后“资源包”归档，新的资源推进了“资源超市”的更新。因此，每一次主题活动的开展都是对“资源超市”的补充与丰富。可见，儿童经验生发的艺术化课程“资源超市”是动态的、不断扩充的。

(3) 建立了经验资源库

为充分利用幼儿园的人员经验资源，包括幼儿家长资源、教师资源、专家资源与社区资源，我们梳理并建立了经验资源库。其中，家长资源是一种重要的课程资源，它是动态的、不断更新的，我们应当充分利用。2020 年最新的家长资源有文化、教育、交通、医疗、安全、金融、建筑、其他共 8 大类，由于家长资源 60%是军人资源，所以没有将其囊括其中。专家资源包括舞蹈、音乐等方面的艺术家，物理、天文、植物等方面的科学家，剪纸、花灯等非物质文化遗产传承人等。教师资源除有丰富教学经验的教师外，还有舞蹈、美术、足球、科学、种植等方面的专职教师。

在实施艺术化课程时，教师会通过资源地图、“资源超市”以及经验资源库进行选择，选取并补充自己需要的课程资源，助力课程的实施。

3. 课程的实施策略

(1) 以多通道感知支持亲身体验

多通道感知是一种通过视、听、闻、触等多种感官来亲身感知与体验，达到主体与客体相互作用，从而构成一种新的意义关系，实现主体对客体的认知。学前儿童处于前运算阶段，多种感官的刺激符合儿童无意记忆、无意想象的心理发展特点，从而促进其思维、记忆、想象力的发展。例如让儿童通过拍照感受水杉树林在不同视角下的形态美，倾听水杉树林的各种声音，闻一闻不同天气下水杉树林的独特气味，通过拥抱测量水杉的“腰围”，通过放气球测量水杉的“身高”……儿童通过视、听、闻、触、拍照、拓印、测量、绘画等多种方式得到全方位多维度的艺术体验，丰富审美经验。

(2) 以开放环境支持直观想象

儿童的想象力往往不受认知的制约，具有夸张性、外显性、独特性的特点。民主、自由、开放的环境中，教师不设好坏标准，不给出唯一答案，不限制儿童的思维，不扼杀儿童想象的天性，让儿童发挥想象力，自由阐释艺术、表现生活，有效支持儿童的直观想象。南京市正在进行垃圾分类，大家都在谈论垃圾分类、学习垃圾分类，幼儿园也开展了垃圾分类的主题活动。当教师询问儿童想发明什么来进行垃圾分类时，由于他们的生活环境、审美期待和审美心境各不相同，且较少受到思维定式的影响，因此其直观想象也各不相同，回答中有“能力强大的垃圾机器人”，也有“凶狠的垃圾怪兽”。儿童这种独特、充满个性，有时甚至怪诞的艺术想象与表现，正是他们艺术潜能的发挥，教师都以开放的态度给予了支持。

(3) 以情感投射支持自由创作

幼儿的自由创作往往具有自然天成的稚拙、纯朴与超乎寻常的想象力和创造力的特点。他们创作的过程就是情感投射的过程，是情感记录的过程，是审美体验的过程，也是经验不断丰富的过程。针对这样的特点，教师采用情感投射的策略，让幼儿以自己的视角和想象去自由创作，“主观”地表现事物。当小班幼儿刚认识乌龟时，大部分幼儿只画了一个大大的圆来表示乌龟，而随着教师的引导和主题的深入实施，幼儿和小乌龟成为朋友后，他们的创作就更加自由、大胆而独特了。画面上，出现了小乌龟的朋友、小乌龟的家、无数大大小小的乌龟蛋等。

(4) 以多元统整支持艺术表现

幼儿的艺术表达具有多元、多样、整合的特点，多元统整的策略正顺应了幼儿的这种特点，加强了各种艺术表现手法的相互联系和有机结合，有效支持了幼儿的艺术表达。当对幼儿园新种植的树进行主题探究，积累了丰富的经验后，幼儿决定用戏剧表达在探索中获得的经验。融合了音乐、舞蹈、儿歌等多种艺术形式，以显性形式带动隐性形式，可帮助幼儿进行感知、体验、表现和创造，使幼儿经验得以丰富、拓展和提升，而这些经验又能迁移并运用在日后真实的生活情境之中。

八、艺术化课程的评价

艺术化课程的评价以过程性评价和形成性评价为主。我们通过对幼儿的评估、教师的评价和相应的课程审议，对课程中幼儿的学习情况、教师支持情况和课程的开展情况进行持续的追踪和反思。评价侧重实践指导性，指向促成幼儿经验的发展，评价采用多种方式，同时注重评价主体的多元化，旨在调整相应的课程策略，促成在课程中幼儿经验连续、整一的发展。

(一) 对幼儿的评估

对幼儿的评估是对幼儿在课程中的动态发展进行的评估，观察评价是艺术化课程中对幼儿发展评估的重要手段。艺术化课程实施的过程中，教师对幼儿一日生活和学习活动中某个特殊时间中的某个典型事件进行观察,可以是借由观察表格的正式的观察,也可以是简单的轶事记录的非正式的观察,并定期梳理观察记录,这些观察和评价为调整活动方案、促成幼儿经验的发展提供了事实依据。同时,制作幼儿成长档案,科学而及时地分析幼儿在课程中的行为表现和发展水平也是艺术化课程评估幼儿经验发展水平的重要方式。总之,艺术化课程中对幼儿的评估是落实"为了经验、依据经验、发展经验"的重要支撑,是教师把握幼儿在课程活动中的最近发展区和调整相应活动策略的重要依据。

(二) 对教师的评价

对教师的评价集中体现在课程中教师的自我反思评价上。教师的自我反思能力是教师课程力的体现,在主题活动中有效总结活动、反思经验、评估幼儿,对教师顺利开展有效活动起着决定性的作用。艺术化课程中,一方面,教师会在主题中的各个活动结束后,对具体活动开展的情况进行反思;另一方面,在整个主题结束后,教师会对整个主题活动的目标达成情况进行梳理,并提炼相应的课程策略,为下一次的课程实践做好准备。艺术化课程正是在教师这种不断反思和评价中趋于完善的。

同时,幼儿园层面也会对教师进行相关的评价,如园部进班,了解教师开展课程的情况,并给出相应的指导策略。这样的方式可以有效提高教师对课程开展的理解、评估及践行能力。

(三) 对课程的审议

课程审议是我园评价课程的重要形式,艺术化课程正是在不断审议、调整中得以完善的。一方面,我们初步建立了以儿童为中心,教师、家长及课程专家共同参与的多元课程审议主体;另一方面,我们完善了相关的课程审议制度,如课程开展前的预研究审议、课程开展中的过程性审议、课程结束时的终期审议的审议流程,以及班级、年级组、全园等层面的审议。课程审议有利于明确和调整课程目标,筛选和确定主题内容,发展多样化的主题活动形式,为满足儿童"一个经验"的发展提供适宜的课程土壤。

成静　李雪

目　录

小小桥梁工程师

李　雪　杨　静

一、主题畅想

（一）活动缘起

大班上学期，大一班开展了“桥”的主题活动。孩子们在与环境、材料的持续互动过程中，以小组合作的形式尝试造出了几座桥的模型，积累了较丰富的有关桥梁的相关经验。大班下学期刚开始，我们就发现孩子们对桥依旧有着浓厚的兴趣。一次谈话活动中有孩子提议：“我们造一座真正的、人能走上去的桥吧！”这个大胆的提议让我措手不及。工作至今我从未听过哪个幼儿园能完成这样的活动，而且我丝毫没有造桥的经验。可孩子们对此很兴奋。幼儿园课程初次审议的时候，我忐忑地把孩子的意愿说了出来，没想到园长立刻拍板：“这不是一个很好的主题吗？”于是“造桥”的故事就此开始了！

（二）活动可能的发展脉络图

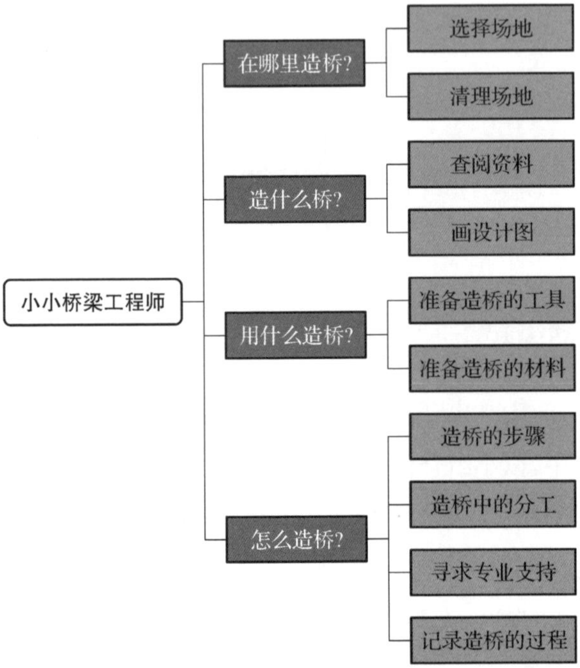

（三）幼儿可能获得的经验图

（四）主题可能涉及的资源图

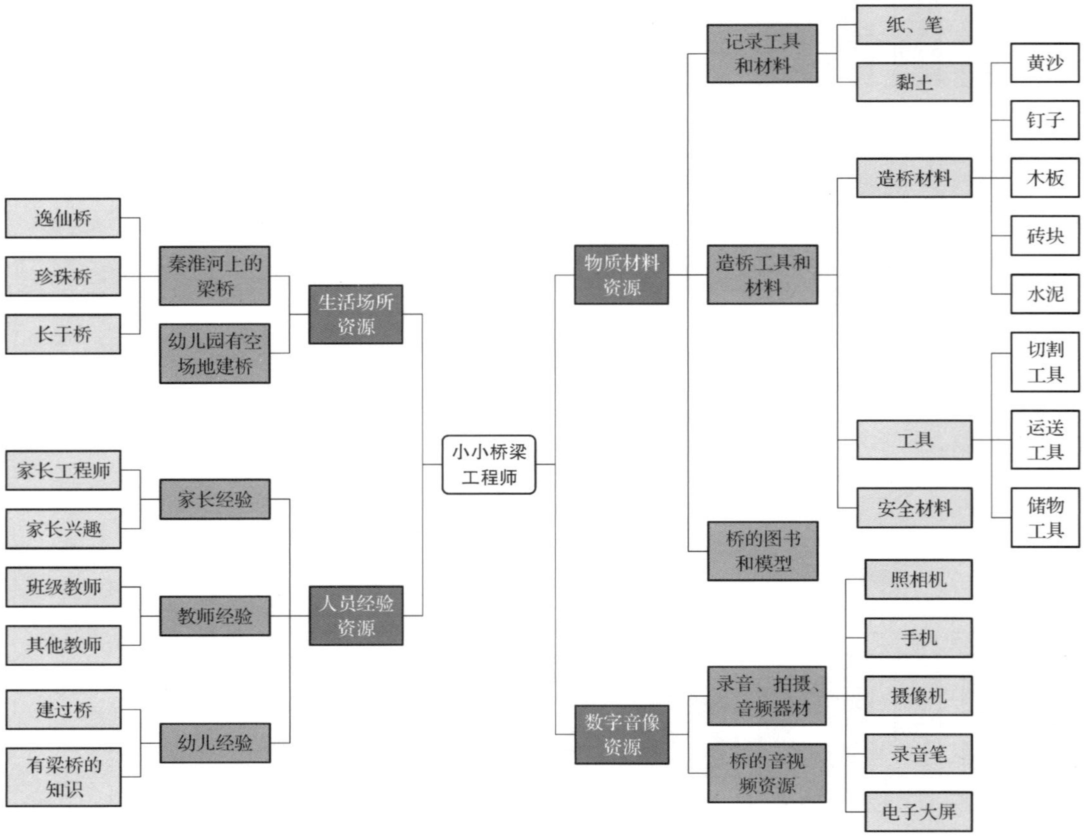

专家点评

首先，“小小桥梁工程师”这个主题有其独创性。孩子们造一座真桥，这真是一个大胆、有勇气的想法，我们不禁会问，孩子们真的有能力造一座真桥吗？任何拥有开明的儿童立场的教师，可能都想试一试、看一看孩子们身上所蕴含的可能性，毕竟仅仅这样的想法和激情就足以驱动课程的开启。

其次，主题的预期脉络遵循工程的规律，如在哪里造桥、清理场地，设计造什么桥、用什么造桥、怎么建造桥……这些过程是有明确的逻辑线索的，是层层递进、步步深入的。我们相信孩子们在活动过程中可以体验到无穷的解决问题的乐趣。

最后，在这个活动中，幼儿的学习是自然而然的全领域的学习，可能新获得和再发展的经验是多元的、整合的，这种基于多元经验的活动，包蕴着促成幼儿全人发展的可能和契机。

总之，该主题具有独创性，教师对主题活动脉络、主题中儿童经验的获得以及资源的调用都做了较为充足的思考，这些都为主题活动的开展奠定了基础，非常值得一试。

二、主题开展

(一) 在哪里造桥

1. "勘探"场地

造桥遇到的第一个问题就是在哪里造桥。于是,孩子们走出教室,寻找合适的"施工地"。

瑶瑶:"桥一般建在有水的地方,幼儿园的小池塘有水,去看看?"

跳跳反对:"不行,不行,会吵到池塘里的小鱼的!"

图 1-1 "勘探"场地

小霖:"那旁边这片小棕榈林呢?"

小顾质疑:"树太多了。"

帅帅:"这个大操场好像不错。"

瑶瑶:"不行不行,这样我们小朋友们早上锻炼就没有地方了。"

我提醒孩子们还可以去其他地方找找看,并有意识地带领孩子们来到了小山坡下一片满是落叶的空地。

瑶瑶觉得造在小山坡旁边应该不错,并立即指着旁边的一个小屋子,激动地对小霖说:"看,这个小屋子可以当我们的材料库!"

小霖:"有了,我们造一座桥,可以直接通到小山坡上。这个地方有一棵树挡住了阳光,我们建桥的时候还不会被晒到。"

铭铭附和:"旁边还有凉亭,我们累了还可以坐下来休息。这个地方真是太好了。"

这时园长妈妈刚好路过,帅帅和瑶瑶立刻拉着园长妈妈的手:"我们想在这里造一座桥,行吗?”

“为什么要建在这里呢?”

大家踊跃地向园长妈妈一一列举在这里造桥的好处,园长妈妈不由得为孩子们大胆的想法和充分的理由而赞叹。造桥“施工地”就这样确定下来了。

图 1-2　清扫场地

2. 清扫场地

“施工地”选择好了,还要做哪些准备呢? 还没等我说,孩子们已经迫不及待地想要将落叶清扫干净,场面甚为热闹。

小付:“我在小屋顶上发现了一个大扫帚,我们用扫帚扫吧。”

曦曦:“没关系,树叶也可以用手捡,你们看,我就捡了一大堆。”

启戎开始用树叶当作扫帚扫,过一会儿就发现还是用手捡更方便。看到启戎的方法后,铭铭提议可以用大叶子扫。辰辰则是用脚把树叶聚成一小堆。

……

图 1-3　用不同方法打扫落叶

图 1-4　准备清洗场地啦

很快，墙角下孩子们收集的落叶堆成了小山，场地上几乎没有一片多余的落叶。我看着孩子们热情投入的状态，小心翼翼地将这些有趣的场面记录了下来。

回到班级后，我把孩子们拾捡、清扫落叶的录像播放给他们看，孩子们笑得前仰后合。小朋友们打扫落叶的方法真是一个比一个有趣啊！我顺势建议孩子们统计一下大家一共用到了几种方法，并说说这些方法的优缺点。一番讨论过后，大家觉得每种方法都有自己的长处和短处，最终是因为我们合作才能成功清扫出场地。

3. 清理材料屋

第二天，孩子们再次来到“施工地”，发现材料屋实在太脏了，需要好好地清理一下。我问：“那我们可能要用到哪些清洗工具呢？”

“抹布、水，还有水桶。”

“我们还要穿护衣，最好再穿双胶鞋。”

……

大家当即按自己的想法做好了各自的工具收集计划。第三天，孩子们如约带来了护衣、雨靴、抹布、小水桶等物品。纷纷准备开始施工。

此时，铭铭想到了：“工程师都是要戴安全帽的吧。”

图 1-5　踮起脚擦屋顶

图 1-6　传递铺砖

这倒是一个很有意思的想法，在小付的提议下大家又去生活馆和木工坊借来了安全帽。准备就绪后，大家开始忙碌起来了。一会儿，小石榴喊道："老师，上面擦不到了，怎么办？"文文建议："你把脚踮起来试试。""还是够不到。"芮芮说："让我来，我给你搬几个砖块来，你踩在上面。"文文见状也去帮忙。于是，芮芮和文文热心地从墙角把砖块搬来平铺在小石榴的旁边。小胥见状激动地喊："垒高！你们俩的砖块要垒高啊。"问题解决啦！

启戎是用泼水的方式清洗材料屋的，很快，材料屋的地面就蓄了很多水。小胥注意到了这个情况，沮丧地说："这地也太脏了吧。"小范告诉小胥是启戎倒了好多水。

小组合作——递砖块铺地面

我听到两个孩子的对话，立刻说："是因为启戎清洗材料屋所以地面才蓄水的，怎么办呢？"

图 1-7　焕然一新的"材料屋"

图 1-8　整理清洁工具

小胥立刻说："有了，在小屋里铺一层砖。"这时小屋里的瑶瑶说："你们把砖给我，我来铺。"我意识到砖块横着铺和竖着铺是不一样的，于是问瑶瑶："瑶瑶，你打算怎么铺呢？"瑶瑶告诉我要竖着从外往里铺。

孩子们来来回回地搬运砖块，参与的人越来越多，场面开始混乱。

见此我提出："有没有什么办法又快又安全呢？"

"我们一个接一个传递。"小胥快速回应道。大家都觉得这个方法好。

芮芮："耶，我来传给你。小范，你再传给文文，文文再传给瑶瑶。"

很快小屋里的砖块铺好了，小屋外面也擦洗好了。孩子们将屋子命名为"材料屋"。

教师的思考

将教室搬到户外，我们准备好了吗？

“更适宜的场地”的问题是发生在本主题活动中一个真实的、有意义的问题，它引发了孩子们的“真行动”，所以他们几乎不愿错过任何一个角落，先后去了小池塘、棕榈林和大操场……而后面为了征得场地的使用权，孩子们激动地向园长列举了在小山坡旁造桥的好处，最后如愿以偿地确定了造桥地点。这样的过程对于大人来说或许是“过家家”般的游戏，但是对于孩子们来说却是相当有分量的“要紧事”。孩子们在真实的问题情境中，表现出高度投入的状态。

在拾捡落叶的过程中，我们准确地把握了“退位”的时机，让幼儿完全按照自己的想法工作。不到一个小时，他们齐心协力清扫了场地上的所有落叶。因为迫切，所以用来清扫落叶的工具是就地捡起的大一点的落叶，是破烂的扫帚，甚至是孩子们的手和脚。我们密切观察并运用图像、视频、语音等多种形式详尽记录幼儿探究和学习的过程。回到班级后，我们马上重温刚才的工作，并进行反思和梳理。通过这样的反思和梳理，孩子们发现即使是在捡落叶这样的小活动中，方法和工具的选择都会直接影响活动的效果。

（二）桥的选择与设计

1. 造什么桥？为什么？

图 1-9 “露天”办公室

造一座什么样的桥呢？上学期孩子们已经了解了梁桥、拱桥、斜拉桥、悬索桥四种桥，也分组制作了桥的模型。现在，要在户外“动真格的”了，到底造一座什么桥最好呢？

孩子们说干就干，他们把桌子和小板凳搬到施工地——一个露天的"办公室"布置好啦！带上记录的纸和笔，一边观察场地，一边翻阅书籍，大家迫切地想从这些有关桥梁的书籍中获得灵感。

小付："造一座梁桥吧，梁桥小，斜拉桥和悬索桥都太大了，而且还很难造。"

跳跳："造斜拉桥我们也找不到钢丝啊！要不造拱桥吧，可是，拱桥的桥拱也很难造的。"

几经讨论后，大家觉得还是造梁桥好。

有造梁桥模型经验的宸宸："就造梁桥吧，先砌几个桥墩，铺上桥面就好啦！"

多多："还要有上下坡和栏杆，不然不安全。"

紧接着，孩子们就开始画设计图了，一座座梁桥跃然纸上。画完之后，孩子们纷纷把自己的设计图挂在场地四周，一个小型的"梁桥设计博物馆"出现了。他们相互看着彼此的设计图，满足极了。突然，小霖指着一张设计图说："小付，你的图上画了一个'8'，是什么意思呀？"小付自豪地说："这是桥的长度呀！"其他孩子一听，纷纷说："那我也来画一个。"

他们边议、边画、边改，最后合作画了一张大家都认可的"完美的"设计图。他们说："等我们造桥的时候就可以看着图纸来造啦！"

图 1-10　现场办公

图 1-11　合作完成设计图

2. 需要用什么材料？怎么获得？

梁桥确实是建造起来较为简单的一种桥，但即便是这样简单的梁桥，孩子们造起来也不简单。之前班级活动是做梁桥的模型，大家收集来的材料也是一些纸筒、纸板、小火柴棍等，造一座真的梁桥又需要哪些材料呢？

跳跳："我们需要水泥和沙子，还有砖块，我们要砌桥墩。"

小胥："木板。桥面用木板吧，把木板架在桥墩上。"

多多："还有围栏也要木板。"

圆圆："这么多材料，好像幼儿园都没有呢。到哪里找这些材料呢？"

依依："网上可以买。"

牛牛："不行不行，网上买太慢了，要等好几天呢。"

图 1－12 "完美的"设计图

跳跳："我们家在装修，我爸爸能买，可以让我爸爸去买。"

我将孩子们的想法发布在班级群内，立刻得到了家长朋友们的响应，有些家长下午就运来了砖块、水泥、黄沙、木板、木条。

孩子们欢呼雀跃："哇！材料来啦！我们就要开工啦！"

教师的思考

经验·资源——有准备的环境！

首先，幼儿的经验看得到。

孩子们对造梁桥的话题仿佛是早有思考，他们有理有据地讨论着各种桥梁的特征和结构以及需要用到的材料，似乎也能从书籍中获得启示，认为有些桥"看起来就很复杂""我们还是造一座简单一点的桥"……在造真桥这件"难事"上，孩子们其实也会给自己"省事""偷懒"，他们的冒险精神也正是体现在这里。他们对于自己有能力做的和努力一下能做的，以及要长大才能做的事情,有自己独特和清晰的认知。确定好造梁桥以后,孩子们自发地设计图纸,这种好品质是在上学期班级小组造桥的模型活动中习得的。设计图体现出孩子们关于桥梁方面的经验,他们能比较好地考虑到需要的材料和材料的使用方式。

其次,教师的课程组织经验是有力的推手。

教师对幼儿及其游戏产生的真正兴趣,也是课程发展的重要因素。我对发生在幼儿自身和幼儿之间的事情进行细致观察,并不遗余力地加入他们的游戏,进行真实的对话,有促成幼儿进行深度探究的作用。这个过程中我充当了游戏和问题解决促进者的角色。造什么桥?用哪些材料?这些问题是在适宜的时机中提出来的,可以给幼儿提供发现更多、挖掘更深和建构更高级知识的机会。而准备好桌椅、纸笔,进行户外活动也是教师基于经验,对幼儿进一步探究的预期和前期准备。

再次,家长的"卷入"是重要的课程资源。

我意识到孩子们计划在户外建桥的这件"大事"需要正式与家长们沟通了。当天中午,大一班家长群热闹非凡。家长得知孩子们自己要造一座真桥,觉得太不可思议了,纷纷踊跃报名想当志愿者,有的则提出马上去给孩子们准备造桥用的材料。下午,跳跳爸爸就为我们送来了水泥、黄沙以及造桥的工具;小胥的爸爸则送来了砖块、大木板、木条等。曦曦妈妈则细心地为孩子们准备好了护衣、胶鞋和口罩,以确保孩子们在操作中的安全。

第一次课程审议

"小小桥梁工程师"这个主题活动是由幼儿在前期造桥模的兴趣引发下,自然而然萌生出来的愿望。如果说幼儿的兴趣是课程的直接驱动力和源泉,那么教师的支持则是课程的有利推手,幼儿和教师假借造桥的契机在这个过程中发生着教与学的交互。教师对幼儿兴趣的支持和尊重,充分体现了"小小桥梁工程师"活动初期教师的儿童观和教育观,教师是儿童课程中的好伙伴。

户外场地的活动有"野外作业"的意蕴。阳光、空气和水……这是一个不同于以往的学习环境。拓宽的活动空间、丰富的活动内容和形式,同时带有稍许冒险性质的元素都大大增加了幼儿持续探究的兴趣。这是适宜幼儿开展学习活动的环境。

造真桥的准备活动充分体现了幼儿的内在潜能,他们可以做事,甚至做大人认为他们不能做的事。他们有自己做事的方法,合作、接力……他们在做事的过程中体现出高度的热情,他们在活动中的学习也就发生了。

下一阶段的造桥活动,教师应进一步观察、记录幼儿和幼儿之间的学习,敏锐捕捉幼儿活动的需求和兴趣,并提供相应的材料,丰富幼儿的语言交流,让他们在活动过程中生发丰富的造桥经验,同时提升他们成为有责任心、有能力的学习者的意识。

(三)开始造桥啦

1. 桥墩的位置

材料就绪,孩子们兴致勃勃地来到造桥"工地"。这次可不是制作模型了,是造一座真正的桥。之前的活动经验告诉我们:造梁桥,先定桥墩。可是,桥墩定在哪里呢?孩子们看着偌大的一片空地,不知如何是好。这对"有经验"的小小桥梁工程师可是一个大考验,时间一分一秒过去,大家你一言我一语,毫无头绪。

我提醒道:"瑶瑶,你们不是想建桥通到小山坡上吗?"

小霖激动地说:"有了,这边有台阶,在这儿立两个桥墩,然后另一头,也立两个桥墩,不就可以了吗?"帅帅仿佛明白了小霖的意思,大声喊道:"对对对,我们四个人站好,一人当一个桥墩。"帅帅、小霖、小石榴、曦曦分别走到指定位置上,就这样四个"活动桥墩"很快立好了。旁边的芮芮立刻发现桥墩之间的长度和宽度不一样:"可是没有对齐啊!"

图 1-13 讨论造桥的位置

帅帅说："拉一根长绳就能对齐。"

小胥迅速冲到材料库里翻找，不一会儿兴奋地喊道："太好啦！这里有软尺，就用这个吧。"孩子们行动起来，四个人先站好桥墩位置，两人一人一头拉一根软尺。

图 1－14　开始测量

图 1－15　测量桥墩的长度

图 1－16　测量桥墩的宽度

可是把软尺放在身体的什么位置呢？芮芮说："你们都放在肚脐眼上吧。"跳跳边看着尺子边指挥："这边是 143 厘米，这边是 147 厘米，小石榴过来一点……"就这样，孩子们借用软尺，用自己的方法量出了等长的桥墩间距。拉好了桥墩的长度，可是宽度怎么确定呢？小霖："可以一只手侧平举，这样叠在一起。"大家对定下来的位置似乎都挺满意，激动的帅帅不忘提醒同伴："快快快，放块砖，在这里做个标记，不然一会儿就找不到位置了。"

桥墩的位置终于定好啦！

2. 砌桥墩

（1）砖块叠叠高——后勤伯伯有妙招

大班的孩子基本都有积木垒高的经验，但对于砖块垒高大家有些茫然……下午得到消息的后勤孙伯伯主动联系了我们班，给孩子们进行了一个砌砖的小培训。他向孩子们示范了砖块的几种砌法。有趣的是，跳跳在孙伯伯介绍2/4砌法的时候很激动地说："这种在乐高里叫作互锁结构，搭出来的桥墩会非常牢固。"于是，大家预备第二天就用互锁结构砌桥墩。

图1-17　了解砖块的砌法

图1-18　有趣的互锁结构

按照原计划砌桥墩需要和水泥，我就在群里询问是否有家长会和水泥。小范妈妈马上回复："爷爷在行！爷爷平时就喜欢干这些活，明天让爷爷来。"

(2) 地基小插曲——保洁老师有说法

保洁林老师听说大一班要砌桥墩，赶到班上来提醒我们，说："砌桥墩前最好要打个地基。"打地基？这可是孩子们之前做桥模没有遇到过的，我觉得可以和孩子们一起商量看看，没想到孩子们对打地基积极性特别高。看来在造桥这件事上孩子们真是毫不马虎。

孩子们刨坑的刨坑，运土的运土……不久，在之前做好标记的地方就刨出来四个坑，又填上砖和泥土。孩子们站上去又蹦又跳，小范喊着："这下结实了！"地基在大家的努力下完成啦！

图 1-19　开始砌桥墩

图 1-20　合作打地基

(3) 和水泥——爷爷有办法

第二天，小范爷爷如约来到了我们的“工地”。初次参加幼儿园活动的爷爷一边示范混合水泥的方法，一边愉快地和孩子们聊天。

图 1-21　学习和水泥

瑶瑶说：“爷爷、爷爷，水泥的颜色好特别，像大象外皮的颜色，就叫大象皮灰吧。”爷爷乐呵呵地说：“好，好，就叫大象皮灰吧。”

爷爷接着说：“水泥要按照 1∶3 或者 1∶4 的比例来混合。”

我马上补充：“就是 1 铲的水泥和 3 铲的……”“黄沙”孩子们齐声答道。

原来，混合水泥和黄沙的比例是有讲究的，但是爷爷并没有用孩子理解的方式说清楚，所以我及时帮忙解释并提醒孩子们观察爷爷用了几铲黄沙和几铲水泥。

这时瑶瑶急切地说：“哎哎哎！我发现这个水泥和黄沙就像我们用过的油泥、黏土，能把砖块黏在一起呢！”

爷爷示范和好水泥后，孩子们自己也试了一下，成功地和出了好几桶水泥。孩子们兴奋地嚷嚷道：“哇！有了水泥，接下来就可以搬砖块、砌桥墩啦！”

3. 砌多高

开工啦！开工啦！期盼已久的砌桥墩工程终于开工了！

瑶瑶首先提出："老师，老师，这么多人，怎么砌桥墩呢？"

铭铭说："我们要砌四个桥墩呢，人多力量大。"

小霖说："分组，分组，别挤在一起。"

孩子们似乎一下有了方向，立即分成了四个小组，每组负责一个桥墩。每个小组成员自己商量分工：有的提水泥，有的搬砖块，有的砌砖……各组进度不同。不一会儿，孩子们发现四个桥墩的高矮不一。桥墩到底要砌多高呢？我们的桥要建多高呢？

芮芮拿来用一把钢尺测量。瑶瑶说："我们就砌尺子这么高吧！太高的桥墩不安全。"这个想法立刻得到了大家的同意。

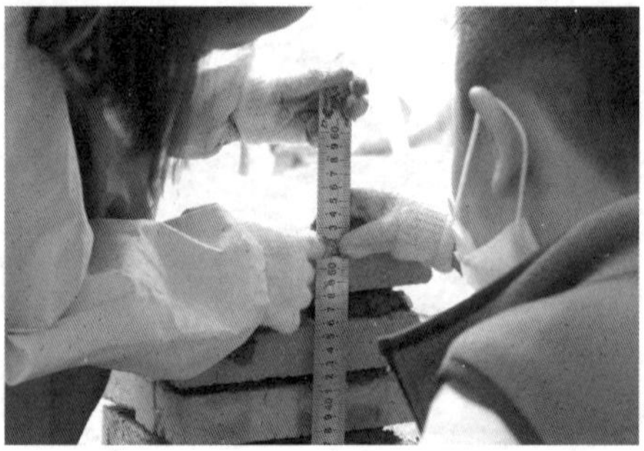

图 1-22　桥墩建多高

图 1-23　测量桥墩的高度

钢尺的高度有两种，一种是全高，还有一种是到最大刻度——60 厘米高，我注意到这个问题便问孩子们："你们是想砌整个尺子那么高？还是尺子最大刻度那么高呢？"

瑶瑶说："是尺子上最后的刻度——60 这儿。"60 厘米高真是个不错的选择，大家打算就建四个 60 厘米高的桥墩。

接下来，大家一边砌一边不忘随时用钢尺量一量。最后，四个 60 厘米高的桥墩建成了。

4. 砌台阶

第二天，孩子们兴奋地来到了造桥"工地"，准备再次开工。

芮芮问："我们怎么走到桥上去呢？"

多多说："铺一块木板就可以了。"瑶瑶反对："不行不行，这样子太陡了，人会从上面滑下来的，不安全。"

跳跳指了指在小山坡下的台阶，说："可以砌个台阶走上去呀，就像这边一样。"这个想法得到了大家的一致认可。

可是怎么砌台阶呢？园部成老师建议说："孩子们，你们可以去看看幼儿园的楼梯，仔细观察楼梯的台阶是什么样子的，相信你们一定会有办法的。"那幼儿园的台阶是什么样的呢？

图 1-24　测量台阶的高度

图 1-25　测量三块砖的高度

到了幼儿园大厅里，孩子们观察、测量，发现原来一步台阶有 15 厘米高，两步台阶是 30 厘米高，4 步台阶是 60 厘米高，正好是我们砌的桥墩的高度呢！大家都觉得这样的巧合真是太神奇了。回到"工地"后，孩子们测量发现三块砖块就是 15 厘米高，他们为自己的发现兴奋不已。

图 1-26　尝试铺台阶

此后几天，孩子们仔细观察模仿爸爸和爷爷铺台阶的办法，又结合自己设计的台阶的样式终于铺好了台阶。为了让两头台阶高度一致，他们尝试用加减水泥的量来进行调整。如果高了就少抹点水泥，如果低了，就多抹点水泥。在平铺的过程中孩子们还发现：一定要保证一排砖块在一条线上。虽然孩子们铺得不那么平整，但在他们的心中，怎么都是自己铺的最好！

图 1-27 用水泥调整台阶的高度

图 1-28 不断尝试中……

教师的思考

经验·人员——有准备的环境！

首先，实操中幼儿的经验不断发展。

上学期造桥模让孩子们了解到桥墩的位置会影响桥的大小、方向和高矮，所以孩子们想到的第一件事就是定好桥墩的位置。在定位置的过程中，孩子们联系实际地形——通往山坡上；运用软尺确定桥的长度；运用早操站队侧平举的方式确定宽度。这些稚拙的方式必然会导致桥的真实结构并不是那么精确，但是孩子们是在以自己的方式践行对方位、空间的理解。他们能够意识到对称、平行、等高对于造桥这件事来说是极为重要的，而教师并没有对孩子们这些几乎是“估摸”的长度、宽度提出异议，更多的是看孩子们如何协商确定位置。这样，幼儿的经验得以在自由的空间中、在处理真实问题的情境中、在彼此阐述的协商中不断发展。

其次，共同寻求经验的支持。

在造真桥这件事情中，孩子们相互之间可以借鉴的经验并不足以解决造桥中出现的问题。当真实的砖块和水泥“横”在孩子们的面前时，教师调动了各方资源来参与、支持孩子们的活动。家长材料资源、家长经验资源、幼儿园其他教师经验资源等都被纳入造桥活动中，教师成了材料的准备者以及各方资源的协调者和幼儿活动的支持者。

后勤伯伯的经验支持——要用砖块砌桥墩就要了解怎样将砖块垒高，并且用什么方法使得垒起来的砖块稳固。孩子们先是自己尝试用砖块垒高，对砖块的稳定性做了初步的试验。接着，我寻求了后勤伯伯的帮助。后勤伯伯的经验和孩子们的建构经验相互碰撞后，孩子们对砖块垒高方法有了清晰的认识。

小范爷爷的经验支持——怎样利用水泥粘砖块呢？我提前联系了有经验的家长——小范爷爷来到了“工地”，和孩子们一起参加活动。孩子们在爷爷的帮助下学会了按适当的比例和水泥，并以小组分工的方式很快砌好了四个桥墩。

园部老师的经验支持——怎么走到桥上去呢？砌台阶的想法得到了孩子们的一致拥护。可是，台阶怎么砌？虽然孩子们在建造活动中具备了些许粗浅的经验，但并不能解决实际问题。这时，园部成老师建议，先去看看真实的台阶。通过实地测量和计算，孩子们不仅解决了问题，还发现了数字的有用和有趣。

5. 桥面速成记

桥墩和台阶都造好了，桥面该怎么建呢？灏灏看到旁边一堆木板说：“用那个木板就好了。”大家也没多想，就觉得这主意真是好，于是齐心协力将木板抬到了桥墩上面。

木板放上去以后明显太大了，灏灏建议说：“把长的锯掉一点。”

启戎着急地说：“可是用什么来锯呢？”

这可把孩子们“愁坏了”。大家决定再一次在班级群中寻求帮助。很快孩子们收到了斌斌爸爸要带上“神秘武器”帮助大家的信息。

图 1-29　寻求帮助

图 1-30　桥面速成

斌斌爸爸来到现场，孩子们讲述了自己的担忧和解决方案。斌斌爸爸说："你们想得不错，我来帮你们完成。"说干就干，斌斌爸爸忙碌起来：给木板量尺寸、切割木板、钉上支撑柱……不到一个小时，一座桥出现了。如果不是亲眼所见，孩子们简直不敢相信自己的眼睛，这一切就像一场精彩的魔术表演。

教师的思考

经验·人员——爸爸团的参与

这次活动中，爸爸团的参与大大缩短了孩子们的造桥时间。斌斌爸爸参与造桥面让造桥的进度"直驱尾声"。斌斌爸爸是从事建筑工作的，看到工程进度，当即赞叹："孩子们，你们做得很好，现在你们到边上看叔叔的！"孩子们乖乖地站到一边，瞪大眼睛看着斌斌爸爸切割木板、定好木桩、锯好弧度、做好围栏……他们看到了很多，相信他们也思考了很多，但是他们没有行动！这一环节提醒我，成人的参与是很有必要的，但是成人的替代，会使事情的发展变成"直线型"，缺少了孩子们自己的实践和探索的"曲折回旋"。

第二次课程审议

桥面"快速"造好后，幼儿园开展了一次南京师范大学虞永平教授参与的全园课程审议。在这次审议中，孩子们的创作能力和协作精神给虞教授和全园教师留下了深刻的印象。虞教授进一步评述："这个主题回归了儿童本身，回归了教师本身，回归了课程本身，体现了教师的一种开放的课程理念，在这种理念的指引下，孩子们自由而积极地做着自己想做的事，做着有意义的事情。他们不仅想做，遇到了问题和挫折还能坚持做。"虞教授带着全体教师来到了造桥现场，看到"速成"的桥面，虞教授问大家："对于这个桥面你们有什么想法？"本班教师首先将自己的困惑提出来："造桥面过程中，孩子们的参与度太低，但桥面已经造好，怎么办？"其他教师有的提出应该将桥面拆掉，让孩子自己造；也有的反对说虽然是"速成"的桥面，但也是孩子的作品，他们会舍不得……当天正好下着小雨，虞教授看着被雨淋湿的小桥，说："是否考虑过桥的寿命问题？一座桥要在幼儿园放多久？孩子们长大了以后回到自己的幼儿园是否还能见到自己当年造的桥？"大家都觉得这些是引发孩子再造桥面的好理由！通过这一次的课程审议，本班教师找到了活动后续的方向并做好了孩子们再造桥面的准备。大家认识到，在主题活动中孩子有自己的思考，但教师应当提前有思考和准备，让教师的目的"不经意间"成为孩子们自己的思考，活动便能体现出真实的儿童立场。

（四）桥面小风波

石头记录讲述——用什么样的板铺桥面

1. 雨水带来的担忧

（1）桥面怎么防水

自从课程审议后，我一直在寻找机会，引发孩子们再造桥面的新尝试。雨接连下了好几天，终于放晴了，我特意带着孩子们来到造桥"工地"，指着桥面的雨水，说："孩子们，你们发现了什么？"

小芮马上说："老师，老师，我发现我们的桥面都泡在水里了！"

霖霖担忧地说："是呀，我们的桥会不会泡坏呢？"

启戎："肯定会咯，因为他是木头做的。"

在孩子们的观念中木头好像是不能浸水的，如果淋湿就会坏掉，于是他们开始讨论有关桥面防水的事情。

桥面会不会腐烂啊？如果桥面腐烂的话怎么办呢？铺砖块？铺空心砖？铺块布？

瑶瑶："我见过一座桥，那座桥是木头做的，在水面上，是一块一块木头拼的。"

启戎："好厉害哟，那座桥不怕水吗？"

瑶瑶："不怕的，它就盖在水面上，那个木板也没有腐烂。"

芮芮："是的，我爬紫金山栈道的时候，妈妈告诉过我，栈道就是用不怕雨水的木头做的。"

瑶瑶补充说："我们可以在网上订购那种木板。下次下雨之前把它铺好。"听到这句话，孩子们都期待地仰头问我："老师，可以吗？"我竖起大拇指说："当然可以，这个办法真好！"

(2) 桥面拆不拆

大家决定订购新的木板。我又问孩子们："木板买回来怎么用呢？直接铺到桥上？还是拆掉现在的桥面再铺上去呢？"

图 1-31 大家来投票

石头说："还是拆掉吧，如果全拆掉，换上不怕水的木板，整个桥就是防水桥啦！"

瑶瑶："对对对，要是不拆掉，只把新木板铺上去，新的木板是防水的，但是雨水会流到下面去。"

经过投票，只有启戎一个人反对："我不想全拆，全拆掉的话会很麻烦。"

瑶瑶坚持："我觉得只要桥面能防水，再难我们也要拆掉。"

启戎："不同意。把这个拆掉很麻烦，因为它已经被水泥黏住了。"启戎指了指拱形木。

我说："那你试试看能不能抬动它。"启戎没能抬动，孩子们开始一起使劲，桥面真的被抬动了。“咦，果然抬动了。”“抬动了！抬动了！”

大家期待和兴奋的小眼神一齐看向启戎。启戎露出了笑脸：“那我们就一起把它拆掉吧！”

(3) 桥面如何拆

开始拆桥面了，小芮说：“我觉得啊，我们应该把下面这个柱子先拆掉。”这个想法得到了大家的同意。

小霖马上又指着桥面下的桥拱：“这个需要拆吗？”

芮芮：“这个也要拆掉，不然我们怎么移动。”孩子们七手八脚地把支撑柱和桥拱掰了下来。

接下来就是最困难的事情——抬走最重的桥面。大家各站一边，小霖喊着：“一、二、三，抬！”孩子们都跟着喊了起来……桥面一下就被抬离了桥墩和台阶。

图 1-32 怎么拆桥面

图 1-33 齐心协力拆桥面

芮芮：“对，对，把它抬出来，抬到旁边去。”

斌斌：“往哪个方向抬？”

小霖：“往右或者往左都行。”

瑶瑶：“我们往草坪那边抬吧，那边空一点。”

启戎：“等一下，那边有树。”

小霖：“往那儿，转！”

斌斌：“这边有大型玩具！”

芮芮(示意斌斌他们斜一点点)：“小心！小心！斌斌你们往这边来。”

小霖："好了，放！"

斌斌："轻轻地放！成功啦！"

桥面就这样被孩子们齐心协力抬到了旁边的草坪上。跳跳在放下桥面的那一刻感叹道："哦，真沉！这个太沉了！"许多孩子一下瘫坐在草坪上，快乐的笑声在草坪上回荡……

教师的思考

解决问题中幼儿的合作与协商

首先，拆除桥面尊重每个人的意见。

在没有亲身尝试之前，绝大多数幼儿都认为拆除桥面不是一件困难的事情，毕竟之前只是看斌斌爸爸做桥面，并没有直接感知到桥面的重量。但是启戎一直在小团队中"唱反调"，他执着地认为拆除桥面太难了。为了说服他，大家进行了投票，结果还是启戎一个人不想拆。但是少数服从多数，幼儿在投完票以后就行动了起来。细心的瑶瑶察觉到了启戎的顾虑和难过，鼓舞启戎这个桥面不防水，再难也要把它拆掉。教师注意到了这一细节，立即建议启戎自己试试。而其他幼儿也注意到了这一幕，立刻过来和启戎一起抬桥面。就这样，儿童眼中有彼此，教师眼中有儿童，大家用行动实现了意见的统一，而战胜顾虑后达成的统一似乎为后面幼儿合作抬走桥面积蓄了更多的力量。

其次，抬走桥面各司其职。

上学期，幼儿把悬索桥的模型造得很长很大，在抬走悬索桥的活动中，已经具备了分工的经验。因此，在这次活动中幼儿很快就分配好了各自的工作，甚至还考虑到了大家的身形体重。接下来小霖的口号是大家意想不到的，这个带有小霖自身经验的独特性的口号，丰富了我们的活动内容，也为大家在抬走桥面中统一行动提供了支持。芮芮并没有抬桥面，他在整个过程中似乎自觉地担任了"指挥官"的角色，而大家竟然也默认了。在芮芮的"指挥"下大家齐心协力地将桥面撤到了旁边的草地上。像芮芮自动扮演指挥者角色的情况，其实在之前清洗材料屋的活动中同样发生在小胥，这也让我直观感受到不同幼儿的学习方式和学习倾向以及角色选择是会有很大差异的。当大家致力于同一件事、同一个问题，即使是方式和角色选择不同，每个人的学习也在真实地发生。桥面在幼儿的协作中仿佛变得轻飘飘的。而成功后跳跳的一句“真沉!”才让大家意识到自己做了一件多么不可思议的事情。

2. 防腐木的小旅程

什么是瑶瑶和芮芮说的防水木板呢？大家决定上网查询并订购。大家查询后发现所谓的防水木板叫作防腐木。

订购多少防腐木呢？防腐木又要订什么尺寸的？经过实地测量，孩子们发现桥面木板可以横铺，也可以竖铺，但不同的铺法用的木板是不一样的。大家讨论后一致决定竖着铺。

确定好铺法以后，孩子们认真地测量了桥的宽度，又在我的帮助下计算好了需要用到的木板尺寸并在网上成功订购。

图 1-34 确定需要的木板尺寸

图 1-35 认真记录

接下来的日子，孩子们天天盯着物流单，盼着木板到货。

三天后的一个下午，防腐木终于到了。

这么多、这么重的防腐木怎么搬，搬到哪里去？孩子们展开讨论并着手制订搬运计划。

整理和存放——防腐木

芮芮：“可以先把包装拆开，大家一起搬。”

石头:“对对对,一堆木头太重,一次搬一块木头比较好。”

我提醒孩子们:“那把木材运到哪里呢?”

铭铭:“当然运到材料屋啦!”

小石榴:“可是材料屋里已经放满了材料,再把木板堆上去不太好。”

石头:“我觉得可以放到上面那个大屋子里。”

大家都觉得石头的办法好。

按照搬运计划,孩子们有序地开始了搬运工作。一个人搬、两个人抬、三个人接力传递……防腐木被源源不断地运到了材料屋里。

图 1-36　搬运木板

图 1-37　有序摆放木板

图 1-38　为防腐木做标记

第二天,孩子们又自发用各种测量工具量出防腐木的长度、比较防腐木的厚度,对防腐木进行了分类,分类好后还为每一种防腐木做了小标记。看着有序堆放的各种木板，孩子们开心地与同伴击掌庆祝："耶！大功告成！"

教师的思考

造桥中的计划和行动

上个学期的造桥模活动中，幼儿就有了先计划再行动这样的探索习惯和品质。在购买防腐木的事件中，幼儿提前思考需要买多少、买什么尺寸等问题。带着这些问题，大家来到了现场进行实地测量，并在我的帮助下，向网络商家咨询和协商，最终确定了要购买的防腐木的数量、类型和尺寸。

在搬运防腐木的过程中，也正因为大家提前做了一些思考和计划，于是搬运的过程极为顺利，幼儿之间能相互协商并很快达成一致。孩子们还自发地为防腐木做了测量和分类，因为他们知道材料归类放好能方便活动的开展。于是，这些木板逐渐被幼儿简称为"143 厚""143 薄""110 厚""110 薄"……我和孩子们还从商家那儿了解到，原来桥面下那种支撑桥面的木头被称作"龙骨"。我发现行动前做计划、为材料做标识已经内化成为孩子们自觉的行为了。

(五) 龙骨大作战

1. 龙骨断裂

一切准备就绪，孩子们迫不及待地想试一试新材料，很快"143 厚"的木板被孩子们从材料屋中传下来、滑下来……它们一块一块整齐地平铺在桥上。不到半个小时，一个比之前更加漂亮的桥面出现了。孩子们激动地请来了成老师，骄傲地介绍："桥面很结实，我们让多多试过了，是可以走上去的。"

图 1-39　准备铺桥面

图 1-40 合作铺桥面

图 1-41 桥面铺好啦!

成老师正为孩子们高兴呢,突然听到一声响动,原本整齐的桥面一边塌陷了下去。现场先是一片寂静,启戎突然带头喊起来:“小石榴!”小胥也跟着叫起来:“老师我看到了,刚刚小石榴这样趴在上面,然后,桥就塌了。”小胥一边讲述一边比画。而此时小石榴一直低下头站在原地一动不动,看起来不知所措。

成老师说:“呀,小石榴就这样轻轻一碰就塌了啊!我在想如果没塌我走上去会怎样呢?”

图 1-42 桥塌了

图 1-43 大家一起来讨论

启戎:“不行不行,老师你绝对不行的,不能走上去,会掉下来的。”

跳跳:“是哦,小石榴那么小,趴一下就塌了,幸好我们没有走上去。”

小胥:“那说明这个桥面不安全咯。”

瑶瑶:“对啊,幸好小石榴趴上去了。”

大家纷纷走向小石榴说:“小石榴,你是桥面检验员呀。”“谢谢你,小石榴。""太危险了，幸好我们没有走上去。"刚刚还不知所措的小石榴抬起她的小脑袋，开心地笑了起来……

教师的思考

聚焦问题而非追究责任

小小的孩子在面对未知的挑战时总是不遗余力往前冲，我们在活动中要看到这种精神的力量，不能因为"沉迷"于造桥工作而忽视了孩子这种非凡的能力和可敬的勇气。造桥会遇到很多困难和意外，我们要相信孩子。孩子对所有木板进行分类后，就开始行动起来了。正如我所预料的，孩子们有了积木搭建、建桥模的经验和观看斌斌爸爸造桥面的经验，一座崭新的桥面很快出现在了大家的面前。当小石榴趴在桥边造成桥面坍塌的意外发生的时候，教师的话成功将孩子们的关注点引向桥面安全问题，而非执着于追究小石榴的责任。当孩子们聚集问题而非追责的时候，他们发现原来这个意外反而是一件好事情，因为既然桥面不足以撑起小石榴一趴的重量，说明这座桥是危险的。教师既注意到了小石榴的尴尬、无助，也注意到了其他孩子的焦虑和懊恼，及时的介入成功地将可能发生的"不愉快"转为激发思维的生发点。而后面如何解决这个问题，孩子们会有进一步的探索。

2. 增加龙骨

小组试验——新增龙骨

跳跳钻到桥下，将一根断掉的龙骨拿出来说："这个龙骨不行，我们要加粗。"小胥："可是这就是最粗的了。"启戎说："那就多放几根龙骨在下面。"

成老师说："启戎这个方法怎么样？"

这个方法立刻得到了瑶瑶的肯定，她径直去材料屋拿龙骨，跳跳也跟了过去。孩子们把材料屋内所有的龙骨拿了下来，一共有四根龙骨。可是怎么放呢？

大家来到了旁边的“办公区”,先是一番讨论,又翻阅了有关桥梁的书籍,每个人将自己的改造方案画了出来。最终方案有两种:A 方案——一边放两根龙骨;B 方案——四根龙骨在整个桥面均匀分布。

哪种方案能让桥面更结实呢?瑶瑶建议大家都试一试。

图 1-44　设计龙骨的摆放位置

图 1-45　尝试摆放龙骨

图 1-46　试试桥面是否结实

成老师问:“怎么试呢?”

小胥:“找最轻的小朋友来实验。”

成老师又追问说:“谁最轻呢?”

孩子们认为芮芮个子最小,应该是最轻的。

接下来他们按照不同的方案摆放好木板,实验后大家发现 B 方案好像更好一点。

这时文文对着站在桥上的芮芮喊道:“别动别动,你站的地方凹下去了,我下去帮你撑一下。”

突如其来的情况让孩子们意识到,在桥面下增加桥墩可以让桥面变得更结实。可是桥墩撑在哪里最好?撑在龙骨上。龙骨又该放在哪里?哪里是桥面的中间?……问题层出不穷。

大家讨论后用排排站的方法找到了桥的中间。畅畅又建议:“桥墩最好放在龙骨交叉口,这样桥墩之间的距离就能一样了,龙骨支撑桥面的力也更大。”最后大家又请芮芮做了一次实验。芮芮激动地说：“有了这些桥墩，桥面一点都不晃了，感觉好安全。”就这样，大家决定增加龙骨的同时，增加桥墩！

3. 增加桥墩

实验虽然成功了，新的问题又来了。“现在的木制桥墩高度远远超过之前60厘米的桥墩高度！”小顾最先注意到了这个问题。台阶那么矮，桥面那么高，人就跨不上去了。

小组试验——新增桥墩后

图 1－47　桥面太高了

图 1－48　动手试一试

我问：“那有什么办法解决这个问题呢？”

小范建议：“让木桥墩变矮一点就可以了。”

我说：“矮到多少呢？”

小范：“矮到和旁边的砖块做的桥墩一样高。”

小顾激动地说：“像打地基一样在地底下挖一个大坑，然后把木头塞进去。”

我又问：“可是挖多深呢？”

小顾：“木桥墩露出地面的高度要和旁边的砖块桥墩一样高。然后量一下多出来的长度就是我们要往地里面挖的深度。”

看着孩子们专注而又笃定的样子，我禁不住在心中感叹道：“孩子们，你们真棒！”

教师的思考

让孩子行动起来,他们会知道自己往何处去!

一共剩四根龙骨,怎么摆放呢?孩子们有自己的想法。大家先后试着摆弄了龙骨,猜测、绘制了龙骨摆放方案,最后拟定A方案和B方案。哪种方案更好呢?他们知道答案可以在试验中找寻。于是,他们运用排排站、目测等方法找最小个的芮芮来当"安全检验员",用木棍当作测量工具等距放好龙骨后又找到了中间点……虽然精准程度不够,但是孩子们在团队协作下完成了实验,大家一致认为B方案更加好。整个过程比想象的复杂,问题层出不穷,孩子们却愈加热情投入,丝毫没有退却的意思。这种源于真问题开展的真探究、真行动感染着活动中的孩子,也感染了我。我真切意识到只有在持续的行动中发现问题、采取行动、反思行动、发现新问题,我们的活动方可在众多不确定的因素中找到前行的方向,而这个过程体现的也是我对孩子的信任和真正的放手与尊重。

实验结束后,我注意到被砖块架起来的桥墩高出一大截,但并没有及时指出,因为我相信孩子们一定会发现的。果然,不一会儿,他们就这个问题讨论起来……在讨论中,他们清楚地意识到增高桥墩是不现实的,给出的理由是"会让人走不到桥面上去"。于是把桥墩埋到地底下的方法被孩子们想到,并自然进入方案设想和行动过程中。在一番协商合作努力后,他们成功解决了桥墩高出来的问题。这样的活动过程有让孩子自我决定的机会,有让孩子相互间合作协商的机会,其背后的理念就是——"让孩子行动起来,他会知道自己往何处去!"

第三次课程审议

造桥活动已经持续三个月了,我们可以从中看出,幼儿的兴趣和问题无疑是整个课程的主轴,幼儿深层次的学习已经有所体现,他们在反复的尝试、验证、反思、再尝试、再验证中不断发展起科学探究思维和运用科学探究的能力。

这一阶段的造桥活动对于幼儿来说是极具挑战性的。造好桥面的过程中有很多细节问题都至关重要，譬如是哪里出了故障？为什么会断裂？怎么找到桥的中间？不一样高了怎么办？后面加的桥墩放在哪里最合适？等等。这些都对大班幼儿数学能力和科学思维能力有着巨大挑战，而当问题出现时幼儿似乎总有自己的办法。

幼儿总因意外的发生而戛然，却从这种“戛然”中获得了可贵的反思自我的机会，而教师的专业性就体现在这里。教师帮助幼儿在有冲突和矛盾的节点中学习，问题的解决需要多方经验的持续卷入和发展，在造新的桥面过程中幼儿的经验、教师的经验以及家长的经验围绕同样的问题而不断交互发展，学习真实地发生着。无论是幼儿还是教师，他们在行动中反思，又在反思中学习，这是学与教的契合，亦是教与学的艺术。

后续的造桥活动就是桥的固定问题了，教师可以提前做好材料和人员的准备，并引发幼儿去探寻用于固定桥梁的材料、方法和人员支持。

（六）桥的固定方案

怎么把木头和砖块固定起来呢？多多建议大家把螺丝钉打到水泥里面去，这个想法马上受到了灏灏的一连串质疑：“我们没有螺丝钉啊！螺丝根本就敲不进去！我们也没有这么长的钉子，也没有那么硬的钉子！”梅景说：“可以用铁锹把它铲掉一点点，然后再把那个钉子钉在被铲子铲掉一点点的水泥的地方，看看能不能钉进去。”灏灏说：“梅景，你是说要用铁锹在桥墩上掏一个洞出来吧？”梅景向灏灏补充自己的想法：“掏一个很小很小的洞。”我也很感兴趣地问：“梅景，你打算用什么来掏一个很小很小的洞呢？”启戎激动地说：“锤子？”梅景很懊恼地摸着头说：“我说的是像一把铁铲子，很灵活，戳一个小小的洞，像蚂蚁那样，这样就容易钉上去。”最后孩子们第三次提出向家长群寻求帮助。

图 1-49　制定桥的固定方案

图 1-50　讨论固定方案

接下来的一天，瑞安的叔叔来到了我们的造桥“工地”。孩子们向叔叔介绍完固定方案后，叔叔拿出了电钻：“这个需要用到电钻，把螺丝钉打进去。”

图 1-51　了解电钻的使用方法和作用

图 1-52　跳跳想出好办法

看到电钻的梅景非常激动：“有了，就是用电钻在砖块上戳个小洞，然后把螺丝钉打进去。”叔叔肯定了梅景的想法，装上了一个长钻头，就在桥墩的砖块上打洞。打好洞后，一个白色的东西引起了孩子们的兴趣。叔叔告诉孩子们那个叫作膨胀管，螺丝钉就是要打到这里面去。孩子们发现叔叔钉膨胀管是有规律的，有时候先固定四个角，有时候先固定两边。

跳跳在叔叔准备钉桥面的时候提出了自己的想法：“拉一根线，桥面上的钉子就整齐地钉在线的旁边。”拉好线后，孩子们自己也体验了一下怎么使用电钻——既要一边扶着电钻，让它一直垂直于木板，又要一边用手往下压电钻。

在叔叔的帮助下，我们的桥面很快就固定好了。

启戎想到了桥面围栏的事情，问："老师，你说我们这个桥，需不需要围栏呀？"为了安全起见，大家都觉得装围栏是很有必要的。最后，孩子们和叔叔一起用剩下的木头做好了桥的围栏，我们的桥就基本完成了。

教师的思考

是孩童的"天马行空"还是"恰如其分"

为了固定好桥，小顾、小景和多多都建议大家用螺丝钉把龙骨和水泥砖块固定起来。这个想法受到了灏灏和其他孩子的一连串质疑，因为他们知道水泥和砖块的硬度很高，凭自己硬敲很有可能是做不到的。讨论中小景的"掏个蚂蚁一样的小洞"以及"四个角都要固定"之类的建议，看上去似乎都只是他们天真的设想，但其实不然。实际行动后，我反思孩子们之前的讨论，意识到原来"怎么固定"的答案和方法早就在孩子们的讨论中了，只是我一开始并没有敏锐地察觉到。回顾当天的讨论，我似乎是低估了孩子们之间讨论的价值，让蕴含在孩子们话语中的问题解决方法在讨论中"不了了之"，孩子们才退而求其次，转而向专业人员寻求支持，当然后面证实这也不失为一种有效的办法。孩子们的成长提醒了我，他们在造桥的过程中发展起来的创造力和解决问题的能力已经不容教师小觑了，是时候进一步放手了。

园外资源介入中对教师角色的挑战

持续的造桥活动中，寻求专业支持成了孩子们颇为喜爱的解决问题的方法，他们喜欢来自园外的成人和自己一起造桥。这一次，我有计划地和叔叔商量好，在活动前为孩子们做一个简短的工具使用方法的介绍，效果很好。这类有外来成人参与的活动无一例外激发了孩子们造桥的热情。而怎样扮演好融合园外资源中的教师角色也是我在造桥活动中一直考虑的问题。我回想桥面建造中，斌斌爸爸的参与也着实带来了极高的活动效率。一个对于孩子们来说可能很难造的桥面，斌斌爸爸三下五除二就完成了。

但是这种超高效率的活动远远超出了孩子们的能力水平，他们似乎找不到参与活动的切入口，而俨然成了造桥活动的"观赏者""旁观者"。怎样恰到好处地让孩子做力所能及的事，在"劳力的基础上劳心"，这本身就是生发的主题活动对于教师的重大挑战，而家长在引导孩子活动中未必能如教师所愿具备与教师同等的专业素养，这可能使得这种挑战加剧。这次家长参与的小活动让我意识到有效融合家长的力量，从而在思想和方法上达成相对共性的认识，并做好相应的计划，将更有利于成人为孩子们的发展提供适宜的支架。

(七) 尾声

图 1-53　刻下自己的名字

1. 留下造桥的痕迹

一天，石头走在桥上说："我总感觉还差了点什么。"

差了点什么呢？石头站在桥上若有所思。想了一会儿，石头笑了起来，说："对了，要是把我们的名字留在桥上，幼儿园里的弟弟妹妹就知道这座桥是我们建的了。"

这个想法立刻得到了大家的一致认可，可是怎么留下名字呢？

启戎："拿支笔写下来。"

瑶瑶："不行，雨水会弄花的。"

小胥："用防水笔啊。"

瑶瑶："可是砖块上也不好写啊？"

孩子们陷入思考中……

这时石头注意到了堆在一旁的水泥，他一拍腿说道："有了，把水泥抹在台阶两侧，再在上面刻上我们的名字。"

启戎："对啦，水泥干了就会变硬，我们的名字就一直留在上面啦。"

图 1－54　留下造桥的痕迹

图 1－55　桥造好啦！

接下来的一天，孩子们在台阶的两侧抹上水泥，捡起地上的树枝就开始写名字，发现不太合适。瑶瑶想起班级材料库中的黏土工具可能可以用，就飞快地冲到材料库里把整筐的工具拿来。大家试了试，发现黏土的工具很硬，尤其是尖尖的头很容易用来刻字。不一会儿，桥上就留满了大家稚嫩的笔迹，我心中不禁涌上满满的感动……

2. 桥梁竣工庆祝会

在桥上散步时，启戎感叹道："现在我们的围栏可以扶，还可以……"石头说："水果，摆点水果。"大贺在一旁大笑起来："摆点水果？"力铭兴奋地说："对呀，摆上水果，庆祝我们的桥造好了！"小顾说："那我们买个蛋糕吧。"

这可真是一个有趣小点子。于是，孩子们开始策划"桥梁竣工会"。

图 1－56　筹备桥梁竣工会

图 1－57　制作竣工会邀请函

孩子们自发地想到制作邀请函，请来帮助过我们的老师、叔叔阿姨、爷爷奶奶，还请来了隔壁班的好朋友分享自己的喜悦。

“庆祝会还需要准备些什么呢?”我提醒孩子们。

孩子们说:“要布置一个漂亮的会场。”他们摩拳擦掌，再次擦洗了材料屋和桥面，清扫了周边的落叶，还精心策划了活动内容，设计了活动流程图，甚至还不忘提醒大家参加庆功会前要喷好驱蚊水等。

在设计公司上班的川川妈妈提出给每个孩子准备一枚建桥小徽章，瑶瑶妈妈还提出让孩子们穿上漂亮的小礼服……就这样，庆祝会的脚步越来越近了!

2018 年 6 月 15 日星期五上午 9:30，我们的庆祝活动正式开始了。穿着礼服、戴着徽章的孩子们看起来格外漂亮，也格外精神。帮助过孩子们的老师、叔叔阿姨、爷爷奶奶和他们隔壁班的好朋友应邀来到了会场。孩子们和老师一起为天鹅桥揭盖，并拍照记录下这具有仪式性的一刻! 孩子们还将拿到的第一块蛋糕，献给了帮助过他们的叔叔阿姨、爷爷奶奶和老师们……这一切带着童年浓浓的美好念想!

图 1－58　为天鹅桥揭盖

图 1－59　美好的竣工蛋糕

3. 我们的造桥故事书

建桥过程中，一个平时不太能接触到的小生物世界跃然呈现在孩子们眼前。他们发现在那片小山坡旁原来居住着许多小生物，有喜欢在台阶上乱跑的小蜘蛛，有喜欢躲在砖块下一碰就蜷缩成球的西瓜虫，有住在土里的大蚂蚁，有天热后越来越多的蚊子，还有路过的鸟儿们留下的便便……

小胥：“这个应该就是我们平常见的普通鸟的便便。”

石头：“但是我感觉是白鸽。白鸽住在树上。”

跳跳：“我见过鹦鹉在树上，可能是鹦鹉拉的，小霖说是鸡拉的，但是我们幼儿园和大院里面都没有鸡，我不相信是鸡拉的。”

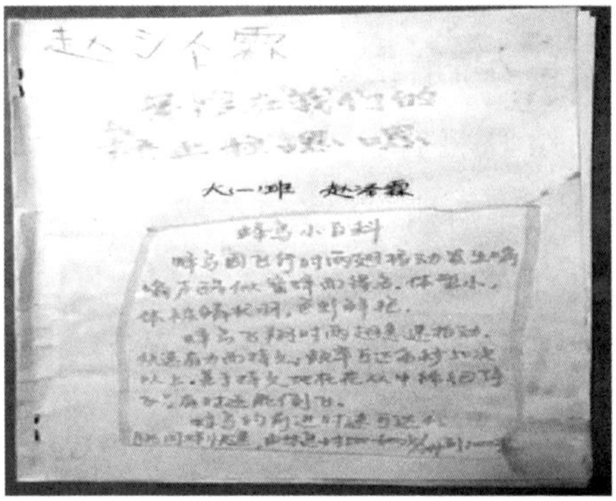

图 1-60　造桥故事书

图 1-61　造桥的发现

小顾：“我的想法是，从天上落下来的，而且是白色的，肯定是白鸽的便便咯，我在小营小学那边看过白鸽的便便。”

帅帅：“我感觉是这样的，小鸟在桥的旁边觅食，抓到了一只蚯蚓，然后它吃完了要回家，走到半路实在憋不住了，然后就正好拉在了我们的桥上。它本来是不想拉便便，但是它就是憋不住了。”

图 1-62　小鸟的便便

小胥：“我知道鸟为什么拉在桥面上了。因为鸟以为拉在地上人不好走路，它就找了一个东西，它以为桥就是垃圾桶。”

……

石头有一个更新奇的想法："或者，我们让苍蝇的头戳一下那个粑粑，看看那个粑粑是什么气味，苍蝇就会知道这种鸟是什么鸟了。"这个想法逗得大家笑了起来。小胥质疑说："可是苍蝇不会告诉我们这是什么鸟啊。"

石头开始很尴尬地又陷入了沉思……

图 1-63　天鹅桥的春夏秋冬

孩子们还对未来的桥梁展开了各种各样的想象。有的猜测桥梁和小猫、小鸟成了朋友，有的描绘出自己即将错过的桥的秋冬春夏……我鼓励他们用绘画将自己在建桥过程中的所做、所见、所听、所感记录成一本本桥梁故事书。

现在孩子们已然毕业，相信这座美丽的天鹅桥定能在他们童年的心底，留下一抹永久而美好的印记……

教师的思考

造桥中值得铭记的一切

在造完一座真桥后，孩子们的冒险精神仿佛增长了不少，他们的想象力、自我试误能力都得到了发展。我和孩子们一起回忆整个造桥的过程中，孩子们统计了所有给予我们帮助的人：有园长给予的信心，有成老师给予的帮助，门卫陈爷爷提供了工具，汪爷爷帮忙挖地基，小胥爸爸帮助买材料，后勤伯伯教我们垒砖块，小范爷爷教我们和水泥，小雅外公、灏灏爷爷、启戎妈妈、陈星竹爸爸帮助砌桥墩，斌斌爸爸帮助做桥面和围栏，瑞安的叔叔持续跟随和指导，还有幼儿园木工坊、生活馆老师借给我们工具和材料……孩子们都一一想起，并且在庆祝会那天邀请到他们来参加活动。他们的感恩之心就在这一点一滴的惦念中生长起来。

当仔细观察儿童时，我们就会发现他们天性寻求与自然的亲近，只要有生

图 1-64　美丽的天鹅桥

命的地方，你总能找到孩童的身影。作为城市原住民的孩子们对自然的敏锐度在这个主题活动中被充分地激发出来：他们找寻自然界中的生命物，花大量的时间观察和讨论，甚至描述和创编……一本本小小的桥梁故事书承载着孩子们对科学探究的热情和专注、对自然生命的关切和体察……孩子们已然毕业，相信这座美丽的天鹅桥将在他们童年的回忆里占有永恒的一席之位。

第四次课程审议

桥固定（造好）后的这一阶段中发生的事是幼儿和教师在活动中对自己前期活动的一个整体的回顾和反思。无论是“留下造桥的痕迹”“桥梁竣工会”还是“我们的造桥故事”，都汇聚着幼儿、教师以及家庭的经验。造桥的经历都被浓缩到这一阶段。幼儿怀着热切的情感一笔一划在桥上刻画自己的姓名，抱着满心的期许在有商有量中计划天鹅桥竣工会，在一言一语的交流中向家人和同伴讲述自己独有的造桥故事。这个过程让我们看到幼儿在造桥活动中的收获和成长、他们的关注点和他们对活动的思考。而教师也能从幼儿的反思中进一步反思从而获得课程教学的启示，为今后新的主题活动的实践积累丰富的方法策略和实践经验。

竣工会其实是囊括了幼儿、教师、家庭和幼儿园各方人员的课程审议，也是“小小桥梁工程师”活动的最终审议。它是一次课程审议，更是一次全体成员参与的大聚会，是能够形成独具幼儿园特色的课程文化的课程审议形式。

三、主题总结

（一）活动脉络图对比

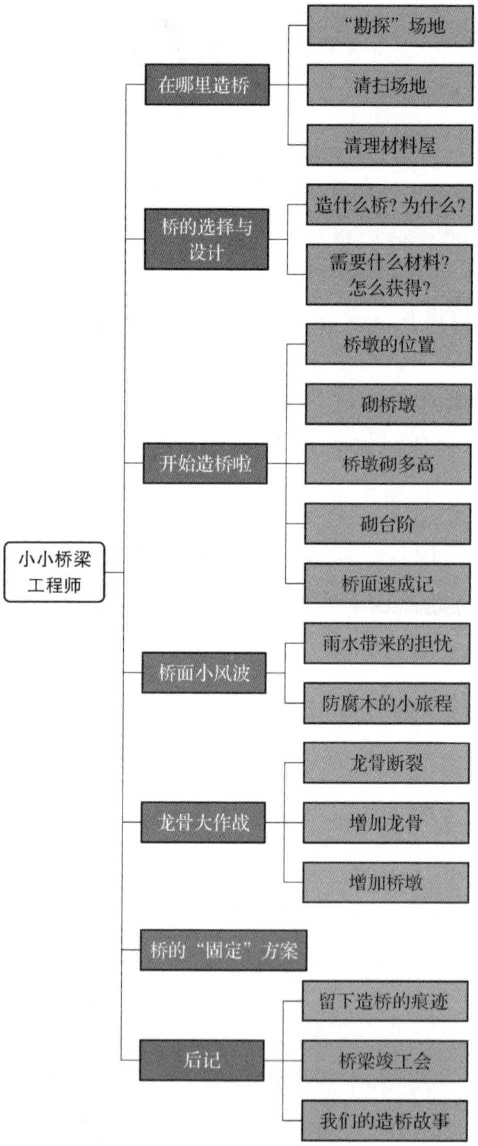

脉络对比说明

“小小桥梁工程师”活动以“造一座桥”为目标，围绕预研究中的活动脉络图而展开，但是实际开展的活动相比预设的脉络图呈现出明显的生成性、反复性和开放性。

首先，意外事件的发生增强了主题的生成性，促成了主题的反复性。在此主题活动进展的过程中有较多教师最初未曾预料到的事件，如砌台阶、桥面防水、龙骨断裂等，这些都是此主题活动过程中独有的问题。围绕这些问题我们开展了设计台阶、测量楼梯、抬走桥面、订购防腐木等活动，这些生成的活动具有较大的挑战性，好在教师和孩子们都积极充当了问题解决者的角色，融合了多方资源才使得造桥活动没有因为意外的发生而停止，反因“意外”的发生使得主题活动极富冒险和挑战的元素而妙趣无穷。

桥面防水和龙骨断裂的问题使得主题活动呈现出反复性。孩子的学习本身是带有一定的反复性的，他们要在多次的尝试中才能习得某个新技能、领悟某种新观念。而主题活动中的“再造桥面”“再铺龙骨”的反复活动，在本质上也是这样的一种“尝试”。第一次行动遇到的问题，是再一次行动的基础，是有意义、有价值且重要的学习过程。

其次，环境的多元造就了主题的开放性。户外环境蕴含丰富的资源，那些花鸟树木每天都在向“劳作”的孩子们发出邀请。因此，在我们的造桥活动中，不仅有造桥，还有观察小昆虫、探寻“便便”等有趣的尾声故事。

总体而言，主题的预设为主题的前期开展提供了坚实的基础，而生成性、反复性、开放性更彰显了课程的生命力和张力。

（二）儿童经验分析

对主题活动开展中幼儿可能获得经验的预期是教师对主题价值的初步预估，而主题开展后幼儿经验的获得能够很好地体现主题活动中幼儿的收获与成长。

首先，“小小桥梁工程师”活动中幼儿经验的获得与预期经验高度相关，整体呈现科学领域经验倾向，与我园艺术化课程层级目标中“认知与理解”

部分的经验相契合。整个造桥过程幼儿多次制订计划、开展调查、设计造桥方案、记录造桥过程中的发现等，又通过不断的观察、比较与分析，发现、描述问题，并主动探究、寻找方法、解决问题，幼儿发展起相当程度的科学探究能力。

其次，经验的维度得以拓展，整个主题活动不仅涉及幼儿科学领域的经验，还涉及其他多领域经验的发展和提升，并且明显呈现出良好学习品质获得的倾向。具体体现在：

1. 运动与健康

幼儿用扛、拎、搬、抬、推等多种方式运送木头、砖块等较重的造桥材料；能较熟练地使用锯子、锤子、铲子、卷尺等工具；知道并采用基本的户外防护措施，如防蚊、防晒、防划伤等；能主动饮用白开水，及时增减衣服或擦汗等。

2. 交流与读写

在遇到问题或者观点不一致时，能用多种方式表达自己的观点；乐意向同伴和家人讲述自己造桥的过程，交流自己造桥过程中的趣事，介绍自己造的桥的特别之处以及自己在造桥中的贡献；喜欢与他人一起阅读、谈论有关桥的图书和故事。

3. 表达与创造

幼儿会选择多种多样的材料及合适的方式，对自己建造的桥进行装饰与美化；感受与桥有关的文学、音乐、建筑、摄影等艺术作品的美；尝试创造和描画桥的故事等。

4. 交往与适应

幼儿能与同伴分工合作，相互配合，完成造桥任务；知道别人的想法意见可能会与自己的不一样，不一样时能倾听并接受别人的意见；与同伴发生矛盾冲突时，能协商解决；能有计划地使用材料，有节约材料的意识；珍惜自己与他人的劳动成果，为小组、集体所取得的成绩感到高兴，有自豪感；在造桥过程中遇到难以解决的问题时，能通过讨论、寻找并联系有专长的工程师家长帮助解决；有角色分工意识，了解相关职责，并自觉遵守；集体讨论并制定材料选用、工具使用、安全活动等规则，并有意识地遵守等。

5. 态度与习惯

幼儿敢于挑战，愿意主动承担有一定难度的任务，遇到困难不轻易放弃，喜欢对造桥中的疑惑刨根问底，有不断尝试的探究精神和解决问题的果敢坚持。

最后，幼儿个体的经验依托于主题活动中的各个活动，以其自身独有的存在方式呈现出螺旋式生长的样态。以“表达”这一经验为例，在活动初期幼儿经验指向的是“倾听表达”，而活动中期这一经验逐渐指向“表达协商”，到活动末期又开始侧重于“表达创造”，因此整个主题活动中“表达”这一经验的获得呈现出“倾听表达——表达协商——表达创造”的过程。这也可以反映出主题活动中幼儿经验从初期的输入变成后期的输出，体现了经验的螺旋式上升发展过程。

（三）教师感悟：是否存在更好的主题？

长期以来，我们都在为搜寻更好的活动主题而不断努力，想要从众多引发幼儿兴趣的事物或事件中捕捉到孩子们更感兴趣的、更多资源汇集的、更多人员经验支持的主题。从教五年来，我切身投入孩童的游戏和学习，如孩童般一遍遍温习自己的童年，积累了一定的实践经验后，我更加坚信孩童的纷繁和琐碎里藏有无数的珍宝和新奇！但到底有没有更好的主题？

关于“造桥”主题，我们一开始其实并不看好。我和班上杨老师心中同时出现的疑惑就是：我们自己都不太清楚怎么来建真桥，怎么带孩子们造一座桥呢？除了孩子们有着强烈的兴趣指引外，在我们的眼中，这个主题能真实展开的可能性很小。可是，鉴于孩子们浓厚的造桥的兴致，再加上幼儿园领导们开放和支持的态度，我们决定先试试看，或许孩子们会知难而退。而事实并非如此！随着造桥活动的持续开展，被活动卷入的不仅仅是孩子们，连同我和杨老师、邬老师，甚至是家长们、幼儿园的其他班级的孩子和老师们都被活动强烈吸引着。为什么呢？

首先，兴趣是行之始。一个孩子最想做的事是什么？其实很多时候我们都忽略了一个答案，那就是：一个孩子他最想做的事就是成为大人！如果说大班上学期造桥模的活动是孩子自己的活动，那么造真桥活动可就是“大人”的活动了，而我们的主题活动一旦开展起来，对于孩子们而言，做大人做的事，不就是一件很酷的事情？

其次，关注问题。我们并不期待造桥活动顺当、平稳地发展。如之前所述，我们几乎只是满足一下孩子们尝试的小心愿，因为我们知道，问题会很多！而这个主题活动的奇妙之处恰恰就发生在这里。随着造桥过程中问题层出不穷，有时候甚至前一个问题还没有解决，后一个问题当即发生，但这根本没有让孩子们退缩、放弃，他们愈战愈勇的主动探究精神、问题意识感染了我们。我依稀记得新的材料搬来的那天下午，孩子们按照计划搬运防腐木，但由于忘了提前考虑加入防腐木如何摆放问题，导致材料屋里满地木板，孩子们不得不小心翼翼地在木板上来回走动。当时，累得坐在随意摆放的防腐木堆最深处的曦曦，白皙的小脸变得脏兮兮的。她喘着气，盯着满地的防腐木看了好一会儿，说：“我们来分类放好吧！”这个小细节让我感动得愣在了那里，她全然忘了自身的疲惫，那一刻她关心的不再是她的花裙子、小辫子（当然并不表示不需要关心），而是有什么问题发生了，要做些什么来解决这个问题。这样的例子在整个造桥活动中比比皆是，曦曦的表现其实映射的就是整个活动中每个孩子甚至老师的表现。无论是孩子还是成人，大家都因为沉浸于活动中，关心的是出现的问题，如猜测是否正确、记录是否准确、方案是否合理等。

再次，共育——回归教育共识。如我们最初的担忧，仅凭班级教师一己之力是很难在孩子们造桥出现问题时及时地提供各种各样的环境、材料、人员和经验的支持的，那么造桥活动中幼儿园其他教师资源和家庭的卷入就成了问题驱动的必然产物了。一开始可能只是教师不经意的三言两语，譬如一些简单的经验分享；后来，家长和孩子们进行简短讨论或者资料查阅；再到后来，幼儿园其他教师开始亲自上阵参与孩子们的活动，他们出谋划策、共同商量，而家长们也自告奋勇，忙得不亦乐乎。这背后不就是活动主题的感染力、凝聚力和大家对教育的共识吗？大家都因着孩子们的造桥活动共聚在了造桥“工地”。这个过程中有汗水，有伤痛，还有被蚊子叮的小苦恼，但是，彼此心中的愉悦却让那汗水下的每一张容颜都格外地耀眼。感恩大家这种无私的参与和付出，主题活动的践行离不开这些细小的、及时的、关键的班级外的力量的支持。

造桥活动已经过去很久了，从四月到六月的日子伴着徐徐的凉风，依稀有汗水的味道。天鹅桥上的“一笔一画”开始长出岁月的青苔，桥旁的桂花树每年不忘在深秋时节为桥面铺上桂花“厚被”，那路过的小鸟依旧会时不时留下它随性的便便，但围着便便问各种各样问题的孩童却已经换了一波又一波。当初那些建桥的孩子们已如蒲公英的种子自由飞去，但那埋藏在心中的造桥经历却总能带着每颗心回到幼儿园那段绚烂的时光。

娃娃卖菜记

张　静　冒　萍

一、主题畅想

（一）活动缘起

秋天带着一身金黄，迈着轻盈的脚步，悄悄地来了，小朋友们又有了新的种植计划。小农场里经常有孩子们观察、浇水、施肥、除草的身影，这里每天都发生着有趣的事情……一天，小杰和小烨在萝卜地里发现了一个炸裂的萝卜。小杰认为是小朋友在收萝卜时用铲子之类的东西破坏了萝卜，小烨认为是萝卜自己熟透了所以炸裂了，大多数孩子都赞同小烨的想法。那萝卜过于成熟时究竟会不会发生炸裂的现象呢？蔬菜成熟时到底是什么样的呢？什么时候是收获的好时机呢？让我们一起去小农场里探索吧。

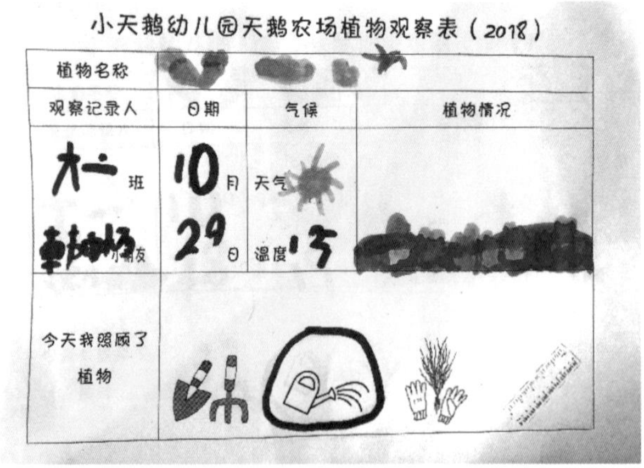

图 2－1　天鹅农场的植物观察记录

图 2-2　我给蔬菜浇浇水

图 2-3　和同伴分享新发现

(二) 活动可能的发展脉络图

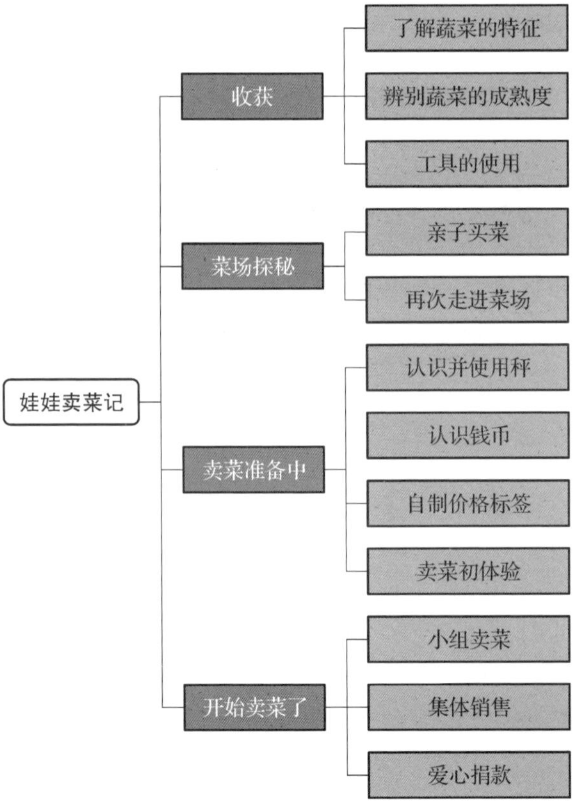

(三)幼儿可能获得的经验图

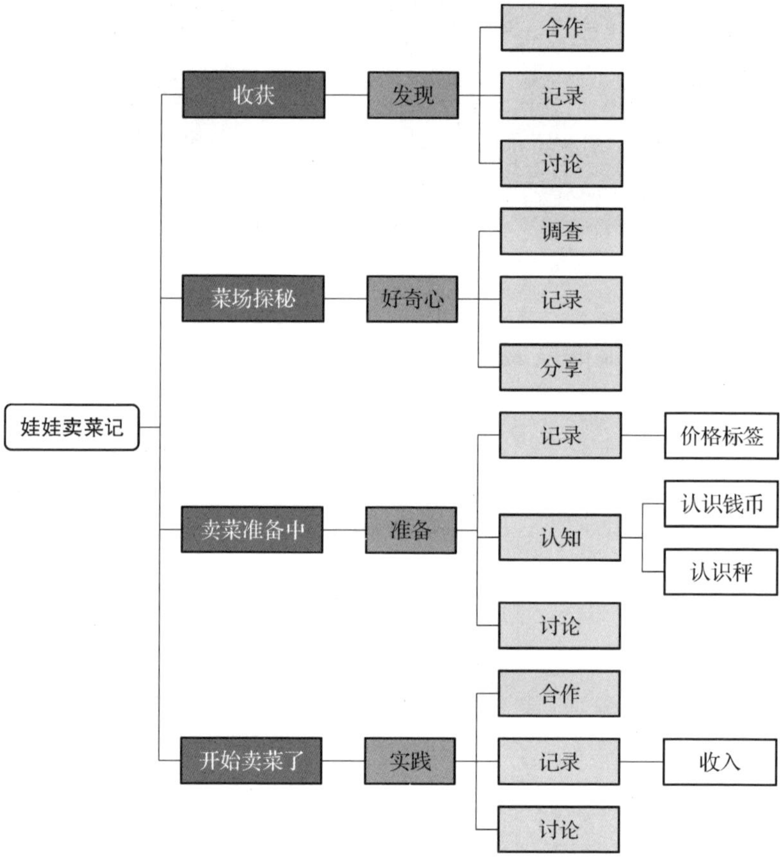

(四) 主题可能涉及的资源图

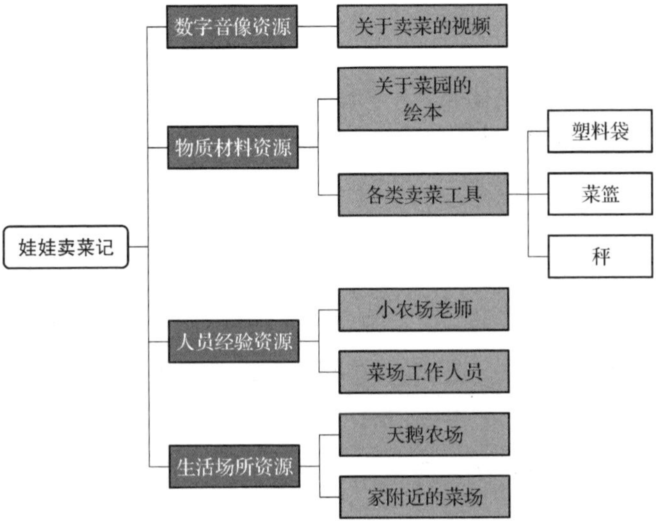

专家点评

大自然中蕴藏着大量的探索素材，教师要具备一双善于发现和捕捉的眼睛。“娃娃卖菜记”从幼儿的兴趣出发，通过天鹅农场中的偶发事件搭建起幼儿向大自然学习的桥梁，进而培养幼儿保护自然生态的意识和责任感。教师敏锐地抓住幼儿的兴趣和发展需求，联系幼儿的生活，从幼儿经验出发确定主题生发点，并由此预设班本课程网络图。

从教师的预设思考中能看出教师关注了幼儿的自主学习能力，将活动和日常生活紧密结合，让幼儿在生活中观察、发现、获取经验，同时教师在真实的生活情境中，鼓励幼儿亲身体验，获取更多的新经验。从幼儿园的小农场到菜场，从专业的小农场老师到家长，教师充分挖掘相关资源，将教育的主战场从室内移到了室外，将单一的教育环境改成了在生活中学习、在大自然中学习，每个幼儿都成了生活中的小小工作者，这使得该主题活动成了一个具有生活气息的、有趣的、能够丰富幼儿生活经验的活动。

二、主题开展

(一) 丰收的小农场

1. 萝卜炸裂了

萝卜为什么会炸裂呢？带着这个问题，孩子们回家后和爸爸妈妈一起查阅资料寻找“真相”。第二天来园分享时，孩子们带来了各种各样的答案，有的说可能是浇水不均匀造成的，有的说是泥土太干造成的，而大多数小朋友说是因为萝卜熟透了才会炸裂的……究竟是不是因为萝卜成熟没有及时采摘引起炸裂呢？我们又去请教了小农场的张老师，张老师说萝卜炸裂一般是由于萝卜在生长过程中，土壤水分供应不均匀造成的。

孩子们想看看其他萝卜有没有缺水的情况，可是萝卜还在土里，要等到成熟了才能采摘。天天说：“你们看，萝卜的叶子已经这么大了，肯定熟了。”安安说：“那还等什么，把萝卜挖出来看看就知道了。”小农场的张老师详细地向孩子们介绍了判断萝卜是否成熟的方法。原来萝卜成熟时叶子是完全分开的，而且叶子会变成青蓝色，如果叶子没有分开或者半分开，颜色纯绿就是没有成熟。张老师又说，把萝卜挖出来后观察萝卜皮的厚薄，也是一种判断萝卜是否成熟的方法，皮厚就是成熟了，皮薄就是没有成熟。但是这个方法有时会破坏没有成熟的萝卜。

图 2-4 萝卜成熟了

原来，想要知道萝卜是否成熟还要了解这么多的知识呢！那其他的蔬菜成熟时是什么样的呢？孩子们对此更加充满了好奇……

2. 蔬菜大探秘

小农场里哪些蔬菜已经成熟了呢？哪些部位是可以食用的呢？孩子们开始了一系列“蔬菜大探秘”的活动。

小农场里有各种各样的蔬菜，我们和孩子们一起设计制作了观察表，把认识的蔬菜和有些不认识的蔬菜记录下来，把观察表带回班级讨论。小农场里，孩子们仔细观察蔬菜的外形特征，认真地在表上记录着自己的发现。

肉肉用手指着地里的青菜说：“这是青菜。”

图 2-5　南南的发现

“青菜怎么会这么大呢？难道是熟了以后没人来摘，就越长越大，变成了大青菜吗？”天天感到很奇怪。

肉肉说：“哈哈，这你就不知道了，这个叫扬州青，也是青菜的一种，它这样已经成熟了，你看它的叶子绿油油的。”

“我妈妈说，青菜的叶子很好吃的。”小烨说。

佳佳发现了地里的大红萝卜，激动地说：“看，这个萝卜真大啊！萝卜上面还有绿绿的叶子，可是我们吃的不是萝卜的叶子啊，那是萝卜的什么部位呢？”南南说：“是萝卜的果实吗？”“不是果实，是它的根。”贝贝很肯定地说。

孩子们把蔬菜记录下来，回班后分享、讨论自己的记录成果。南南的观察表上有一个大大的问号，在问号旁边还画了一个圆叶子的蔬菜，南南说不知道这是什么菜，想请小朋友们来帮忙认一认。可是大家都不知道，这可怎么办呢？

大家提出再去小农场看一下，请教一下小农场的张老师。于是，带着南南这张打问号的观察表，我们再一次来到了小农场。张老师告诉大家这种蔬菜的名字叫“菠菜”，还给大家介绍了菠菜的特点，它的叶子有圆的还有尖的，小农场种植的是圆菠菜，吃的是叶子部位。

关于辨别蔬菜成熟度的问题，孩子们又请教了张老师。张老师说有的蔬菜长大了就可以吃了，有的则要看蔬菜的生长周期，比如萝卜需要 70 天左右能熟，大白菜成熟则需要 100 天左右。

通过分享，孩子们了解了各种蔬菜的名称、外形特征、不同成熟状态；还熟悉了蔬菜的根、茎、叶、花、果、籽；知道了各种蔬菜有不同的食用部位，比如：芹菜食用的是茎，萝卜食用的是根，白菜和青菜食用的是叶……

3. 工具的使用

通过“蔬菜大探秘”的系列活动，我们发现小农场里大部分蔬菜都成熟了，已经可以采摘了。

瞧！成熟的萝卜可不容易拔出来呢，它们被泥土紧紧地“包裹”着。

坤坤：“大萝卜肯定是用力拔出来的。”

多多：“要带铲子去，萝卜种在土里很深，要用铲子才能挖出来。”

南南：“有的菜可以用手拔出来，不过要小心别把手弄破。”

宝儿：“那就戴手套。”

笑笑：“带个篮子去装吧。”

谨然：“上次我摘小青菜的时候是用剪刀的，不是拔的。”

正如孩子们所说，收获不同的蔬菜有不同的方法，有的蔬菜要连根拔，有的则是需要剪上面的叶子，有的还要使用工具……

采摘蔬菜究竟需要用到哪些工具呢？在小农场里孩子们了解了小铲子、农用剪刀等常用工具的特点，并学习了工具的使用方法。

图 2-6　和张老师一起认识各种工具

还有哪些工具可以使用呢？在讨论的过程中，南南小朋友提到了在电视里看到的工具——锄头，有小朋友马上表示反对，他觉得使用锄头会把菜破坏。锄头究竟是什么样的呢？它又有什么作用呢？我们和孩子们一起在网上找了锄头的图片和农民伯伯使用锄头的视频。大家这才了解到,锄头更多的时候是用来松土和除草的。

锄头的出现让孩子们知道了工具也有不同的种类。锄头、镰刀是劳动工具;放大镜、手提吊秤等是种植活动中所需的探究工具;洒水壶、刷子等是保养工具;还有小铲子等收获工具……

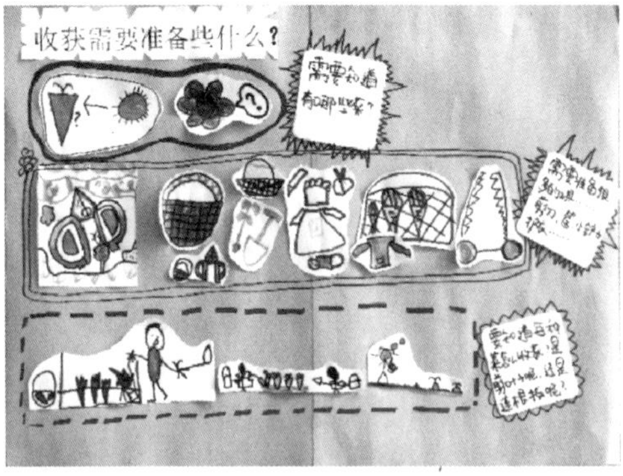

图 2-7　收获需要准备些什么

图 2-8　使用剪刀收获青菜

4. 绘本里的蔬菜故事

小农场里居然有那么多有意思的事情等着我们去发现,多有趣啊!大家亲手采摘蔬菜,不仅能体验劳动带来的快乐、丰收带来的喜悦,还能发现很多秘密哦!

绘本中也有很多让人意想不到、妙趣横生的菜园小故事,农场中获得的生活经验能让孩子们在阅读绘本的时候感同身受。《法拉的菜园》里有一个调皮的法拉和一个健康的小美。小美之所以健康是因为饮食很均衡,每天都吃自家种植的各种蔬菜,而法拉的饮食很单一。法拉也想变得健康,于是决心向小美学习,自己种植各种各样的蔬菜。孩子们在书中跟着法拉和小美认识了很多蔬菜。《一园青菜成了精》把各种蔬菜的特性巧妙地蕴藏在故事情节中,充满了智慧和幽默。孩子从中感受到:小葱青秆绿叶儿长得直,正像一根银杆枪;韭菜的叶片狭长而扁平,如同两刃锋;大蒜成熟后的裂瓣、辣椒的红通通以及茄子的圆滚滚等。看着蔬菜们都成了"精",孩子们笑着、乐着、收获着。《菜园里的三个意外》《菜园小侦探》等绘本让孩子们爱不释手,不断丰富着他们关于蔬菜的经验。

教师的思考

好奇与兴趣引发的主动探究

“蔬菜是怎么生长的?”大多数生活在城市的孩子了解得很少,但“炸裂的萝卜”却让幼儿对此充满好奇和疑问。在小农场老师的帮助下,孩子们知道了“萝卜炸裂”的秘密,还对小农场里其他的蔬菜也产生了浓厚的兴趣。我们感受到幼儿的想法后,及时抛出了问题:“蔬菜的生长、成熟有什么规律呢?”紧接着,我们又与幼儿一起设计制作了观察表,鼓励幼儿主动去观察,并记录下自己的发现,满足了他们的探究欲望。小农场成为幼儿探究植物生长的一方天地。

幼儿是种植的主人,当我们把发现秘密、寻找答案的主动权交给孩子,我们收到了意外的惊喜。如:由锄头拓展了幼儿对工具的认知;对萝卜的了解让大家知道了蔬菜成熟度的判断标准……这些都从幼儿的观察中得来。当发现了问题后,幼儿通过猜测、讨论、验证找到了解决问题的方法。我们能做的就是尽量保留一切可观察的机会,让幼儿去思考和寻找。

在独立思考、同伴交流、师生共同探讨的过程中,幼儿了解了蔬菜的成熟规律、可食用部位、工具的使用等,还在有趣的绘本故事中知道了很多妙趣横生的菜园小故事……在活动中幼儿主动观察、亲身实践,体验了收获的喜悦,萌发了对大自然的亲近和热爱之情。

(二) 美味的蔬菜

有了关于蔬菜的丰富经验后,我们开始了第一次蔬菜采摘。这次,孩子们采摘了大青菜、小青菜、红萝卜等。大青菜个头大,不容易拔,孩子们两个人合作拔,还是拔不出来,最后他们使用了铲子。大家拔的拔、铲的铲、拽的拽……终于成功了!面对丰收的蔬菜,孩子们有了新的想法。

1. 幸福的味道

彤彤蹲在采摘下来的蔬菜旁自言自语:“能不能把这些菜带回家呀?”

旁边的梓墨听到后大声说："当然不行了，这是幼儿园的东西，不可以带回家的。"

彤彤说："那这些菜怎么办呢？"

小凯说："我们可以把这些菜做成好吃的。"

小雨说："但是我们又不会做呀。"

多多说："我想到一个好办法，可以把这些蔬菜送到伙房，请伙房叔叔帮忙做成美食让大家一起品尝。"

图 2-9　一起清洗蔬菜

孩子们都觉得这是一个好办法。于是我们把采摘下来的蔬菜送到了伙房，一起动手清洗，伙房叔叔做出了好吃的菜肴。

瞧，连平时见到蔬菜就愁眉苦脸的佳佳都吃得津津有味："这个青菜真好吃呀！"逍逍也跟着说："我待会儿吃完还想再添一碗。"浩浩说："我觉得自己种的青菜吃起来就是香，太幸福了。"

今天，蔬菜成了孩子们饭桌上的"香饽饽"。

图 2-10　把蔬菜送到伙房

图 2-11　吃香喷喷的青菜

2. 美味蔬菜进区域

绿油油的青菜、红通通的番茄、白白净净的大萝卜……这些餐桌上常见的蔬菜也进了我们的生活区呢！瞧，孩子们开始讨论今天活动的计划了。

贝贝："今天我们做什么好吃的呀？"

天天："我们可以把胡萝卜切成小块儿的，然后榨汁喝，我妈妈说胡萝卜汁很有营养的。"

虎子："还可以用番茄和白萝卜做蔬菜拼盘呢。"

贝贝："我还知道一种好吃的，就是把各种蔬菜混到一起做成蔬菜沙拉，肯定很美味。"

孩子们开始按自己的想法制作今天的蔬菜美食了。

区域活动快结束了，天天端着自己做好的胡萝卜汁走到宝儿面前说："宝儿，看，我做的胡萝卜汁是橙色的，我们一起分享吧！""好呀好呀，给我尝尝！"

旁边的虎子也端着自己做好的美食去找好朋友分享了："看，我拼的是一个小娃娃，番茄是娃娃的脸，白萝卜是她的耳朵。"

"我做的是蔬菜沙拉，花生酱口味的哦！要不要尝一尝呀？"贝贝也急忙介绍自己制作的美食。

图 2－12　在生活区制作蔬菜美食

大家一起品尝着，每个人的脸上都洋溢着满足的笑容。

就这样，孩子们在生活区的实践操作中持续了解着每一种蔬菜的特点，蔬菜也因此成了孩子们的最爱。

（三）卖菜初体验

1. 蔬菜大丰收

小农场里还有很多蔬菜等着我们去收获采摘呢。有的孩子提出我们可以把蔬菜卖掉，这样不仅可以让更多的人品尝我们种的绿色蔬菜，还可以把卖菜得来的钱捐给需要帮助的人。这个提议一下子激发了全班孩子的热情，大家议论纷纷，表达着自己的想法……

尧尧:“我们种的蔬菜卖出去,大家肯定都很喜欢。”

南南:“我们可以像爱心义卖那样,把卖菜的钱捐给红十字会。”

贝贝:“这真是个好主意。”

宝儿:“那我们把卖菜的钱捐出去后,我们的蔬菜就变成爱心蔬菜啦!”

肉肉:“我们可以把卖菜的钱捐给山区的那些小朋友。”

小帽子:“对,这样他们就有钱买好吃的了。”

浩浩:“我们可以把卖菜的钱捐给没有衣服穿的人。”

小雨:“还可以捐给没有书看的小朋友,让他们买书。”

梓墨:“山里的小朋友也没玩具,他们有钱后就可以买玩具了。”

道道:“也可以把我们卖菜的钱捐给穷人。”

天天:“可以帮助那些有需要的人。”

静和:“也可以给山区的小朋友买水彩笔。”

大宝:“还可以买本子呢。”

2. 临时卖菜小分队

孩子们去小农场采摘了一些小青菜和萝卜装在篮子里,用弹簧秤称了重量并记录了下来。

午饭后,临时卖菜小分队开始行动了。孩子们拎着菜篮来到幼儿园门厅外,将菜篮并排摆好后,等待客人的到来。不一会儿,客人“上门”了。第一位客人是幼儿园的保洁员赵阿姨。她指着篮子里的萝卜问:“我想买这个萝卜,多少钱呀?”“嗯……10 块钱。”小凯摸着头想了半天说道。“好的,给你钱。”第一笔“生意”就这样愉快地“成交”了。这时园长妈妈也过来了,她指着篮子里的另外一个小萝卜问:“我也买一个萝卜吧,多少钱呢?”“10 块钱。”小凯毫不犹豫地说。“咦? 刚刚赵阿姨买的那个萝卜大,我这个萝卜这么小,也是 10 块钱吗?”园长妈妈笑着问。“我们就是一个萝卜 10 块钱。”小凯挠挠头,很不好意思地看着园长妈妈。“10 块就 10 块吧,给你钱。”园长妈妈拿出 10 元递给了小凯。第二笔“生意”就这样稀里糊涂地也“成交”了。

这时,又来了一位客人——是来接小朋友的奶奶,“哎哟,这个青菜这么好,我想买一些。”小凯说:“5 块钱都卖给你吧。”“啊! 这么多青菜才卖 5 块钱啊!”旁边围观的“群众”很惊讶地说。“好的。”奶奶很愉快地拿出了一张10元钱给小凯。小凯愣住了,拿着钱不知道该做什么。“你找我5块钱就行了。”奶奶提醒他。临时卖菜小分队的第三笔“生意”在小凯的“一口价”中也顺利“成交”了。

……

就这样,第一次的卖菜体验在“懵懵懂懂”中结束了。

图2-13 称一称

图2-14 记录下称好的重量

图2-15 开始卖菜了

3. 卖菜小烦恼

孩子们拿着卖菜得来的钱，兴高采烈地回到班级："菜卖完啦！看，这么多钱！""我们有钱咯！"

我们就势点开了孩子们的卖菜视频："你们真棒！我们一起来看一看刚才卖菜的视频吧。"大家一边看一边叽叽喳喳地说个不停，重温着卖菜的趣味和成功的喜悦。视频看完了，大家对今天的"战绩"都很满意。

我抛出了一个问题："看了刚才的视频，我有一个疑问。"看着孩子们好奇的眼神，我补充，"小凯卖了2个萝卜，每个都是10块钱，可是为什么园长妈妈会觉得贵了呢？"孩子们沉默片刻又炸开了锅。

小龙君："我知道，我知道，肯定是园长妈妈带的钱不够。"

小帽子："一个萝卜大一个萝卜小，肯定是园长妈妈觉得她买的萝卜小。"

肉肉："那就对了呀，园长妈妈买的萝卜小，她当然觉得贵啦。"

我立刻提问："那这个问题怎么解决呢？"

南南毫不犹豫地说："那大萝卜卖10块，小萝卜就卖5块吧。"

我微微点点头说："你说得很有道理，可是为什么老奶奶买青菜花了5块钱，大家都说太便宜了呢？"

小凯："因为园长妈妈说10块钱买萝卜太贵了，所以青菜我就想卖便宜点。"

肉肉："不对，不是想卖多少钱就卖多少钱的，应该是按斤卖的。"

坤坤："那青菜到底卖多少钱一斤呢？"

……

看来孩子们的经验已经不足了，我建议："孩子们，这个周末和爸爸妈妈一起到菜场看一看、记一记、想一想，就能找到这些问题的答案了。"

教师的思考

课程中的"全收获"

从种植、养护、收获，再到制作成美味的食物，这是一个奇妙的过程。

当劳动成果成了餐桌上的美食，孩子们不仅萌生了自豪感，也懂得了珍惜成果的来之不易。这让我们认识到看似简单的品尝活动其实蕴含了丰富的教育价值。我们鼓励孩子们自己动手制作蔬菜汁、蔬菜沙拉、蔬菜拼盘……在与同伴合作、探索、交往、表达的过程中，孩子们用各种方式不断丰富新经验。

当孩子们提出用“卖菜”的方式帮助有困难的人时，我们给予了支持，及时生成了一次卖菜活动。由于是临时生成的活动，孩子们没有前期的经验准备，出现了很多问题，比如在给蔬菜称重时，不太会看秤；不会使用秤；不知道如何定价；顾客的菜没地方装；收钱的时候很慌乱……我们及时用相机记录下孩子们卖菜的过程。卖菜结束后，我们和孩子们一起回顾并用适时、适宜的问题引导孩子们自己反思，发现问题并开展讨论。大家发现，卖菜可不是那么容易的事，“蔬菜怎么包装？卖菜需要什么？怎么卖菜？怎么称重量？怎么收钱？”这些都需要去进一步详细地了解。由此，在老师的点拨下，孩子们萌发了走进菜场看看别人是怎么卖菜的想法。

这个过程给了我们很多启示，其中最重要的是种植活动中教师要秉持“全收获”的理念，把多层次、多方面、多主体的“全”落实在课程中，落实在孩子和我们的共同成长中。

4. 小菜场，大发现

上一次临时生成的卖菜活动中出现了很多问题，由此孩子们对菜场充满了好奇，都想走进菜场看一看别人是怎么卖菜的。于是“亲子菜场行”就成了这个周末孩子们难忘的经历。

“菜场是什么样子的？菜场里有什么？人们是怎么买菜和卖菜的？”带着这些问题，孩子们在体验买菜的过程中不断地寻找着答案……

图 2-16　奶奶给我找零钱

图 2-17　我也来买菜

图 2-18　复秤台上称一称

这天，孩子们把自己的发现记录在《小菜场　大发现》调查表上，和同伴一起分享交流。

他们主要有两类发现，一类发现关于菜场环境和菜品的特点。

南南："我在菜场里看到很多卖菜的摊位。"

牛牛"有卖鱼的、卖肉的、卖蔬菜的，还有卖豆制品的。"

翰宝："菜场里有好多蔬菜，我还看见有个检测中心。"

肉肉："我去的菜场里的菜都是整整齐齐地放在台子上的，还有的菜放在篓子里，有的放在筐里。有的菜是别人摘好的，回家直接洗就行了，我奶

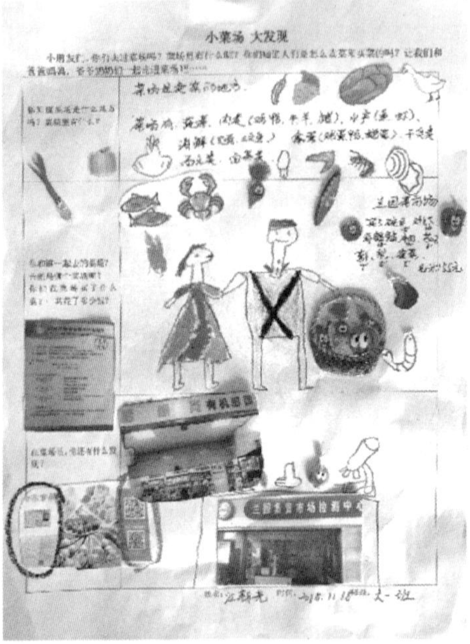

图 2－19 《小菜场　大发现》调查表

奶就买了剥好的大蒜。”

京京：“菜场里有个复秤台，我听我妈说，如果你觉得自己买的菜重量不对，可以再去称一称。”

逍逍：“对对对，我去的菜场也有个公平秤。”

……

另一类发现关于买卖的方式。

大宝：“每个摊位上买东西后都要给钱。”

梓墨：“我奶奶在买菜的时候，会问多少钱一斤，我发现每种菜的价格都是不一样的。”

彤彤：“我家楼下的菜场里有二维码，给钱的时候是扫码付钱。”

京京：“我发现菜场里用的是电子秤。”

小帽子：“付钱的时候可以给纸币，也可以用手机付钱。菜场里还有卖水果的呢。”

……

图 2－20　分享调查表

第一次课程审议

“娃娃卖菜记”紧紧围绕“兴趣—问题—探究”这条主线一步步展开，从课程初期的种植、收获、品尝到“小菜场　大发现”，无一不是“生活即教育”理念的体现。当第一次卖菜中出现的问题引发了幼儿对菜场产生兴趣的时候，教师能及时地将家长资源和社区资源引入课程，采用了亲子生活实践的方式，支持幼儿带着问题在真实的生活环境中体验和探究。由此，幼儿了解了菜市场里的环境特点、菜品的种类，了解了蔬菜买卖的过程、方法和付款的不同方式……这些都是孩子们在“真”环境中获得的“真”经验。

下一阶段，“卖菜”肯定会成为孩子们探究的一个热点问题，教师可在幼儿园内和幼儿共同创设真实的卖菜情境，继续依据幼儿生活经验推进课程。卖菜并非目标，课程的重点应关注卖菜的过程，教师应引导幼儿发现并解决卖菜过程中的真实问题，从中获得称重或计算等数学经验、宣传与售卖的语言与社会等各方面的经验，真正实现班本课程从预设走向生成，从课堂走向生活的转身。

（四）卖菜准备时

参观过菜场，孩子们特别想建一个属于自己的“小天鹅爱心菜场”。建一个菜场并不容易，需要做很多的准备。孩子们通过热烈的讨论，一致认为小菜场需要货架或是用桌子来放蔬菜；需要有卖菜的人；需要有给蔬菜称重的秤；需要给菜标价格；需要做宣传海报；需要一些零钱……让我们一起准备起来吧！

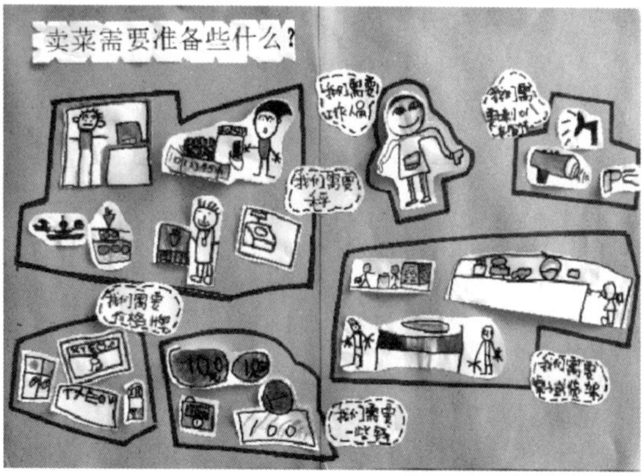

图 2－21　卖菜需要准备些什么

1. 称一称

要卖菜首先就要有秤，京京发现菜场里用的都是菜场专用电子秤。贝贝说：“我妈妈买菜回来后会用弹簧秤称一下呢。”新尧说：“我妈妈经常用厨房电子秤称面粉。”坤坤说：“我见过妈妈用体重秤称体重。”孩子们讨论得不亦乐乎。

到底哪种秤最适合用来称菜呢？那我们就把家里的秤都带来试一试吧。

于是，孩子们带来了各种各样的秤，有体重秤、弹簧秤、行李秤、厨房秤，还有菜场专用秤……孩子们找来各种各样的东西用来称重，将称好的重量写在了记录单上。在对比后大家发现体重秤能称很重的东西，用来称人的重量最合适，厨房秤的称重范围太小了，只能称很轻的东西。

“咦？为什么其他秤都显示的是一个数字，菜场专用秤上却显示了很多数字，这些数字到底是什么意思呢？”孩子们对菜场专用秤充满了好奇。于是我们寻找了一段关于使用菜场专用秤的视频，大家仔细观察后发现菜场专用秤上显示的数字分别是蔬菜的重量和价格，只需要设置好一斤蔬菜的单价，就能一下子知道蔬菜的重量和价格了。大家一致觉得菜场专用的电子秤既方便又准确，“小天鹅爱心菜场”卖菜就用它了。

图 2-22　各种各样的秤

图 2-23　青菜有多重

2. 瞧,我设计的价格标签

离“小天鹅爱心菜场”开业的日子越来越近了,孩子们似乎还有些许担忧。

多多说:“卖菜的时候我又要称又要算钱,怕来不及。”

南南说:“我们要卖好几种菜,怕把钱搞错了。”

瑶瑶小声地说:“买菜的人要是太多,我说的话他们听不见怎么办?”

……

最后大家都认为应该把价格提前写下来。

欣欣眼睛一亮:“我们做一些价格标签吧,就像超市里一样。”

这个想法得到孩子们一致赞同,他们都认为要设计出专属于“小天鹅爱心菜场”的个性价格标签,要把“小天鹅爱心菜场”这几个字写在价格标签上。

可是这些字孩子们不会写,怎么办?南南提出可以用拼音字母代替,“小”就是 X,“天”就是 T,“鹅”就是 E,合起来就是 XTE。

图 2-24　我们设计的价格标签

3."工作人员"的争执

角色区几个孩子正准备玩"小菜场"的游戏,突然,传来了圆圆的大声喊叫:"我不要包装蔬菜了,我要卖菜。"我顺着声音看去,"小菜场"游戏区里几个孩子正为分配角色的事情争吵。心心怀里抱着装钱的盒子不肯撒手,嘴里不停地嘟囔着:"我要收钱,我要收钱。"佳佳盯着心心手里的盒子,小声地说:"我也想当收钱的人。"

……

5 分钟过去了,几个孩子还是僵持不下,"小菜场"游戏也没法开始,这可怎么办呢? 孩子们的"小争吵"被我看在眼里。关于工作岗位的分配,孩子们究竟是怎么想的呢? 我来到"小菜场"游戏区,和几个孩子聊了起来。

心心:"我想做收银员,我数学最好,其他人会把钱算错。"

宝儿:"我声音大,我喊大家来买菜,大家都能听到。"

圆圆:"我不要包装蔬菜,我想卖菜。"

"包装蔬菜怎么啦? 为什么不想包装蔬菜呢?"我问道。"包装蔬菜太累了,还看不到顾客,不好玩。"原来是这么回事。

从孩子们的话中,我了解到他们都更喜欢能够与顾客直接接触的工作,因此售卖、收钱都成了"抢手"的热门岗位,而称重、包装这些工作不如直接卖菜和收钱有趣,所以遭到了孩子们的"嫌弃"。

这时天天拎着篮子来"买菜"了,"小菜场"的几个孩子还在争论,根本没有人理睬天天。我眼睛一亮，跟在天天后面问：“客人已经来了，你们的菜还没有准备好，怎么办呀？”几个孩子面面相觑。短暂的沉默后，佳佳小声地对心心说：“那我下次再收钱吧。”心心脸上划过了一丝的笑容，似乎也有点不好意思，捧着收银盒，摇晃着身体说：“那我下次让你当收钱的工作人员。”佳佳笑着点点头。

其他两个孩子也觉得轮换工作岗位这个方法挺好的，这样每个人都能体验不同的工作了，也很“公平”。达成一致后，大家协商分配了今天的工作，各就各位，“小菜场”终于开门营业了。

游戏结束，分享经验的时候，“小菜场”的几个孩子把今天游戏前发生的“小状况”以及解决的方法分享给了大家，孩子们非常认可“轮换工作岗位”的方法，他们觉得在“小天鹅爱心菜场”开张时也可以这样做。于是，针对每一个工作岗位需要做的事情和遵守的规则，全班幼儿开展了进一步讨论，并绘制成图。孩子们还自制了不同岗位的工作证，证件上有孩子们的自画头像、姓名以及工作内容等。

图 2－25　工作内容安排表 1

图 2－26　工作内容安排表 2

图 2－27　我的工作证

教师的思考

游戏中的"留白"

角色扮演游戏强调给幼儿充分的自由,隐退教师的"角色"——教师在游戏中的"留白",正是把自主权还给了幼儿。

"小菜场"游戏中,我们没有预设游戏的方式,而是让幼儿自由选择玩什么和怎么玩。当他们自主选择的角色身份发生冲突时,我们并没有直接干预,而是选择静下心来,耐心观察和分析幼儿的游戏行为,寻找合适的间接介入的时机和方式。

我们首先以游戏伙伴的角色进入幼儿游戏,以一种平等的方式和他们交流,了解他们"嫌弃"一些工作岗位的真实想法,以便于我们思考如何"点拨"游戏的展开。当游戏中的矛盾冲突正值“白热化”之际，天天的出现，让我一下子捕捉到了时机。于是我提出：“客人已经来了，你们的菜还没有准备好，怎么办呀？”这个问题让孩子们一下子从“争执”的漩涡里“跳”了出来，认识到必须要解决矛盾，才能顺利展开游戏。我的问题给孩子们开辟了思考和讨论的空间，打破了游戏的“僵持”状态，使游戏有了发展下去的可能。

由此可见，角色扮演游戏中的“留白”并不表示教师无所事事。反之，“留白”更强调教师要拥有一种看、听、问的多元观察、科学分析与专业支持的能力。

4. 为“小天鹅爱心菜场”打 call

为“小天鹅爱心菜场”打 call

“小天鹅爱心菜场”即将正式开张营业，大家在满怀期待的同时，心里也有些忐忑……

“菜场的‘生意’会不会不好啊？”“顾客对我们的工作会不会不满意呢？”“万一没人知道我们的‘小天鹅爱心菜场’怎么办啊？”孩子们的担心一个接一个。“我们要宣传宣传，做做广告。”“对，打个‘call’。”南南幽默的话引来了全班孩子的一阵笑声。

“那怎么宣传呢？”孩子们七嘴八舌地讨论着。

睿彤：“我在路上看到别人宣传的时候是发小广告的。”

南南：“我们也可以啊。”

谨然：“每次幼儿园有活动，都会有一张大的海报，我们也可以画一张。”

宝儿边说边伸出大拇指：“这个主意好，我们画些什么呢？”

梓然：“要告诉别人我们在哪里卖菜。”

雨辰：“对对对，还有卖菜的时间也要写下来。”

梓墨：“要把卖哪些菜画上去。”

“要不要写每种菜的价格呢？”

……

经过激烈的讨论，孩子们决定用海报宣传的方式来为我们的小菜场“打call”。海报上要有卖菜的时间、地点，还要宣传蔬菜的营养，给顾客推荐美食。除了海报宣传，孩子们还创编了"'小天鹅爱心菜场'，蔬菜营养无污染，绿色环保人人爱，欢迎大家来光顾！""欢迎光临'小天鹅爱心菜场'，纯天然，没污染，自己种自己摘！"等各种宣传口号。

图 2-28 "小天鹅爱心菜场"宣传海报

第二次课程审议

任何有意义的教育都应该是有准备的，即便生发的班本主题活动也应该如此。主题活动推进至今，每一阶段的活动看似没有教师的直接参与，但细细品味后不难看出教师"无痕教育"的良苦用心。

当孩子们"建小菜场"的愿望越来越迫切的时候，教师并没有试图在最短的时间内把自己的经验"倾囊相授"，而是对"建小菜场"的前期准备进行了细致周全的考虑，并与幼儿一起进行了深入的讨论。学习使用秤、分配工作人员、制作价格标签与宣传海报等一系列的活动其实就是教师为孩子们创设的卖菜的"实习场"。在"实习"的过程中，教师通过各种方式支持幼儿自主解决如何卖菜的问题，比如我们看到了有趣的角色扮演游戏"小菜场"、科学集体活动"称一称"等。在这些活动中孩子们通过自己的感知、体验、探究获取了丰富的关于卖菜的直接经验。

接下来，随着"小天鹅爱心菜场"的开张，我们希望教师能进一步关注到幼儿在获取相关直接经验后的再学习和经验的再利用；关注"以幼儿为本"，将交流表达、动手尝试的权利交到幼儿的手中，使"小天鹅爱心菜场"的开张带幼儿回归现实生活，体会生活的本色。

(五)“小天鹅爱心菜场”开张了

1. 忙碌的小菜农

菜场开张的那一天，阳光明媚，孩子们都早早地来到了幼儿园。晶晶妈妈告诉我，晶晶天没亮就醒了，催着妈妈赶紧送她到幼儿园，来的路上也不停地问几点了，就怕错过了什么。早上八点不到，孩子们已经准备就绪，迫不及待地要大干一场。挎上篮子、穿上围裙、备好工具，一起出发去小农场！一转眼，小农场里已是一片热火朝天的景象，孩子们或拔、或铲、或剪，忙活得不亦乐乎。今天的“小天鹅爱心菜场”还真是货源充足呢，准备出售的蔬

图 2－29　忙碌的小菜农

菜有“超级”大白菜、碧绿的小青菜、红彤彤的萝卜，还有香菜、菠菜等，品种丰富，每个人的篮子里都塞得满满的。

图 2－30　绿色蔬菜，收获满满

回班后，大家把菜都堆放在一起。“这也太乱了吧，都分不清是什么菜了。”“这么多菜堆在一起卖肯定会乱的吧，这可怎么办呢？”面对一大堆的蔬菜，孩子们一筹莫展。宝儿轻轻叹了一口气，小声嘟囔了一句：“这可是我们的第一份‘工作’，搞砸了就完了！”

“那还不简单！我们把蔬菜分类不就行了嘛！”天天的提议马上得到了大家的认同。孩子们忙不迭地开始“拾掇”起来，很快就把蔬菜分好类了。

图 2－31　整理蔬菜 1

有的菜泥土太多，孩子们还进行了简单的清理，有的菜有虫叶、黄叶，孩子们还小心地摘掉。看着整整齐齐的蔬菜，大家终于舒了一口气。

图 2－32　整理蔬菜 2

2. 抢菜风波

菜准备好了，怎么卖呢？欢欢说："我们就按各自的小组去卖不就行了吗？""好！""行！""就这么办！"大家不假思索地就同意了欢欢的主意。还没等大家反应过来，欢欢已经带着小组的其他几个同伴"疯狂"地"抢"起了蔬菜，原本已经整理好的蔬菜再次"遭殃"了。

"快，多拿点萝卜，萝卜买的人肯定多。"

"大白菜，大白菜，多拿几个。"

"青菜，多抓点，多抓点，拿筐子装。"

……

欢欢这组的几个男孩子个个都是"身强力壮"的"抢菜好手"，他们一行动，哪还有其他人什么事啊！在一阵"哄抢"中，蔬菜所剩无几，只留了点残叶，零星地散落在地上。

班上的几个女生眉头紧锁。看着好不容易抢夺下来的两棵大白菜，桐桐急得眼泪都要掉下来了："这么点菜，只能卖一点点钱，真讨厌！"几个女孩子表示出了强烈的不满，可是欢欢他们还沉浸在"抢菜"胜利的喜悦中，压根儿“无视”别人的看法。

“抢菜事件”发生后，班上很多孩子觉得这样分菜太不“公平”了。在“说理无果”的情况下，几个女生终于到我这儿“告状”了。很明显，这场纠纷已经愈演愈烈，将严重影响“小天鹅爱心菜场”的开业。在我的提议下，大家放下手中的工作，开始重新讨论分菜方案。

每组究竟卖什么菜？卖多少菜？如何分菜？孩子们有很多想法，最终初步确定两个方案。一部分孩子认为每组可以自选几种蔬菜，各卖各的，看谁卖钱多；另一部分孩子认为分种类卖菜更好，一组只卖一种菜，这样工作起来比较容易操作，也方便介绍和记录。最终，大家觉得后一种方法更合理。欢欢小组的孩子们也只好少数服从多数，“不情愿”地把抢来的菜放回了原处。“抢菜风波”平息了，大家按照蔬菜的种类重新进行了分配。互相协商之后，萝卜组、青菜组、白菜组、葱蒜组、菠菜组、香菜组6个蔬菜专卖组成立了。

教师的思考

对幼儿的“有效”回应

这次“走投无路”的“告状”是幼儿主动发起的与教师的互动，面对这种互动，教师必须要给予及时和有效的回应。那么，如何“回应”才是有效的呢？是用“批评和指责欢欢一组的错误行为”来解决冲突事件，还是以“直接告诉全班孩子应该怎么做，不应该怎么做”这种直接决策的方式使“告状”事件不了了之呢？

显而易见，“单纯制止”和“权威仲裁”的介入方式有利于快速平息这次“抢菜风波”，但只能暂时恢复，并且这种指向结果的简单处理方式会让我们错过一次难得的培养幼儿团队意识、使他们学会合理分工的教育契机。

大班幼儿虽然会与同伴发生“小摩擦”，但同伴关系处于相对稳定期，大多数幼儿能在成人的引导下站在别人的角度考虑对方的感受。因此，在这次活动中我们采用了“以点带面”的回应方式，以“告状”这个“点”带动起全班幼儿的"集体回应"。在"集体回应"中,孩子们首先确定了"让小菜场顺利开张"这一目标。达成这一共识之后,孩子们意识到合理分配菜品的重要性。于是,他们对分菜的方案再次进行分析和思考,产生了新想法,获得了新认识,进而畅所欲言,最终确定了一种最为合理的方法。这不仅是我们为"告状"事件提供的"申诉"平台,更是通过有效的"回应"让幼儿意识到团队合作的重要性,并主动学会站在他人的角度思考问题。

3."白菜专卖组"的矛盾

时间一分一秒地过去,离菜场开张的时间越来越近,孩子们的心情也越来越紧张、越来越激动了,抓紧时间做好开张前的准备工作吧!彤彤拿出妈妈一早调查的今日菜价单,提前准备好的菜场专用电子秤,设计好的价格标签马上也要派上用场了。

"张老师,静和非要先给大白菜称重量。"白菜组传来了争执声。静和捧着一棵大白菜憋红了小脸说:"卖的时候又要称又要算钱,肯定忙不过来。"小凯不依不饶地说:"现在称,卖的时候不就忘了吗?"静和说:"算好钱,写在价格标签上不就行了嘛。"两人僵持不下。

我心里为静和的想法暗自叫好,提前完成一些工作,可以减轻孩子们的压力,能让他们在卖菜的过程中和顾客交流起来更加从容。对此,其他孩子们究竟还有什么想法呢?在得到了"白菜专卖组"成员的同意后,全班孩子都来帮助他们协调矛盾。

天天:"我觉得静和的方法很好,超市里的菜就是这样卖的。"

多多:"先称好也蛮好的,卖的时候只要收钱就行了。"

睿睿:"人家要买多少就称多少吧!"

彤彤:"先称好吧,要不然我们会忙不过来的。"

南南:"我们菜场第一次开张,先准备好,直接卖不会乱。"

……

大多数孩子都觉得可以先把菜包装好,称好重量,贴好价格标签,这样能保证菜场顺利开张。

图 2-33　给蔬菜称重并贴好价格标签

4. 开张倒计时

各小组的人员有条不紊地包装、称重、计价，还为自己的菜摊创编了各具特色的宣传语，制作了专属宣传板。

开张倒计时

萝卜组——红萝卜，白萝卜，人见人爱的大萝卜！

青菜组——小青菜，大青菜，绿油油，香喷喷！

白菜组——大白菜，个头大，味道好，营养多！

葱蒜组——小葱小蒜，叶子长长，长得壮壮！

菠菜组——菠菜菠菜营养多，吃了身体真健康！

香菜组——香菜香菜香喷喷，绿色蔬菜没农药！

为了满足顾客的需求，孩子们还把二维码也贴在了宣传板上，方便顾客“扫码付款”。

图 2-34　制作小组宣传板

下午，孩子们挂好了工作牌，和伙伴们一起抬的抬、搬的搬，不一会儿就布置好了“小天鹅爱心菜场”的菜摊，还放好了宣传板，为菜场开张做好了最后的准备。

5. 卖菜喽

“卖菜喽，卖菜喽！”“红萝卜，白萝卜，人见人爱的大萝卜；菠菜菠菜营养多，吃了身体真健康……”“快来看看吧，走过路过别错过。”幼儿园的操场上传来了此起彼伏的吆喝声。“快快，肯定是菜场开张了，赶紧去看看有什么好菜！”家长们不由得加快了步伐，想去一探究竟。

卖菜喽

哈哈，果然是“小天鹅爱心菜场”开张了，大一班的孩子们正在有模有样地卖菜呢！“青菜专卖组”里几个身穿小围裙的女生向前来询问的顾客们宣传着：“这是我们自己种的有机蔬菜，没有农药的。小青菜，大青菜，绿油油，香喷喷！”“大白菜，个头大，味道好，营养多！”“白菜专卖组”也不甘示弱，卖力地宣传着。一时间，吆喝声、叫卖声，一声高过一声。

家长们一听是幼儿园孩子们自己种的绿色蔬菜，都想买回去尝一尝。每个摊位前都人头攒动，卖菜的工作人员忙得应接不暇，有的摊位还出现了“一菜难求”的场景。

图 2-35　家长来买菜

图 2-36　快来买我们的绿色蔬菜

卖菜小插曲：

(1)“一菜难求”——“限量销售”

“你不能买这么多，你把菜都买完了，其他人就买不到了。”菠菜组那边传来了南南“高亢”的声音。只见南南急得面红耳赤，整个身体趴在桌上，双手护住桌上的菠菜，跟菜摊面前站着的顾客“交涉”着。原来，一位顾客想把所有的菠菜都买走，南南坚决不同意。

图 2-37　限购一盒菠菜

顾客问南南为什么不让他全买走，南南直起身体，手仍然按住了桌上的菠菜，认真严肃地说道：“我们卖菜是卖给大家的，如果只卖给你一个人，其他人也想吃怎么办？”顾客似乎也没有想要放弃的样子：“那你一开始也没说不给买这么多啊。我都买了，你就可以下班了啊！”“不行不行，现在就开始规定，你只能买一盒，其他的要卖给别人，我们是要给大家分享的。”南南毫不让步。

顾客被南南据理力争的样子逗乐了，不仅没有生气，反而为南南这种负责的工作态度点赞，爽快地按照南南的“临时规定”买走了一盒菠菜。

在南南的坚持下，菠菜摊严格执行了“限量销售”的临时规定。说来也奇怪，“限量销售”不仅没有影响菠菜的销量，反而迎来了更多的顾客，菠菜被“秒光”。哈哈，南南的“分享”初心居然激起了顾客的“购买欲”，菠菜真是“一菜难求”啊！

(2) 绞尽脑汁搞“促销”——难卖的萝卜

由于顾客较多，每个小菜摊前的生意都非常火爆，偶尔还出现了“小老板”招架不住的局面。“顾客”与“小老板”之间的讨价还价也很是精彩。这不，萝卜摊前来了一个“不好说话”的顾客。“老板，萝卜能便宜不？”“不能，我们这个萝卜是没有打农药、无污染的。”心心一口回绝了顾客还价的要求。“那打个折吧，买东西都能打折的。”“我们的萝卜已经很便宜了，不能打折。”顾客见萝卜组的“小老板”们坚持不肯打折卖萝卜，居然转身走了。

图2-38　萝卜“促销”中

渐渐地，各个菜摊前的顾客越来越少，其他菜摊上的菜都已经卖得差不多了，韭菜摊和白菜摊的工作人员已经收拾东西，准备打烊了。可萝卜摊上还有几包萝卜无人问津，这可真是“几家欢喜几家愁”啊，萝卜摊的“小老板”们都开始急得

"语无伦次"了。

"是不是这几个萝卜长得太丑了啊？你看，这个萝卜都长歪了。"轩轩急得直跺脚。"瞎说，萝卜又不是人，怎么会长得丑，它就是这个样子的。"雨辰为萝卜辩解。"是我们卖得太贵了吧？""是不是萝卜太脏了？"大家开始找各种原因。"要不我们把萝卜洗一洗吧？""那可不行，洗了就不新鲜了。""那可怎么办呢？"大家一时没想到好办法，有些垂头丧气。

"呀，你们这个萝卜好新鲜啊，一定很好吃，顾客们肯定喜欢。"我走过去指着几盒萝卜赞叹不已。几个孩子听了我的话，马上又提起了精神，扯着嗓门更加卖力地吆喝："红萝卜，白萝卜，人见人爱的大萝卜！"

只要有顾客走过萝卜摊，"小老板"们就绝不放弃这个推销的机会，为了留住顾客，他们从有机蔬菜到营养全面，从绿色无污染到爱心捐助，你一句我一句的，边说边比画，绞尽脑汁搞情感"促销"。"功夫不负有心人"，萝卜终于卖出去了，孩子们激动地手拉着手转起了圈。没想到卖菜也这么累啊，大家长长地舒了一口气，终于放下了心中的"大石头"。随着萝卜的售出，今日"小天鹅爱心菜场"的蔬菜全部售罄啦，首日开张圆满成功！

教师的思考

主题活动中的多向互动

互动不仅是人与人之间通过语言或其他手段传播信息而发生的相互依赖性行为的过程，更是幼儿在主题活动中主动学习的有效途径。在"一菜难求"和"绞尽脑汁搞'促销'"这两个小故事中，有幼幼互动、师幼互动、幼"他"互动和境幼互动等多向互动。

幼幼互动——当萝卜出现"滞销"，同伴之间开展了积极的互动，共同分析、寻找卖不出去的原因。他们倾听别人的想法，轮流贡献自己的建议，其中还夹杂着鼓励他人或批判他人的意见。虽然最后没有找到大家都认可的原因，但是在幼幼互动的过程中同伴间的沟通交流增强了，孩子们养成了良好的倾听习惯，提高了表达能力，提升了合作意识……这些对接下来的“合作推销萝卜”活动大有裨益。

师幼互动——针对“萝卜为什么卖不出去”的问题，幼儿之间进行了积极的互动，互动中的语言表达、交往状态、神态情感等都被我们看在眼里。当问题出现时，我们给予幼儿鼓励，对萝卜的赞叹重新唤起了幼儿的信心。当萝卜卖出去后，幼儿激动地手拉着手转起了圈，感受到了同伴合作力量大！而我在活动中看似随意提及顾客的话语，其实也是引导幼儿去和顾客产生互动，达到将萝卜售出的目标。

幼“他”互动——卖菜是孩子们和顾客不断互动的过程，“吆喝、推荐……”所有的问题都在迎来送往、讨价还价中解决。从孩子们与顾客之间的对话也可以看出他们逐渐养成了细致的观察力和有条理地阐述其发现与思考的表达力。

境幼互动——环境是“隐形的课程资源”，为了发挥其最大的价值，我们将打造菜场环境这件事交给孩子们去做。这样不仅能让他们体会到自己是环境的主人，还能使他们在轻松、熟悉的环境中自然而然地与同伴互动、与顾客交流，主动地探索和学习。

6. 善款入账

“小天鹅爱心菜场”营业结束后，各专卖组的收银员认真地清点收益，把卖菜的收入记在了“爱心收入”表中。今天各蔬菜小组的收入共计 177 元，其中收到的现金是 126 元，微信收款 40 元，支付宝收款 11 元，所有的钱款被一起放进了我们的爱心盒中。

我们的爱心

大家决定将每周二和周四定为“小天鹅爱心菜场”开张日，等筹集到更多的善款后就联系南京市红十字会的工作人员，代表幼儿园全体小朋友将卖菜的收入捐出去帮助需要的人。

图 2－39　清点爱心收入

7. 吃播现场

菜场开张当晚，很多家长用买到的有机蔬菜做成了各种美食，还拍了照片发在班级群里。班级群俨然成了让人垂涎欲滴的“吃播现场”，孩子们摇身一变，也成了美食节目的主持人。

图 2－40　美食上桌啦

“叮——”主持人宝儿上线了：“今天我吃了两碗饭，妈妈烧的萝卜排骨汤和白菜牛肉粉丝，萝卜是在幼儿园小菜场买回来的，可好吃了，雪白雪白的，特别香。还有大白菜，也是甜甜的。”

“叮——”主持人遥遥上线了：“自己种的菜就是香，今天我奶奶用幼儿园小菜场买的大蒜和葱做的菜，喷喷香，我连菜渣都没放过，哈哈！我奶奶还问我咱们的小菜场什么时候再开张呢。”

……

这些美味的菜肴不仅是孩子们的劳动成果，更蕴含着孩子们的爱心。当一张张美食照片不停地发在班级群里时，大家都说，隔着手机的屏幕都闻到了阵阵香味呢！相信孩子们吃着自己种的蔬菜，一定会胃口大开、心情大好！

后记

娃娃卖菜记

从小农场的蔬菜采摘到“小天鹅爱心菜场”的售卖，每个孩子都亲手绘制了一本属于自己的《娃娃卖菜记》。他们每天记录下自己的发现、卖菜过程中的想法、感受或是出现的困难等，老师和家长帮助孩子们用文字记录下他们想说的话。

肉肉：“在卖菜的时候，我们香菜组的小朋友一起合作，很快香菜就卖完了。我们虽然有点累，但是很开心，因为我们把赚的钱送给了需要帮助的人。”

贝贝：“我是青菜组的，我们的青菜卖得好快啊，大家都喜欢我们的菜。”

小帽子：“卖菜真是太有意思了，我收钱的时候还怕收错呢。”

嘉彤：“我们组是卖大白菜的，我们这组卖得最快，好想有好多好多的大白菜卖啊，哈哈！”

“小天鹅爱心菜场”从筹备到开张，家长一直是我们强有力的后援团，他们也有很深的感悟和体会。

图2-41　娃娃卖菜记

南南妈妈：播种、浇水、施肥、收获，称重、分装、定价、宣传、包装、销售……在这个过程中，你们学会了分工合作、友爱互助。“小天鹅爱心菜场”每一次售卖，有机蔬菜都是供不应求。你们奋力叫卖的模样、认真收银的神情、蔬菜售罄后难以抑制的激动和喜悦，都深深印在了我们的脑海里，成了这个收获的季节里最美的果实。

静和妈妈：通过这一系列的实践活动，静和自己说最大的收获是，感觉自己非常能干，能做很多自己想不到的事；了解到没有化肥、农药的有机蔬菜健康好吃；知道了卖菜不是一个人可以完成的，需要大家的合作。通过这次身体力行的卖菜活动，静和在收获快乐的同时锻炼了动手能力、与人沟通能力、团队合作能力，培养了团队荣誉感，还学会了清楚地表达自己整个卖菜过程中的感受。

雨辰爸爸：在这次社会实践当中，从种菜、收菜、搬菜、洗菜、打包、贴价格标签、卖菜到最后结算钱款孩子都参与了，收获颇丰。在这一过程中他们还知道了怎么种菜，怎么收获，学习了如何洗菜，懂得了使用电子秤计量重量，也体会到劳动的快乐与收获的艰辛，知道了粮食来之不易，懂得了要好好珍惜粮食不能浪费的道理。

第三次课程审议

“欢乐采摘—‘疯狂’抢菜—合理分菜—蔬菜热卖……”这一系列的活动，反映了教师在主题活动中的两个重要的课程理念。

一是“以幼儿为本”。卖菜活动中，教师始终遵循了“幼儿在前，教师在后”的教育原则。所有的活动都是以幼儿的亲身参与为主要途径，从蔬菜采摘准备，到分菜方案的讨论，再到卖菜过程中与顾客的交流，幼儿始终是行动的决策者和执行者，同时也是事件的反思者和问题的解决者。

二是“因发生而变”。“爱心菜场”的开张并非“一帆风顺”，“抢菜风波”“白菜组的矛盾”等几个小插曲，影响并改变了原本的“预设”。面对“横空而出”的事件，教师并没有“自乱阵脚”，而是及时抓住了这些小事件对完善“小天鹅爱心菜场”运营的价值。于是，一个个“不愉快”的事件被巧妙地转化为教育契机，充分体现出教师“社会是活的，教育也是活的”教育哲学观。

除此之外，“小天鹅爱心菜场开张了”这一主题活动中还蕴含了灵活机智的多向互动，我们不仅看到教师对幼儿的积极回应，也看到了同伴之间的平等交流，更赞叹于幼儿与顾客间的多元互动，这些无一不体现了支持幼儿经验生长的有效性。

这两个课程理念都反映了教师儿童观、教师观及课程观的“大转身”，这也体现了课程游戏化精神在小天鹅艺术化课程中的落实。期望教师不止步于“娃娃卖菜记”这个主题，应立足当下，放眼未来，关注幼儿终身发展的品质培养，利用好“社会”这个大课堂，支持幼儿学会生活、学会学习、学会做人。

三、主题总结

（一）活动脉络图对比

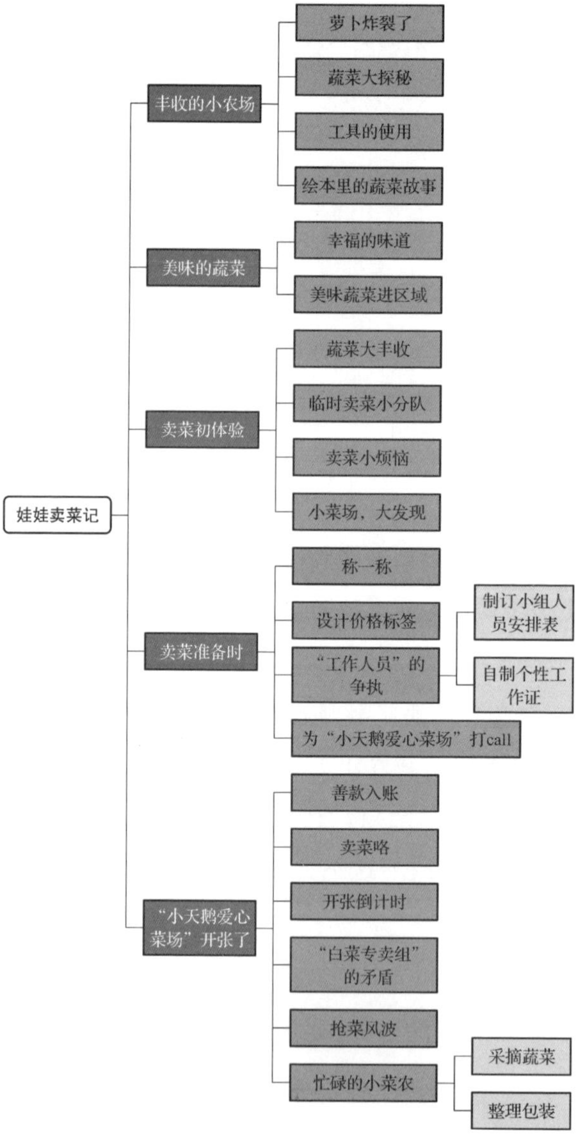

脉络对比说明

在预研究中，“娃娃卖菜记”主题网络以“蔬菜收获”为生长点，预设了“收获”“菜场探秘”“卖菜准备中”“开始卖菜了”四个系列活动。但在实施过程中，我们依据幼儿兴趣和经验的变化，与幼儿又共同生发了一些新的活动，对原有的网络图进行了调整。

首先，在预设活动时，我们充分意识到“参观菜场”将是幼儿获取生活经验直接而有效的学习方式，社区资源“菜场”应该成为主题活动一个重要的场所和资源，因此在“小农场收获”活动后，我们预设了“菜场探秘”的系列活动，作为幼儿卖菜的经验储备活动。然而在“小农场收获”的过程中，幼儿自发生成了一次临时的卖菜活动。这次“临时战役”打破了我们的原有计划，却蕴含了更多学习的契机。在“初战不利”的战况分析后，“走进菜场”居然被孩子们主动提前提上了日程。幼儿有“买一次菜”的迫切愿望；想去看看成人是怎么卖菜的；想去找一找他们和那些“真”卖菜人之间区别……于是，“菜场探秘”由教师预设变成了幼儿生成，我们“暗中窃喜”，跟随幼儿的脚步及时地调整了主题预设网络，提前走进了菜场。这次调整充分体现了我们对幼儿自主学习的尊重和支持，也正因为如此，更加激发他们参与活动的积极性和主动性，提升了学习的深度。

其次，在主题活动开展的过程中，我们一直希望孩子们能在真实的卖菜活动中得心应手地“工作”。然而我们和幼儿都发现卖菜看似简单，实则不然，需要大家掌握很多的技能，比如：计算能力、交往合作的能力、解决冲突的方法、遵守社会规则的意识、换位思考的态度等。因此，我们将原来预设的直接面对顾客的“菜场试营业”调整为“卖菜准备时”的系列角色游戏，因为在角色游戏中获得卖菜的经验和能力，对幼儿来说更自然、自在、自主。幼儿在游戏中学习自主解决各种问题，获取了丰富的卖菜经验，为接手真实的卖菜工作做好了充足的准备。

从调整后的主题网络图可以看到课程预设与生成是相辅相成的，既蕴含了教师独立思考的预设，也体现了教师在课程中对幼儿经验、兴趣与需要的高度关注和尊重。预设与生成是课程建构相依相生的两个面，只有将预设与生成有效整合，才能更好地顺应幼儿的兴趣和发展需要，让幼儿在自主探究和学习中真正成为课程的建构者。

（二）儿童经验分析

幼儿的原有经验是“娃娃卖菜记”主题活动开展的重要依据和资源，同时我园艺术化课程的层级目标是本主题活动中幼儿获得经验的目标参照。主题生成的过程有明显的儿童生活痕迹，反映在经验对比图中幼儿获得的经验不仅涉及他们感兴趣的问题，更涉及幼儿在幼儿园及家庭生活中的方方面面，同时呈现出儿童经验发展的连续性样态。

总体来看，随着新活动的不断生成和调整，我们依据我园艺术化课程层级目标制订了“娃娃卖菜记”主题目标，每一条目标都有相对应的关键经验。例如：

1. 运动与健康

幼儿在种植活动中，能使用简单的劳动工具；能够珍惜劳动成果，爱惜粮食；知道蔬菜对人体有益，愿意在生活中多吃蔬菜；主动保护眼睛，不在光线过强或过暗的地方看书；能根据天气变化适当增减衣服，会自己系鞋带等。

2. 交流与读写

幼儿在卖菜的过程中、别人讲话时能积极主动地回应，根据顾客的需要调整自己的措辞和语气；能和同伴讨论卖菜的宣传口号；能在卖菜的过程中大胆宣传自己小组的蔬菜等。

3. 认知与理解

幼儿认识小农场的农作物，了解其生长过程；认识秤的种类，了解秤的作用；能用称量工具比较物体的轻重；学习使用电子秤；了解不同蔬菜的名称和价格，尝试确定蔬菜的价格。

4. 表达与创造

幼儿讲述对小菜场的发现、分享已有经验或卖菜后的感受；设计卖菜的宣传口号，设计制作宣传海报；能用自己喜欢的方式装饰蔬菜价格标签；能用自己喜欢的绘画方式记录卖菜单等。

5. 交往与适应

幼儿知道菜场是人们买菜的地方，尊重卖菜人员的劳动成果；在卖菜的过程中学会与他人分工合作、相互配合，与同伴发生冲突时能相互协商解决；体会农民伯伯和菜场工作人员的辛劳；感受丰收带给人们的喜悦，体验劳动的快乐；知道红十字会是一个公益机构，愿意将卖菜得来的钱捐给红十字会等。

6. 态度与习惯

幼儿在卖菜活动中能认真负责地完成自己的任务；遇到问题或困难不轻言放弃，与同伴一起克服；敢于深入探究、主动解决问题。

由此可见，"娃娃卖菜记"的主题目标均以幼儿的经验为基础。主题活动不是对知识的整合，而是对幼儿相关经验的整合。主题活动中幼儿经验的预设不是一个静止的已完成状态，而是随着幼儿的经验发展而不断调整和生成的动态过程。

（三）教师的感悟

陶行知的生活教育理论指出："教育来源于生活，教育要依靠生活，改造生活。"在陶行知生活教育理论中，"生活即教育"是实质，"社会即学校"是课堂，"教学做合一"是方法。幼儿园课程应基于儿童的生活经验，以儿童的现实生活为中心，让儿童在真实的生活中探究，解决生活中的真实问题。《指南》和《纲要》也指出幼儿园的课程离不开生活，离不开儿童的经验。

"娃娃卖菜记"主题活动由幼儿在大自然中的自主探究而引发，通过幼儿在小农场中的偶发事件"萝卜炸裂了"生成而来。从种植、收获、品尝到"小菜场　大发现"，再到"娃娃卖菜记"活动，充分体现了幼儿经验的生长和自主学习的过程。如：在种植活动中幼儿与自然接触，经历了真实的探究过程；幼儿参与蔬菜的种植与管理，获得相关的知识，观察、记录、分析能力有了提升；"小菜场　大发现"让幼儿通过亲身感受、体验、操作、探究，在生活中学到了课堂上学不到的经验……

(1) 课程在幼儿的生活中——有效利用生活资源，选择适宜的课程内容

“生活即教育”是陶行知生活教育理论的核心思想，“生活教育是生活所原有，生活所自营，生活所必需的教育”。从孩子的生活入手，在孩子的生活中汲取营养，无疑是课程改革实施的有效途径。生活教育理论指导我们应充分利用生活环境、生活资源等建构班本课程。

“娃娃卖菜记”主题活动中，幼儿园的小农场、生活中的菜场都是课程的重要资源，也是课程实施的重要场所。在农场中，孩子们快乐种植，了解蔬菜的种类、种植的工具、收获的时间……小农场这一生活环境和课程紧密相连。在菜场中，孩子们深切感受真实的生活，了解菜场中的买卖方法，卖菜人员的工作内容以及顾客和卖菜工作人员的交往方式等，充分挖掘生活中的资源来开展课程。

陶行知先生提出：“还原孩子生活的本来面目，给孩子生活原貌。让他在生活中学习。”我们成功地将幼儿带出了有限空间的活动室，走进了无限空间的生活课堂，使得“娃娃卖菜记”成为一个极具生活气息的主题活动。

(2) 经验在幼儿的探究中——在真实的生活中进行真实的探究

陶行知说：“到处是生活，即到处是教育；整个社会是生活的场所，亦即教育之场所。”生活与教育紧密相连，真生活才有真教育，教育来源于生活、有益于生活。“以社会为学校”主张教育要回归自然、回归生活。

在“娃娃卖菜记”主题活动开展过程中，我们深刻体会到在真实的活动中进行真实的探究对于幼儿经验的建构有着极其重要的意义。幼儿对卖菜产生兴趣后，教师不是在课堂中教授，而是让孩子们在真实的生活、真实体验中学习。通过参与买菜发现问题、解决问题，这样获得的经验是真实、完整的，如幼儿了解不同蔬菜的名称和价格、了解卖菜的工具和材料、学会与他人沟通交流、体会市场工作人员的辛劳、知道要认真负责地完成工作、遇到困难不轻言放弃等。此外，我们还与幼儿共同在幼儿园内创设真实的生活情境，让幼儿在“动一动”“做一做”中获取经验，真正做到“做中学”。

主题活动中的每个子活动我们都尽可能地支持幼儿自主探究，例如在探究蔬菜的过程中，我们为幼儿定制了观察表，让幼儿能在细致观察的基础

上进行个性化的记录，既引发了他们进一步比较、分享和讨论，又提高了其观察记录的能力；“参观菜场”则引发了幼儿对秤、价格、钱币、工作证、二维码的一系列探究活动，在不断地讨论、交流中获取了新经验，最终促成了有趣的卖菜活动……从这些活动中，我们真切感受到“社会即学校”的真正含义，“娃娃卖菜记”也成为一个让幼儿在真实生活中真实探究、获取真实经验的主题活动。

(3) 学习在幼儿的行动中——让“做中学”成为幼儿主动学习的主要途径

陶行知先生提出：“学”字的意思，是要自己去学，并不是坐而受教。他还提出了“教学做合一”，强调要把教与学跟实际的“做”紧密联系在一起。在我们的主题活动中，“做”的主体既是教师又是幼儿，教师的“做”是整个活动的实施和反思，幼儿的“做”包含了他们在活动中的所有行动，如思考、互动、交流等。

① 发挥兴趣的魔力，让主动学习在行动中更自主

幼儿对小农场蔬菜的成熟和收获很感兴趣，同时产生了一些相关的讨论，于是大家通过实际行动，在收获的过程中了解了各种蔬菜成熟的时间、不同的状态，收获使用的不同工具……幼儿的学习兴趣是主动学习的动力，当他们感兴趣的问题转变为学习研究的对象时，他们自由、主动、愉快的状态就会被最大限度地激发出来，满怀激情地去探索问题、去解决难题，这就是主动学习的过程。

此外，在这个主题活动开展的过程中，幼儿主动学习的痕迹随处可见。例如通过讨论，大家提出人员分工要合理，设计了价格标签、宣传口号等；在出现问题时，教师以观察、了解在先，合作、引导在后，以“教师退一步，幼儿进一步”的指导策略，推动幼儿的主动学习。

② 激发探究的潜能，让主动学习在行动中更深入

“萝卜为什么会炸裂呢?”对于这个问题，孩子们一直在寻找“真相”。虽然他们通过查找各种资料了解到了“炸裂”的可能因素，但是这仍然不能满足他们的探究兴趣。他们提出了各种假设和猜想，想知道在同样缺水的情

况下，其他萝卜会不会也发生类似的“炸裂”；如果在萝卜成熟之前坚持每天浇水，是不是就不会“炸裂”了；土壤里加了肥料会不会让萝卜长得更大更“健康”……于是每天总有孩子“抽空”去给萝卜浇水、施肥，看看萝卜长得怎么样，直到萝卜从土里被拔出来的那一刻，探究仍在继续——他们不停地验证各自的猜想，共同寻求答案。

幼儿的主动学习凸显了亲身经历、操作体验的特点，强调了学习方式的转变，把学习变成不断生成、发展、提升的过程。这个主题活动激发了幼儿的探究潜能，促进他们主动学习、拓展思维、积极思考，使学习更有价值、有深度、有意义。

陈鹤琴先生也倡导大自然、大社会是活教材。大自然中的万事万物是相互关联、变化发展的，儿童要在大自然、大社会中学习。今天我们仍然需要这样的立场和观念，以儿童的生活为中心，以亲身体验和探索为基本方式，建构真正适宜的课程。

奔跑吧足球

薛　蓓　尹丹丹

一、主题畅想

(一) 活动缘起

“黄队加油!”“蓝队加油!”“洋洋加油!”“琪琪加油!”每天晨间锻炼活动的时候,足球场总是最热闹的。比赛中的小球员们奋力踢球,争取让自己队多得一分,球场边也总是有一群小朋友围观、喝彩,为自己看好的球员加油。

足球比赛结束后,孩子们总有谈论不完的话题。“我每天第一个来就能去踢足球了!”“我早一点来就可以和自己喜欢的小朋友在一个队里踢球了。”“射门的时候真过瘾哎。”“我觉得穿上球服参加足球比赛很帅气!”……

日常生活中,孩子们对足球也总是津津乐道。乐乐说:“足球队有前锋、中场、后卫。”石头反驳道:“没有中场,是中锋。”轩轩问道:“我们除了脚内侧踢球以外,还有哪些部位可以踢球?”豆豆回答:“用头可以。”一一说:“膝盖也可以。”……

关于足球孩子们有许多想法,也有诸多疑惑,对参加“足球对抗赛”更是十分渴望,就这样我们的足球班本活动应运而生。

(二) 活动可能发展脉络图

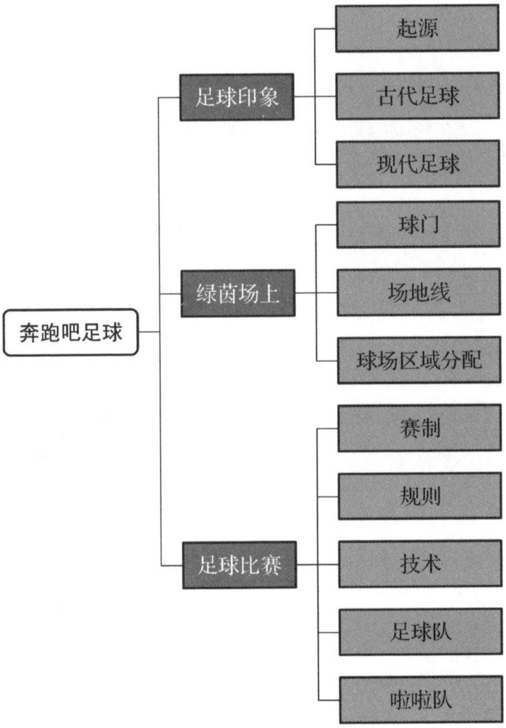
奔跑吧足球
足球印象
起源
古代足球
现代足球
绿茵场上
球门
场地线
球场区域分配
足球比赛
赛制
规则
技术
足球队
啦啦队

（三）幼儿可能获得的经验图

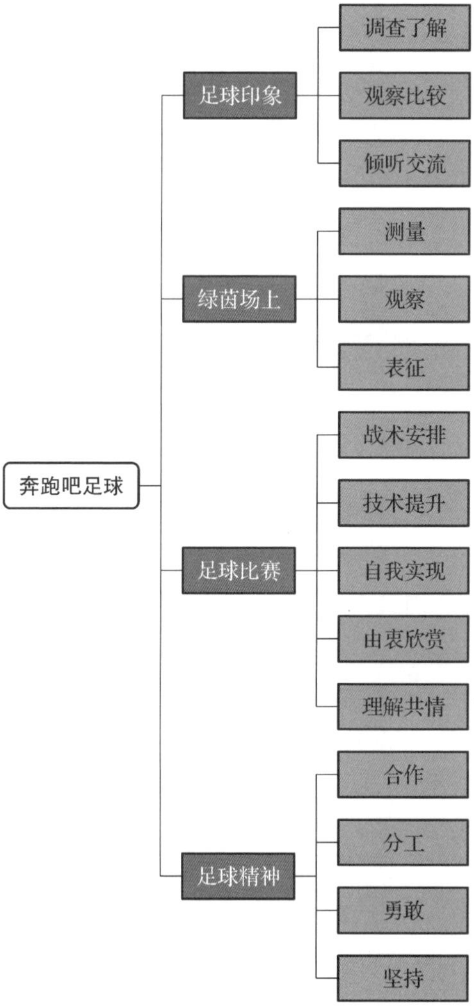

（四）可能涉及的资源图

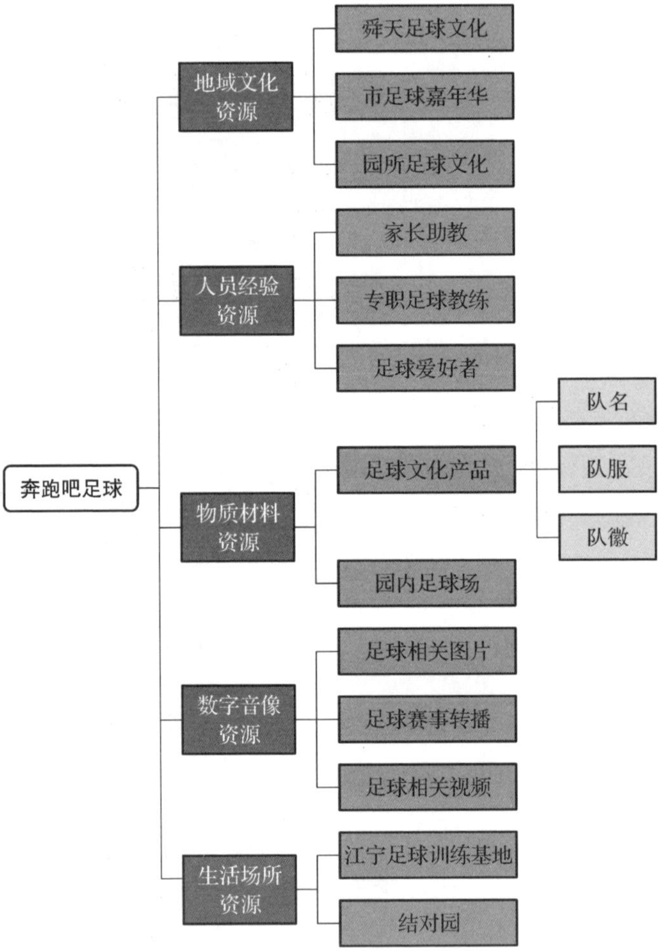
奔跑吧足球
地域文化资源
舜天足球文化
市足球嘉年华
园所足球文化
人员经验资源
家长助教
专职足球教练
足球爱好者
物质材料资源
足球文化产品
队名
队服
队徽
园内足球场
数字音像资源
足球相关图片
足球赛事转播
足球相关视频
生活场所资源
江宁足球训练基地
结对园

专家点评

小天鹅幼儿园有着浓厚的足球活动氛围，足球成为孩子们生活的重要组成部分，孩子们对足球的热爱是显而易见的。而足球带给孩子们的不仅仅是强健的体魄，还有团队合作、意志品质、足球文化等多方面发展的可能性。这个主题活动于幼儿来说是有趣的，是有意义的，是有许多“事情”可以做的。小天鹅幼儿园是江苏省足球特色园，拥有充裕的、独特的足球资源，有专业的教练、多样的赛事，并且全园参与……2014年，习近平总书记访问荷兰曾提出，中国足球圆梦，要从娃娃抓起。全国掀起了足球运动的热潮，为幼儿园足球运动营造了极好的“大环境”。“资源即课程”，期望教师能充分地利用这些资源，把足球主题活动做得有声有色。

二、主题开展

(一) 足球我知道

1. 各种各样的足球

(1) 足球知多少

区域活动后,小朋友们围在一起聊天。豆豆说:"我在电视上看到比赛的足球和我们踢的不一样呢!"布丁说:"有什么不一样? 不都是足球嘛!"两个人争执起来。琪琪说:"我们幼儿园的足球是黄色的,豆豆你看到的足球是什么样的?"豆豆说:"我在电视里看到足球有很多种颜色,有的是黑白相间的,有的是红色的,有的是黄白相间的,有的还有花纹呢。"火龙果说:"是的,是的,我家里有黑白的,我爸爸的足球是蓝色的。"考拉说:"我家里的足球也是有花纹的。"梓润说:"幼儿园里的足球都是一个样子的,可是我们都觉得自己家里的足球才是最好的。"琪琪说:"不可能,我看到的足球好像都是黑白色的,还有就是幼儿园黄色的足球。"

看着孩子们面红耳赤地争执,我说:"小朋友们,别争了,这样吧,明天把你们家里的足球都带来,我们看看足球到底有多少种样子。"

第二天一大早,很多孩子兴高采烈地抱着自己的足球走进班级。有的说:"看看看,这是我的足球,红色的足球。"有的说:"我的是彩色的,跟你的不一样。"有的说:"嘿,我发现了,我发现了,我们的足球有大有小呢。"当孩子们七嘴八舌谈论的时候,麦麦在一旁仔细地观察着桌上各种各样的足球,突然大声地说:"我还发现了一个有意思的地方,有的足球上有黑色的五边形,有的足球上有黑色的六边形,你们发现了吗?"越来越多的孩子们发现了足球的这个细微的差别。

看着桌上二十多个各种各样的足球,孩子们热烈地观察、讨论着。他们一致认为,足球的相同之处是每个足球都是一个球体,不同之处是每个足球的花色不同、大小不同。天天说:"老师,我觉得花纹和图案都是用来装饰的，它们不同都没关系，可是足球有大有小是为什么呢？”一一说：“这有什么不明白的，大球给大人踢，小球给小孩踢。”

周末过后，天天带来一张足球资料图，他对着全班小朋友说：“星期天我跟爸爸上网查过了，最小的足球是一号球，只有一点点大。最大的足球是五号球，世界杯比赛就用五号球。三号、四号球就是我们幼儿园小朋友和小学生用的。”对于足球的探究，孩子们从区域到课堂到家庭，热情不断升温、持续着……

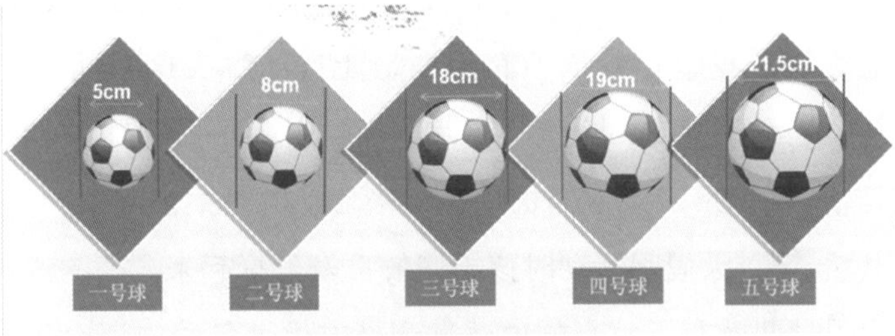

图3-1　各种各样的足球

(2) 中国古代蹴鞠与现代足球

星期一的早上，瀚宝带着一脸困惑的表情问道："老师，蹴鞠是不是就是足球啊？到底是叫足球还是叫蹴鞠呢？"我说："瀚宝，你怎么会问这个问题呢？"瀚宝说："我周末在家看电视，节目里面大家在踢足球，可是他们说那个球是蹴鞠，我有点儿不明白。"其他孩子一听"蹴鞠"这个从来没听到过的名称都围了过来，大家开始讨论起来。

有的说："蹴鞠是什么？"有的问："蹴鞠有什么用？"有的说："蹴鞠能玩吗？可以怎么玩？"我想看看孩子们是不是能自己解决这个问题，所以并没有立刻回答。有关蹴鞠的讨论断断续续延续到了幼儿离园，看着孩子们意犹未尽的样子，我想第二天他们也许会带来自己的答案。

果不其然，第二天晨间活动时孩子们就自发分享起来。有的说："网上说，蹴鞠早在战国时期就有了。"有的说："蹴鞠是古代著名的体育游戏，古代人都喜欢玩。"有的说："蹴鞠在汉朝时是练兵用的，士兵们踢了蹴鞠打仗更厉害。"

图 3-2　蹴鞠

2. 足球上的小秘密

起床后，孩子们又聚拢到足球跟前。

洋洋拿起一个足球说："看，黑的是五边形，白的是六边形。"豆豆凑过来一看："哎，真的耶。"布丁举起自己手上的球："我这个黑色的是五边形，黄色的是六边形。"洋洋看了一眼说："那你知道有多少个五边形和六边形吗？"布丁不假思索地说："肯定有 20 个！"洋洋说："你都没数，你怎么知道？"豆豆和琪琪一起说："那我们一起数一数呗。"布丁有些迟疑："太多了，这怎么数啊？"琪琪说："就是啊，球转来转去，我看了都晕。"几个孩子开始数起来，可是每个人数的结果都不一样……旁边围观的几个孩子也蠢蠢欲动，都想来数一数。

"数一数足球上形状的数量"就成了下午集体活动的内容，孩子们各自行动起来。数完后，他们发现结果还是各不一样。"那你们是怎么数的呢？"我问。孩子们开始分享自己数数的方法。有的是一个一个顺着数，有的是两人合作数，一个数一个记……大家马上发现了一个问题，有的图形数漏了，有的却数重复了。那怎么才能避免这种情况呢？孩子们又开始动起来手来。经过反复尝试和讨论后，大家一致认为，一边数一边做标记这个办法最好，因为这样才能避免重复数和漏数。找到了好办法，孩子们再次进行尝试，但他们做标记的方法各有不同，有的是数一个画一个点，有的数一个写一个数字，有的是数一个贴一张纸条……虽然做标记的方法多种多样，但这次数的结果却惊人的一致：每个足球表面都是 32 个图形，五边形 12 个，六边形 20 个。终于数清楚了，孩子们太高兴了！

图 3-3　两人合作数

图 3-4　边数边贴标记

图3-5 边数边记数

图3-6 分享交流

3. 小球场大发现

这些天，孩子们对足球的关注一直持续着。我提议："我们已经知道足球上的很多小秘密，一会儿再仔细看看足球场，看看还会有哪些新发现。"孩子们欢呼雀跃，很快来到了操场上。桃子惊喜地说："老师，我发现球场上面有很多线，这是什么线啊？"石头得意地说："我知道，这叫边线。"牛牛说："老师，我还发现每条线不一样长。"全全立刻否定："不对，这一条线跟对面的就是一样长的。”就着孩子们的话，我立刻补充道：“那到底谁说得对呢？你们有没有办法可以去验证一下？”

孩子们活跃起来：“我们可以用脚量一量。”“可以用胳膊量。”“我们可以躺下来用身体量呢。”“我们还可以用尺子量呀。”孩子们想到的办法很多，我说：“你们想到这么多办法，都可以试一试。”孩子们立刻行动起来，有的找来了棍子，有的拉着尺子，有的用脚一步一步向前走……最有趣的是圆圆和依依，圆圆一下躺倒了，依依急了：“你躺歪啦！要躺在线上！”圆圆挪了挪，依依在纸上写了一个“1”，又在圆圆脚跟做了一个标记说：“好了，起来吧！”圆圆又一次躺下来，依依又提醒：“你再往上一点，要对着我刚才画的线。”……孩子们用各自的方法验证，发现足球场的两条对边是一样长的。麦麦还补充说：“我和淘淘一起用尺子量的，发现两条长边是 15 米，两条短边是 10 米。”有几个孩子喊起来：“原来足球场就是一个长方形呀！”孩子们有这么多精彩的发现，我赶紧抓住这个话题继续引导：“今天我们了解了幼儿园的足球场，正规比赛用的足球场还有更多的秘密呢，以后我们再去看一看吧！”

图 3-7　球场上的发现

图 3-8　身体量一量

图 3-9　脚步量一量

教师的思考

兴趣是最好的老师。孩子们对足球的喜爱，不仅仅局限在玩足球、踢足球，而是对足球的过去、现在都有探究的愿望。正因为这个愿望来自孩子的内心，他们自发查阅相关资料，又通过讨论和分享发现各种足球的相同与不同，对足球的基本特点有了初步的了解。有孩子偶然地在一次电视节目里发现了“蹴鞠”这一种古代的休闲娱乐活动，于是他们又一次主动、积极地收集图片、视频等资料，并在与同伴相互学习的过程中，对古代足球文化有了比较详尽的了解。

在计数足球表面五边形和六边形的数量时，孩子们想出了很多办法，并不断尝试和比较。当他们出现争议时，我发现了一个最根本的问题，即孩子们无法分辨自己的计数正确与否，更不能发现自己计数错误的原因。深度学习正应该从此处着手。针对此问题，我没有直接参与，而是将问题抛给幼儿，引导他们展开激烈的讨论和思考。孩子们在一次次的尝试中，了解到足球是一个球体，只有遵循规律数数，并且一边数一边做标记，才能更准确有效地数清楚球体上多边形的数量。在此阶段的活动中，我始终以支持者的身份出现，注重捕捉和了解孩子们经验的变化，适时给予支持，使活动持续深入展开。

（二）探秘足球比赛

1. 踢足球

（1）足球教练采访记

操场上，足球教练在场地中央来回奔跑、指导球员，旁边围观的几个孩子一边看一边激烈地讨论着什么。天天指着教练说：“看看看，他都满头大汗了，怎么也不休息一下？”洋洋说：“比赛还没结束，怎么可以休息？”桃子说：“一场比赛应该踢多长时间呢？”诚诚说：“踢累了可以换人踢吗？”……听到孩子们这么多的问题，我灵机一动：等方便的时候把教练请到班上跟孩子们聊一聊。

孩子们的想法和疑问很多，我提议："我们都来当小记者吧！小记者采访前需要列一份采访提纲噢。"孩子们前期有过列提纲的经验，他们分别把自己的问题记录下来，最后做成了一份采访提纲。

采访开始了，天天首先发问："教练，请问足球场上两队比赛的人数是相同的吗？"豆豆补充："是多少个人呢？"

昊昊说："我知道一次比赛要分两场，每一场比赛都是多长时间呢？"

毛毛问："比赛中场休息是多久？"

……

每个孩子都急切地想得到问题的答案。面对孩子们高涨的情绪，教练一脸淡定："我带来了一段视频，你们先试试自己找一找答案吧。"

看完视频，孩子们围着教练七嘴八舌地嚷嚷着自己的发现。

"教练，教练，我看到场上有两个队，队员穿的衣服不同。"

"我发现穿一样衣服的好像有 11 个人。"

教练欣喜地肯定："你数得很准确。"

……

问题就在孩子们跟教练互动的过程中一个一个解决了。

图 3－10　采访足球教练

(2) 世界杯足球赛的故事

今天，我们特邀家长助教——李爸爸，一位专业的大学足球教练，来解答孩子们关于世界杯足球赛的一些问题。

麦麦说："我在奥体看过世界杯足球赛。"

轩轩说："我的爸爸踢过世界杯足球赛。"

听了孩子们的话，我不禁哑然。在孩子心中，"世界杯足球赛"就是"足球比赛"的代名词，只要踢足球就是参加世界杯足球赛。

李爸爸开始和孩子们聊起了世界杯足球赛的发展历程和赛制。

首先，李爸爸打开一段视频："今天，我带了一段世界杯足球赛的视频，大家一起来看一看吧。"

孩子们聚精会神地观看着，有的一边看一边跟同伴轻声交谈着，还有的一边看一边指手画脚地评论着。

视频播放完了，麦麦说："哇，原来世界杯足球赛在那么久之前就有了啊！"桃子补充道："能踢世界杯足球赛的一定都是很棒很厉害的球队。"石头说："是啊，是啊，我爸爸最喜欢看球赛。我还以为每一年都有世界杯足球赛呢，原来四年才有一次！"听了孩子们的话，李爸爸肯定地点点头："你们说得都很对。1920 年有一个法国人叫朱尔斯·雷米特，他在安特卫普奥运会提出了世界足球赛的想法，1926 年又组织了专门的委员会研究举办世界杯足球赛的可行性，委员们通过投票表决的方式决定每四年举办一次世界杯足球赛。1930 年，第一届世界杯足球赛正式举办了……"李爸爸娓娓道来。

"李教练，我还有一个问题，上次我们的教练说，足球比赛每一队是 11 个人，我想问问世界杯足球赛也是这样吗？"天天提出自己的疑问。李爸爸走过去摸摸天天的头，肯定地说："当然，正规的足球比赛都是 11 人制的。"一旁的琪琪迫不及待地说："不对啊，我们幼儿园的比赛怎么都是 5 个人踢呢？"石头说："对哦，我们校队比赛还有 3 个人踢呢！"

李爸爸解释道："孩子们，你们说得都很对，足球比赛分很多种，11 人制、7 人制、5 人制、3 人制都有，但世界杯足球赛的赛制是固定的，是 11 人制。"

"哦，原来是这样。"听完李爸爸的介绍，孩子们满意地点点头。

关于世界杯足球赛的问题，李爸爸看着孩子们意犹未尽的样子，微笑着说："世界杯足球赛的知识，还有很多你们不知道的，小朋友们可以试着回家再查一查资料，等我下次有时间再来和你们分享哦！”

图 3－11　李爸爸进课堂

教师的思考

在这一阶段活动中，孩子们对足球赛表现出浓厚的兴趣。对于足球赛，孩子们有很多期盼也有很多疑惑。作为幼儿园里的女教师，我们深切感受到比较缺乏相关的经验，因此我们注重利用和挖掘身边专业人士的经验资源，如足球教练、家长中的足球爱好者等。这也要求我们对课程资源有较强的敏感度，并敏锐地察觉孩子们的兴趣走向，充分挖掘身边的资源。

当孩子们对足球场上的一些事件产生疑惑的时候，“采访足球教练”就是一个很好的学习方式。我鼓励并支持孩子们提前做好采访提纲，有针对性地请教练给予专业的解答。当世界杯足球赛走进孩子们的视野时，身为大学足球教练的李爸爸也走进了课堂，跟孩子们共同探讨、分享和交流。通过跟李爸爸的互动，孩子们进一步丰富了关世界杯足球赛的文化、起源、赛制等经验。孩子们在这一过程中通过搜集相关资料、调查记录以及与同伴分享，经验得到进一步提升。可见，除了专业人士之外，孩子自身也是极好的资源。

(3) 足球场上的风波

布丁、琪琪和天天昨天就商量好了今天早上踢足球。晨间体育锻炼时间一到，他们就急急忙忙跑到草坪上，商量着布置足球场。布丁说：“我负责把大的隔网搬过来，你们俩负责来搭，好吧？”“没问题，我们赶快吧，搭好了就可以踢球了！”说完，他们行动起来。场地搭建好了，踢球的人数不够，他们仨互相对视一眼，布丁扯开嗓门大喊道：“快来，快来，我们的球赛要开始啦！洋洋、豆豆、轩轩、牛牛，你们都过来。”听到他的召唤，大家都围了过来。洋洋说：“上次教练说比赛要分赛制，我们踢几人制的呢？”“3人？”“5人？”几个孩子提议道。洋洋走上前，“1、2、3、4……我们一共10个人，那就踢5人制的吧！”接着，他们分好组，各自穿上球衣开始踢球。

两队球员在场上你追我赶，蓝队的昊阳率先抢到一球，“砰”地一下，球踢进了球门。同队的洋洋急了：“你有没有搞错？你踢哪个球门啊？这是我们的球门，你应该把球踢到黄队球门里。”昊阳摸摸头，一脸无奈的样子。

图3-12　球场上的“你追我赶”

黄队的火龙果跑得特别快，带着球呼呼地跑，其他小朋友都追不上。“你快把球踢给我们，你跑个不停，总也不射门，怎么回事啊？”黄队的其他几个人着急了。

“天天，你是守门员，跑到这里来干嘛？蓝队都要进球了！”麦麦急得直嚷嚷。

“我进球啦！进球啦！”豆豆和蓝队的球员欢呼雀跃。黄队的球员沮丧极了，围着天天说：“都怪你，你是守门员，不守门，看，人家进球了吧？”

“别踢了，别踢了，我们不踢了。”黄队“罢赛”了！

2. 足球赛的规则

（1）不欢而散后的故事

晨间活动时的不欢而散，让天天一直都很沮丧，一副闷闷不乐的样子。教练发现了他的不开心，跟着孩子们一起来到班上。教练对大家说：“今天的球场上发生一些不愉快的事情，是什么原因呢？”孩子们相互对视，麦麦率先打破沉默：“天天是守门员，他要是不乱跑，人家肯定进不了球。”权权点点头："昊阳还把球踢到我们自己的球门里，要是分清楚球门就好了。"……教练提议："那我们把自己知道的规则画出来，再来分享吧。"听了教练的话，孩子们动手绘画起来。"教练，你看，我画的是两个球门和两个守门员，我认为守门员就应该站在自己的球门前面，不可以乱跑。""教练，我画的球员穿了不同颜色的球服，他们分别代表黄队和蓝队。"……最后孩子们总结出以下规则：第一，守门员不能擅离职守，要坚守自己的岗位。第二，守门员要分清楚自己的团队伙伴，还要分清楚自己的球门。第三，团队成员之间要相互配合，共同努力进球，才能获得胜利。

图 3－13　球场规则我设计

（2）足球公约栏诞生记

这几天，足球场上分外"热闹"，每天都会有孩子来告状，不是谁被绊倒了，就是谁又被推了。这天，我给孩子们带来一段有关足球比赛的视频：裁判员一声哨响，比赛开始。甲队一名成员以迅雷不及掩耳之势抢到了球，正准备踢球，乙队一名球员伸出右脚绊倒了甲队球员，抢走了球一脚射门球进了。紧接着，甲队另一名球员横冲直撞快速奔跑到球场中央，用胳膊肘狠狠地撞了对方一下。

视频里的情节，引发了孩子们的讨论。

天天气愤地说："刚才那个球员太不像话了，你看都把别人撞倒了。"

伊伊说："就是，太过分了。"豆豆同情地说："是啊，也不知道那个球员伤得严不严重，我看他都趴地上起不来了。"孩子们激动地表达自己的不满情绪。

我又追问："你们在比赛时，遇到过这样的情况吗？"孩子们很快联想到自己比赛的情景。麦麦指责道："昨天早上比赛时，我们队的昊阳，他总是踢到人，我们被他踢得可疼了。""是的，是的，权权踢的时候也会故意撞倒别人，他还笑话摔倒的小朋友。"虽然，之前孩子们就比赛的规则有过一次讨论，对于比赛的基本要求也达成了共识，但是大班孩子争强好胜的年龄特点决定了踢球时会"不管不顾"，引发一系列"犯规"的事件还浑然不知。而今天的视频引发了孩子们的反思，让他们联想到了自己踢球时的行为。于是我接着问："那我们该怎么解决这些犯规的问题呢？"麦麦第一个发言："我觉得我们应该在比赛前就约定不许犯规。"我立刻趁热打铁："那我们把踢球的规则画下来吧，让大家都来遵守。"孩子们马上行动了起来……画完后，孩子们你一言我一语，分享了自己想到的规则。琪琪拿着画说："踢球的时候不能踢人，只能踢球。"诚诚紧跟着举起自己的画："就是，就是，还不能推人呢。"豆豆说："只有守门员能用手抓球，其他人都不可以。"……孩子们把自己的画贴在户外宣传栏里，骄傲地说："这就是我们的足球公约栏，每个踢球的人都要看一看！"

图 3-14　足球公约栏

第一次课程审议

幼儿对足球有着浓厚的兴趣，他们的兴趣来源于幼儿园浓厚的足球氛围、每天清晨足球混龄活动、每周园内足球联赛以及生活中常看的足球赛等。“奔跑吧足球”这个主题活动较好地满足了幼儿的兴趣。班本活动前期，教师善于把握幼儿的兴趣，追随幼儿的经验，引导幼儿通过运用自主查阅资料、观察记录、分组讨论等多种形式，在游戏中开展深度探究学习。活动中，教师作为支持者能充分挖掘有效资源，邀请家长助教、足球教练等专业人士走进课堂，帮助幼儿拓展、提升经验，引导幼儿了解了足球的基本特点、追溯了足球的发展历史、研究了足球上的图形和数量、探究了世界杯足球赛……当幼儿之间发生矛盾冲突时，教师能主动“退位”，并机智地引导幼儿自己发现问题、解决问题。关于球赛的基本规则及犯规行为的经验都是在幼儿的一次次争执、协商中从自知走向自觉。

下一阶段的课程，教师可以考虑支持和推动幼儿组建自己的球队，过程中应始终坚持以幼儿的兴趣为活动的生发点，继续顺应幼儿的发展需要，敏锐地挖掘身边更多的资源，给幼儿充分、自由、自主的学习空间。

（三）组建足球队

1. 足球小队诞生记

适逢金秋十月，足球嘉年华就要开始了，孩子们之间关于足球的话题更多了。

天天说：“昨天晚上我跟爸爸看了一场球赛，巴萨球队的梅西可帅啦，一脚就把球踢进了球门，给他们队争了好几分呢！”豆豆补充道：“是的，是的，比赛都靠他得分，每次赢球了大家都会把他抬得高高的。”火龙果一副得意样：“我爸爸是大学足球教练，他们学校也有自己的足球队，可厉害了。”轩轩激动地说：“我们也要有自己的球队！”“好！”孩子们都兴奋起来。

洋洋迫不及待地说：“昊阳是我的好朋友，我要跟他一队。”西西两只手各拉着一个好朋友，挽着他们的胳膊说："我们几个一队，还有谁要加入我们？""我来，我来。"桃子边说边跑到他们身边。牛牛急切地跑过来说："我也要加入你们。"洋洋大声嚷嚷道："不行不行，我们队人满了，你到别的队去吧。"西西招手："快来快来，到我们队来！"……很快，两个足球小队组合好了。这时，麦麦提出："我们队应该有个自己的名字吧，叫什么呢？"豆豆抢先说："巴西球队很厉害，我们就叫中国巴西队。"洋洋说："皇马的C罗很帅，我们就叫大四皇马队。"

图3-15　我给球队起名字

看着孩子们情绪如此高涨，我笑着说："你们两个球队组合好了是吗？""嗯！"孩子们自豪地点点头。我朝左右两边看了看问："现在你们每个队分别有几人呢？相互看一看，有没有发现什么问题？"听了我的话，孩子们疑惑地相互看了看。突然，麦麦大声说："咦，我们队这么多人，他们队怎么才几个人啊？"火龙果得意地说："我们都是校队的，我们踢得好，才不跟你们不会踢球的一队呢！"天天不高兴地说："火龙果，你老欺负人，我们也不喜欢跟你一队。"桃子不服气地说："才不是，麦麦他最能干，我们都要跟他一队。"听了孩子们的话，我接着说："你们两个球队人数不一样，如果要比赛，能比得起来吗？""好像不行。"琪琪摇摇头说。"我们看到的球赛，两队队员人数都是一样的。"诚诚补充道。我又问："那怎么办呢？""我们还是重新分一分组吧！"几个女生提议道。接着，孩子们又热闹地重新组合起来，"1、2、3、4、5……你们队14个人，我们队也是14个人，我们都一样了哦！"经过几轮商量，两队人数终于一致了，两个足球小队就这样诞生了！

2. 争当足球小队长

足球小队成立后，洋洋说："C罗是队长，我也想当队长！""不行，我要当！""天天踢得好，应该天天当。"

“你们都想当队长，这个问题怎么解决呢？”我问。

“竞选！”孩子们之前有过竞选升旗手的经验，自然就想到了竞选这个办法。

下午活动时间，孩子们经过“充分”准备，开始了竞选足球队长的演讲。

麦麦：“大家好，我是一个性格开朗、乐于助人的小朋友，我能友好地对待我的伙伴们，我可以为大家服务，愿意带领小伙伴们共同进步。”

洋洋：“我跑步跑得很快，球踢得也挺好，在球队里我肯定能为大家争光，我最适合当队长了。”

石头：“我不仅跑步快，踢球进球门还特别准，每次发球我都能一下子踢进去，所以我来当队长就对了。”

……

孩子们的竞选发言出乎意料得精彩。到底选谁呢？底下的孩子们又犯了难。希希说：“我们投票吧。”“同意。”大家都表示赞同。紧接着，他们开始给各自心仪的人投票。权权左看右看，同身边的几个同伴说：“我要好好想一想，我的票投给谁。”石头说：“我定点射门踢得准，你们记得选我哦！”……最终中国巴西队的博洋和大四皇马队的苇杭两位小朋友脱颖而出，分别成为两队队长。孩子们欢呼：“我们有队长啦！”

图 3－16　竞选演讲

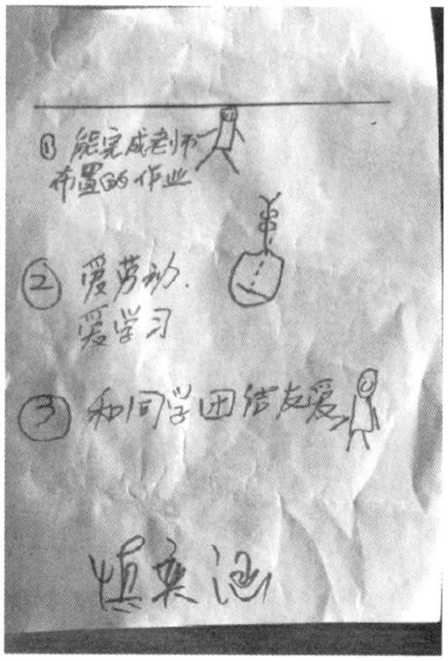

图 3－17　队长竞选宣言

3. 我是队徽设计师

球队组建好了，队长有了，队名也有了，大家都说还需要队旗，队旗上要有队徽。

对于孩子们的要求，我略感意外，就问："你们在哪里见到过队徽？为什么需要队徽呢？"麦麦说："我跟爸爸在奥体看球赛，看到两队球员的交换旗上有队徽。"西西说："我在电视上看球赛，记分牌上也有队徽。"豆豆说："队徽就是球队的标志。"布丁说："佩戴队徽踢球，很光荣。"琪琪也跟着说："看到队徽能一眼就知道是哪个球队的队员在踢球。"

为了让孩子们了解队徽，我们再次请来李爸爸就俱乐部球队的队徽进行深入的讲解。李爸爸事先准备好了不同俱乐部球队的队徽图片。琪琪问："巴萨球队的队徽中间的球怎么看起来有点儿不像足球。"李爸爸解释道："是的，你观察得很仔细，那是个橄榄球的图案，是为了向在 1899 年协助建立球队的英格兰公校 MERCHANT TAYLOR 的橄榄球队致敬。"哪儿问："那个是法国队的队徽吗？上面好像是埃菲尔铁塔？"李爸爸手指图片解释："是的，著名的埃菲尔铁塔是巴黎的象征，所以法国巴黎圣日耳曼俱乐部就用这个图案了。"这时，牛牛又指着其中一张图问："这个队徽像一个盾牌呢。"李爸爸给予肯定："是的，这个队徽外形看起来像一个盾牌，它选用了罗马市徽的标志——一只狼正在哺喂两个婴儿，盾牌代表力量，是既能防御也想获胜的意思。"

李爸爸绘声绘色的介绍引发了孩子们强烈的设计愿望，他们对自己的设计有独特的想法呢。

图 3-18　麦麦说："猛虎是森林之王，它很勇猛，把它设计在队徽上很有气势。"

图 3-19　洋洋说："恐龙是地球上最高大的动物，它代表最强大的力量。"

图3－20　石头说："狮子是草原之王，它统领所有的动物，它最厉害。我觉得可以用它来代表我们的球队。"

图3－21　一一说："鳄鱼是水中之王，它的力气足够大，把鳄鱼设计在我们队徽上，太神气了。"

图3－22　孩子们设计的队徽

队徽设计师

每个孩子的设计都各有特色，但是每队的队徽只有一个，这个问题该怎么解决呢？我把问题交给了孩子们。孩子们都认为谁的设计好就用谁的，然而他们又都觉得自己的最好。最后有人建议用轮流的方式，大家一致赞同："对！每一次球赛每队换一个队徽，这很公平！"

教师的思考

幼儿的学习是一个连续的过程，能在新情境中迁移旧经验意味着幼儿的学习进入了更深的层次。在组建球队和产生足球队长的过程中，幼儿迁移了平时游戏中"竞选、投票"的经验，他们或有理有据地阐述自己的特长参与竞选，或发表自己的观点积极参与投票……这些都是幼儿的社会性、语言等学习的发生与发展。

组建球队时，孩子们凭借已有经验自由结对。当人数分配不均时，教师充当了促进问题解决者的角色。“两队人数一样吗？”这个问题就是在这个适宜的时机提出来的，促使幼儿积极思考、寻找合适的方法，以解决球队人数方面的问题，从而顺利帮助幼儿完成了球队的组建。

队长是球队中的领袖和灵魂人物，大多数孩子趋之若鹜，非常向往和期待，希望“拿下”这个角色。这说明这些孩子已经具备很强的自我意识，他们希望通过当队长来展现自我。但队长只有一个，什么样的孩子更适合当队长、更能让同伴信服呢？有的孩子通过竞选演讲，打动同伴，展现他的队长气质；有的孩子平时就善于交际，积攒了高人气，小领袖气质已然凸显，小伙伴们对他的固有印象恰巧在这个活动中有了一个“翻新”的机会，不约而同聚焦他；还有的孩子虽然平时并不出众，但此次演讲时气场全开、自带光芒，小领袖气质展露无遗，同伴一致认可他就是队长。这几种类型的孩子，通过不同的方式展现同一种气质——领袖气质、队长气质。这些孩子在这个小团队中获得了重要的位置，充分体验了自尊自信的满足。其他幼儿在这个活动中观察、判断，用好自己的“选举权”，其团队意识、社会性、责任心也在这个活动中得到很好的体现和成长。

作为教师的我，和孩子们共同经历、构建的这个主题活动，我没有忽略这个活动对于幼儿全面发展，尤其是社会性发展、意志品质发展的价值和作用。相反，我十分关注并重视这些方面，也正因为如此，在孩子需要的时候我才能适时地给予他们支持和帮助，为他们搭建平台、提供支架，从而促使幼儿在这个主题活动中向着“完整儿童”再迈进一步。

4. 足球场上我在哪儿？

今天，博洋和苇杭两个队长分别组织自己的球员商量分配站位。队长提出前锋负责进球、中场负责传球、后卫负责防守、守门员负责守好球门，让大家选择自己觉得适合的站位。布丁说：“我要当前锋，我跑得快。”火龙果拍拍自己的胸脯：“我踢球准，我也要当前锋。”刘豆豆摆了个“耶”的手势说：“还是我当前锋吧，我踢球准，又跑得快，这个位置只有我才能踢好。”

孩子们争着吵着都要踢前锋，但是一个球队里，如果只有前锋是没法正常进行比赛的。两个队长意识到这个问题，商量了起来。博洋率先提出："前锋只需要一个人，大家都要当，怎么办？"苇杭说："就投票决定吧，这样公平。"竞选开始了，争当前锋的几个小朋友纷纷表达自己的优势全力拉票，接着组内的其他成员进行投票表决，前锋的人选很快就确认好了。有了分配前锋的经验，分配其他站位时顺利了很多。不一会儿，球队的 1 个前锋、5 个中锋、4 个后卫、1 个守门员都安排妥当。除了上场的这些球员，还有一部分孩子没有分配到站位。桃子问："那我们怎么办？"轩轩补充道："很多世界比赛还要有替补队员的，中途有罚下场或者受伤的队员，就由替补队员上场。"这时，几个女孩子纷纷表示："我们可以当替补队员，在你们累的时候就可以换我们上场喽！"

图 3-23　投票表决

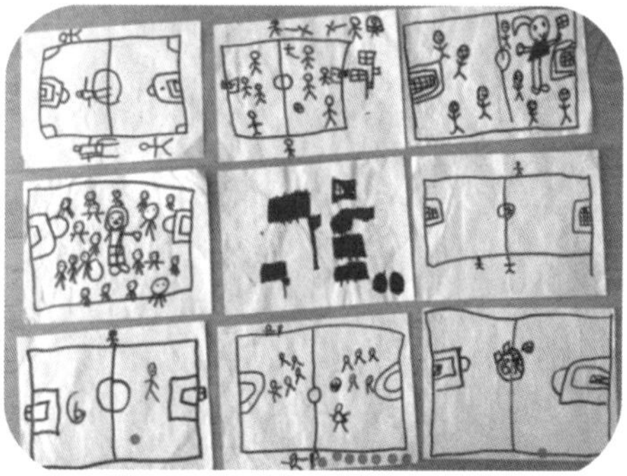

图 3-24　球场站位图

5. 金哨的产生

晨间活动刚刚结束，希希一路小跑，气喘吁吁地对我说："老师，老师，刚才我们踢球时，男生都不给我们女生玩，只把球传给男生。"牛牛补充道："是的，别的班小朋友总抢我们的球，不给我们踢。"全全说："还有人用手抢球，用手把球扔出去。"

看着孩子们着急的样子，我说："别急别急，想想遇到这种情况，有没有好的解决办法。"桃子说："要是有一个裁判就好了，谁犯规了裁判罚他下去。"城城说："对对对，有裁判好。"孩子们经过一番讨论，都觉得在比赛中裁判很重要。

图 3-25　比赛暂停

图 3-26　进攻方向

一旁的豆豆提出疑问："可是我们不会当裁判呀！"男孩子们立刻炸开了锅，大笑着嚷嚷："哈哈哈，当裁判有什么难的，这个我们会。"瀚宝说："我在球赛电视转播里看到每场比赛都有裁判。"天天说："是的，我看到比赛的时候裁判在球场里跟着一起跑，有人犯规，裁判就会吹哨子。"城城说："有的时候，裁判吹完哨子，还会亮红、黄牌。"轩轩说："对，那是严重犯规。"伊伊说："我还看见有的裁判就在球场外边，球一出界，他就吹哨子、举旗子。"牛牛说："对，我听爸爸说过，那个裁判是副裁判。"城城大笑起来："哈哈哈……什么副裁判，叫'边裁'，他是管边线球出界的。"大伙都仰慕地看向城城。城城继续骄傲地说道："球场里面的裁判叫主裁判。比赛开始、结束都是主裁判管的。"

一番讨论之后，孩子们对裁判有了足够的认识，而且在孩子们的眼中，裁判已然是球场上最厉害的人，个个都争着要做裁判。桃子提议："我们还是竞选吧！"此刻我抛出一个小问题："那竞选上的裁判，每一场比赛都是他当裁判吗？"孩子们你看看我，我看看你，似乎有些疑虑。这时希希提出："竞选上的裁判不能永远当的，我们每天都要比赛，最好大家轮流当。"我点点头追问道："如果每天都要产生新的裁判，快捷、方便是不是很重要呢？"瀚宝眼睛一亮："有了，我们'石头剪刀布'。"依依一拍脑袋："还可以'黑白配'。"圆圆补充道："上一次进球最多的，可以奖励下一场比赛当裁判。"大伙高兴地欢呼起来："太好了，太好了，这下我们都有机会当裁判啦！"

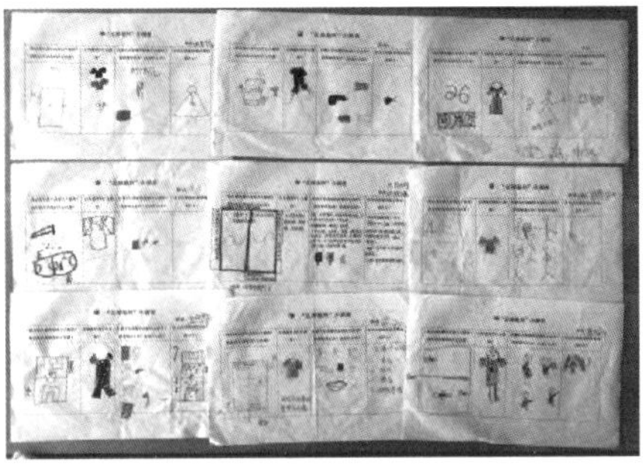

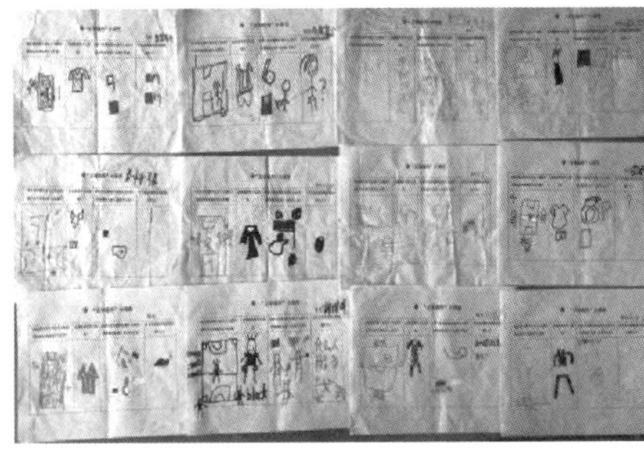

图 3-27　裁判职责再调查

教师的思考

球队组建之后，每个幼儿都期待自己在球队中占有一席之地，展现自己的特点、发挥自己的作用。其实，球队中的前锋、中场、后卫、守门员都有其各自的职责和特点，幼儿要能结合自身的特点，展开积极的竞选、拉票活动。在这些活动中，我们看到了大班幼儿强烈的竞争意识，以及他们从内心深处对公平、公正的追求。教师能够切身感受到这种公平、公正不仅仅局限于球场和比赛之中，更应该存在于教师的教育观念和意识之中，尊重每一个幼儿，给每一个幼儿公平发展的机会，这才是教育中的"真公平"。

当球场上出现各种不和谐状况时，"裁判"这个引人注目的职位立刻引起了大家的兴趣。惯用的竞选与拉票策略成为幼儿争夺这个职位的首选方案。但裁判并非"终身制"，我立刻意识到这个问题，敏锐地抓住这一关键点，让幼儿明白"高效"与"快速"产生每一场裁判的重要性。

于是，孩子们将生活中的游戏经验迁移到这个活动中来，传统的"剪刀石头布""黑白配"从备选方案一跃成为最优方案。在这个活动中，我深刻体会到儿童在遇到问题和解决问题时，和成人一样也会有思维定式，作为教师的我要有一双会观察的眼睛，观察儿童、发现问题、适时引导，做孩子们成长过程中的智慧"推手"。

(四)足球邀请赛

1. 赛前那些事儿

班级联赛即将开始,孩子们赛前的热情骤增,每天小话题不断,大四班“全民”偶像梅西成为孩子们谈的话题的中心。

片段一:梅西小迷妹。

饭后散步结束,孩子们三三两两回到了班上,而桃子和希希迟迟没有回班。我走出去一看,桃子正躲在门外从口袋里拿出几张贴画,在希希面前“显摆”:“看!我有梅西的贴画!”希希一脸羡慕:“哇,梅西耶!给我一张吧。”桃子得意地说:“那我问你一个问题,答对了,就给你。梅西小时候为什么长不高?”希希立刻接话:“我知道,他得了小儿麻痹症,但是他坚持踢球,现在成了球星。”桃子一笑,小心翼翼地递给希希一张贴画,一抬头发现了站在门边的我,两个小姑娘神秘地一笑,手拉着手蹦蹦跳跳回到了教室。

片段二:我想当梅西。

区域游戏时间,豆豆、琪琪跑来告状:“老师,你看阳阳在厕所到处乱踢。”我轻轻走过去,阳阳对着一个矿泉水瓶一脚踢到水池下面,接着又把矿泉水瓶拿回来,不断重复,踢来踢去。看了一会儿,我走近阳阳:“阳阳,你在干嘛?”“老师,我在练习射门。”阳阳昂起头酷酷地说道:“马上要比赛了,我要多练习,才能给小队争光,成为梅西一样的球星。”

片段三:“偷”穿球衣,变身梅西。

“老师,老师,羲羲把蓝队的球衣偷偷穿在自己衣服里面。”伊伊焦急地跑来。我一愣:比赛还没开始,羲羲为什么会这么做呢?我私下跟羲羲聊了聊。原来,羲羲是蓝队的替补球员,上场的机会很少,但是他又特别期盼能真正上场比赛,而且他的偶像梅西穿的就是蓝白相间的球衣,他也特别渴望穿得像梅西一样,奔跑在球场上,于是在开赛之前,就有了刚才那一幕。

2. 说说邀请赛

孩子们对于踢一场“正规”比赛的愿望太强烈了,那就来一场邀请赛吧!每个孩子都非常激动,一个个都是一副胜券在握的模样。两个队长事先设计好战术，分配好各自小队队员相应的角色和站位，裁判也一一做好相应准备。“嘘——”随着裁判的一声哨响，比赛正式开始。

两队球员在球场上奋力奔跑。“进球啦!”大四皇马队的火龙果顺利踢进一球，同队的小伙伴一起高声欢呼。中国巴西队的小伙伴也不甘示弱，紧接着也踢进一球，比赛激烈地进行着……

随着一声哨响，上半场比赛结束。裁判大声宣布：“2 比 1，大四皇马队暂时领先。”就在这时，中国巴西队的豆豆跳起来说：“不对，我们队也踢进 2 球，应该 2 比 2。”火龙果不服气：“才不是，我们队 2 球，我们获胜。”看着他们争执不下，桃子跑过来说：“别吵了，问问裁判不就行了。”大家一起围到裁判旁边。豆豆说：“裁判，你说，到底是几比几?”被大家团团围住的麦麦犯了难，挠挠脑袋说：“好像是 2 比 1，又好像是 2 比 2，不好意思，我也记不清了。”

争执中孩子们发现，这场纠纷的原因就是因为进球时得分没有记录下来。看着孩子们面红耳赤的样子，我问道：“有什么办法解决呢?”轩轩说：“可以用笔写下来，进一个球就用数字记录在纸上。”桃子说：“可以画图，进一个球就画一个足球。”火龙果说：“我看见过爸爸参加的比赛，他们好像有记分牌。”火龙果的提议，一下子引起大家的共鸣，大家都纷纷赞同用记分牌这个最及时、有效的方法。设计记分牌的活动在大四班迅速开展起来。

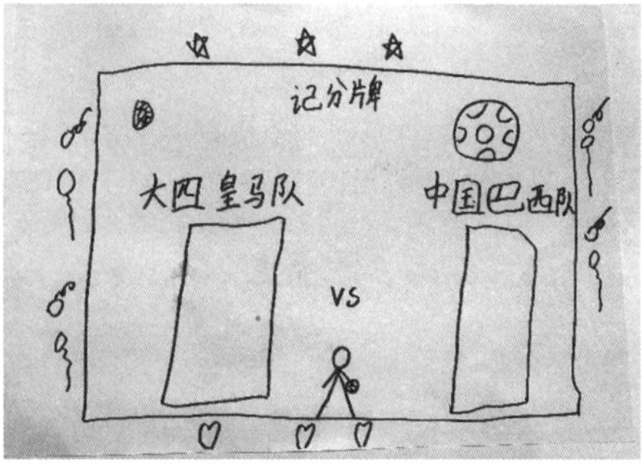

图 3－28　我设计的记分牌

第二次课程审议

在“组建足球队”和“足球邀请赛”系列活动的课程审议中，教师的介绍让所有参加审议的教师有耳目一新的感觉，甚至激起了参与其中的冲动。平日里看着孩子在足球场上奔跑、游戏，教师感受到的是孩子们的快乐玩耍、生龙活虎、斗志昂扬……似乎只是在开展一种体育项目。但这个主题活动让教师惊喜地发现，足球的背后竟然蕴含了如此多元的教育价值——足球文化、数学测量、团队合作等。教师非常注重幼儿学习的过程，所有活动的生发，都来自孩子自己的疑问、兴趣或解决问题的需要。过程中教师看似跟随在幼儿身后，但对于主题活动的发展以及每个活动的产生都是有隐性的预设和准备的，这让每一个活动都充分发挥了它的教育价值。在队名、队徽、队服的设计与产生中，足球文化走进了孩子的内心；在球队组建、队长选举、裁判产生过程中，团队合作、公平公正又融入了课程……尤其值得称赞的是，教师能够敏锐地感知到大班幼儿好竞争的年龄特点，在这个活动中，并没有把活动指向“踢进几个球”，而是更注重足球文化的感知和团队合作精神的培养，如孩子在球队的站位、与同伴的配合、队长的职责、队友间的协调，等等，而这与联合国教科文组织提出的“全球共同利益”的理念是一致的。

课程审议中有教师提出，邀请赛的对象不应该仅仅局限于本班幼儿，足球不仅仅是大四班热爱的项目，应该是全园乃至更多幼儿热爱、参与的活动。因此，下阶段活动可以结合我园以往举办足球嘉年华的经验，由相关教师共同策划、组织，幼儿参与的形式，转向由幼儿自主筹备、策划、组织、参与，从而更有效地发挥此项活动的教育价值，让幼儿更加主动、积极地成为幼儿园的主人、成为活动的主人。

（五）足球嘉年华

足球嘉年华

1. 酷炫啦啦队

比赛开始了，两队球员在球场上奋力拼搏。旁边观赛的伊伊突然一跃而起，将头上的扎绳用力一扯。只见她披头散发、手拿头花、爬上小板凳，一边挥舞着手中的头花一边尖叫道：“大四皇马队加油，大四皇马队加油！”这时，远处的天天责问：“你叫什么叫，洋洋刚才那一球没踢准，就是你吵的。”伊伊也不甘示弱：“关你什么事？你懂不懂，我这是啦啦队成员，我给我的球队加油呢！”这时在她身边的诚诚、妞妞、小棋也站了起来。她们有的脱下自己的外套，在空中挥舞；有的又蹦又跳，大声呐喊……越来越多的孩子聚集过来。

比赛结束后，组建啦啦队成为孩子们现阶段的“大事”。他们讨论后认为：啦啦队的作用很大！啦啦队要穿统一的服装，而且最好都是女生！啦啦队队员手上还要拿道具，一边跳一边喊口号。球员踢累了，中场休息的时间，啦啦队就上场表演舞蹈。……

“谁来当啦啦队的队员呢?”我把问题抛给孩子们。

对于有了多次分组讨论经验的孩子们来说，这个问题一点也没难倒他们。他们很快分成几个小组，商量好组建啦啦队的计划后，就开始分头行动。孩子们有的做记录，有的设计款式别致的啦啦队队服，有的寻找材料制作助威道具……自此，每日比赛都将有“酷炫啦啦队”闪亮登场！

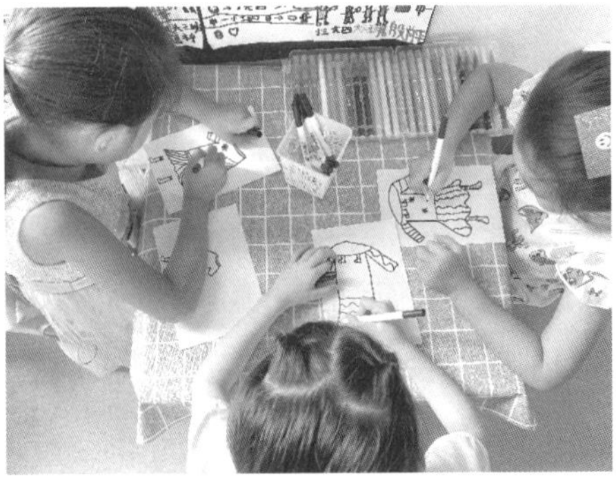

图 3－29　设计啦啦队服

图 3－30　我们设计的啦啦队服

2."史无前例"的申办

晨间升旗仪式开始了,园长妈妈宣布:"孩子们,第四届足球嘉年华下个月举行,这次的嘉年华由你们自己来设计主办,大家都可以来申报……"孩子们听到这个消息立刻兴奋得手舞足蹈:"我们办!我们办!"麦麦迫不及待地冲到园长妈妈身边,说明理由:"我们班有最厉害的足球队,给我们办吧。"豆豆也大声地喊:"我们班还有自己的队旗、队徽、队服,还办了好多好多足球活动呢。"看见孩子们激动的样子,园长妈妈忍不住笑了:"好啊,但这可不是一件容易的事噢,你们好好想想要做哪些准备。"

回到班上,孩子们立刻热烈地讨论起来。

有的说:"我记得去年的足球嘉年华有开幕式,今年肯定也要有开幕式,还要有闭幕式。"有孩子提出:"开幕式怎么举办呢?"诚诚说:"就跟运动会一样,足球队员要走方阵的。"琪琪说:"每个班还要举旗子、喊口号。"麦麦补充道:"是的,是的,我们还要穿统一的班服进场呢!"伊伊说:"除了进场,我们还要表演足球操。"桃子得意地昂起头:"就是,我们的足球操跳得特别好,一定要在嘉年华上表演给所有的观众看。"天天说:"足球嘉年华肯定要有足球比赛。"豆豆附和道:"嗯,足球比赛肯定少不了,而且我们还可以请爸爸妈妈一起来看比赛。"旁边的火龙果一跃而起:"我们校队的好多技能本领可厉害了,我们也要展示给大家看。"麦麦紧接着说:"最好能邀请专家来当评委、当裁判,邀请好多好多人来观赛。"

图3-31　申办讨论会

讨论结束，他们立刻把所有的意见进行了整理，一份来源于所有孩子的足球嘉年华举办流程新鲜出炉了！简要的活动流程如下：隆重的开幕仪式——快乐足球操——精彩球队展示——激烈足球对抗赛——趣味足球游戏。

在这次足球嘉年华流程大讨论的过程中，我们看到孩子们有的借鉴了电视转播的各类运动会的经验，有的凭借自己已有的参与足球嘉年华的经验，有的充分发挥自己的想象力……他们群策群力、团结协作，最终这份来自孩子自己的嘉年华流程又丰富、又有趣、又合理。当策划方案在周一升旗仪式上宣读的时候，孩子们的申办方案震撼并感动了大家。就这样，一次“史无前例”的，由孩子们自己策划、组织的足球嘉年华即将启动啦！

3. 足球嘉年华邀请函

足球邀请赛

足球嘉年华策划方案得到了园长妈妈和全园小朋友的认可，这让孩子们更加振奋！孩子们首先想到要把这个好消息告诉爸爸妈妈，让他们也都参与进来，伊伊甚至还提出：“还应该邀请专家来当评委、当裁判、来观赛。”宣传工作迫在眉睫，豆豆说：“我们请每个班老师发个通知吧。”小棋说：“我们到每个班宣传去。”牛牛说：“我们可以贴大海报呀。”一一说：“幼儿园童话节就有大海报，这次嘉年华我们也可以做一个大的邀请函贴在幼儿园门口。”

通过讨论，孩子们在如何宣传的问题上达成了几点共识。

（1）邀请函可以制作三种，一种是大海报，让来接小朋友的爸爸妈妈、参观幼儿园的客人老师们都能看到；一种是电子海报，可以放在小天鹅幼儿园微信公众号上，能让更多关心小天鹅幼儿园的人看到；还有一种是小的邀请函，给评委、裁判送去。

（2）邀请函上要注明具体的时间、地点，让被邀请的人一目了然。

（3）邀请函上还可以用小朋友踢球的画做装饰。

（4）大海报和小邀请函由小朋友自己制作，电子海报可以邀请负责小天鹅微信公众号的张老师帮忙。

于是，孩子们开始激情投入创作邀请函的活动中。一张张美观的、个性化的足球嘉年华邀请函在孩子们的笔下展现出来。

图 3－32　设计邀请函

图 3－33　足球嘉年华邀请函

4. 足球童年，快乐时光

足球嘉年华终于来了，大家携手走进足球场馆，开展了丰富多彩的活动。

（1）隆重的开幕仪式

图 3－34　酷炫花式入场秀

开幕仪式格外重要，活动之前孩子们自主讨论了各种开幕方案，让我们一起到现场看看他们的杰作吧！

图 3－35　足球队闪亮进场

（2）快乐的足球操

足球操是大班年级组每天早晨最亮丽的风景线，孩子们乐在其中、美在其中，一心想把这个瞬间带到嘉年华上。看！他们和着动感的音乐，冲向绿茵茵的足球场，跳着、喊着、踢着、乐着……他们变身为一个个舞动的精灵，散发着健康快乐的魅力。

图 3－36　快乐的足球操

图 3－37　亲子足球操

（3）高超的足球队技能

在策划嘉年华流程时，足球队的队员们就强烈要求展示自己的足球“绝技”。看，他们来了！脚内侧绕杆带球、正脚背直线运球、脚外侧拨球过人、脚弓射门……队员们身形矫健、本领过人！这可是他们平时争分夺秒用汗水“拼”出来的！

图 3－38　足球队展示

(4) 激烈的足球对抗赛

足球对抗赛上,孩子们个个敢拼敢抢。这时候,他们就是梅西,他们就是C罗……他们穿着队服为自己球队征战。迎着阳光,快乐踢球!

图3-39 足球对抗赛

(5) 有趣的足球游戏

足球嘉年华是体育的盛会、快乐的海洋。孩子们不仅设想了精彩的对抗赛、整齐的足球操、酷炫的球技展示,还设计了小伙伴们最爱的足球游戏环节。蒙眼射门、快乐绳梯、带球绕桩、踢球进门……孩子们玩得不亦乐乎。

图3-40 球拍运球

图3-41 蒙眼射门

图 3-42　直线带球

图 3-43　匍匐传球

第三次课程审议

足球嘉年华是我园每年传统、经典的大型活动。往年活动的策划与举办都由教师作为主要推动者,而今年足球嘉年华的主创力量是大四班的孩子。从申办、策划、组织、宣传到举行,完全由幼儿自主展开。他们拥有活动的决策权、选择权,真正地成为活动主人,这让本届足球嘉年华成为主题活动的又一次高潮,成为期间最绚烂的一幕。

足球嘉年华系列活动既是幼儿内心的兴趣所向,也是幼儿已有经验积累到一定程度的必然产物,更是教师"交给"幼儿自主成长的机会。幼儿在前期活动中,积累了丰富的倾听交流、调查了解、合作分工等经验,这些都使嘉年华成功举办成为顺理成章的事情。过程中,孩子们有着强烈的主人翁意识,遇到困难自主分析、共同讨论,寻求问题解决的方案,达成共识,完善活动流程。最后当这份来自孩子的活动流程得到全园师生的认可,成为真正的实施方案时,孩子们所体验的成就感之强烈是任何其他活动都不可比拟的。最终,嘉年华成为孩子们最快乐的盛会,大平台上的展示、大活动中的协作都给予孩子们强烈的情感体验和冲击,这是一次名副其实的属于每个孩子自己的大型活动。足球嘉年华在孩子们眼中、心中都是一件"大事",他们通过自己团队协作来完成,而真正做成一件"大事",对孩子一生都有正向的促进作用。

三、主题总结

（一）活动脉络图对比

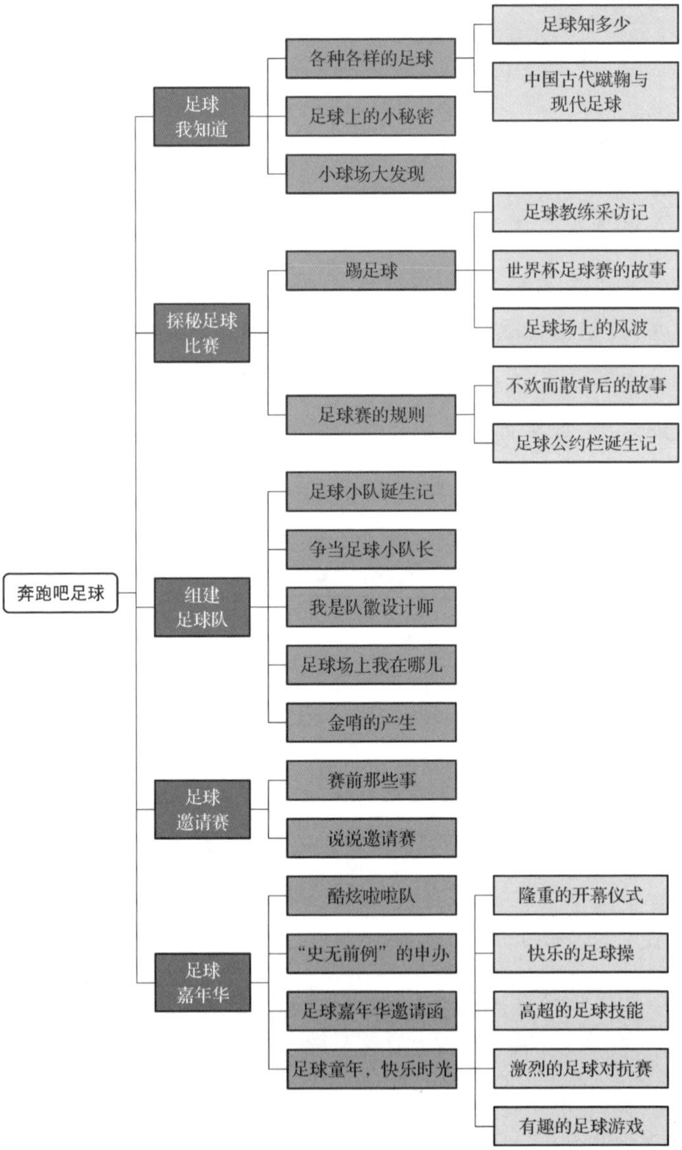

脉络对比说明

“奔跑吧足球”讲述了一个足球与儿童的课程故事。在此主题活动的预研究中，我从关注幼儿学习与发展的整体性角度，以学科领域为抓手，更多从学科知识的维度预设了“足球印象”“绿茵场上”“足球比赛”三个部分的活动，其中我又较多关注了对足球及规则的认知。但是随着活动的开展，我越来越关注孩子们自己的兴趣，能及时抓住他们在探究过程中产生的问题，并追随他们的生活和实践经验开展课程。当我把课程发展的主动权交给孩子以后，他们的所想、所为，反映出他们无穷的创造力，活动脉络图也得到了较大程度的调整和丰富，这让我切实感受到了儿童本位立场对于教师生发、实施课程的重要作用。在我看来，这个课程活动的实施过程，好比一朵花从种子到绽放的充满生命力的过程写真。

第一个部分：在“足球印象”中播种。在预研究中，我只是从足球的起源、历史为主要生发点，但是很快就意识到了自己的局限性。多年做班本课程的经验让我学会了做一个“观察员”，即给孩子更多的时间和空间，让他们成为活动的主角，而我则用记录和协助的方式，边观察边思考。在这个过程中，我发现孩子们对足球的起源的历史固然有些许兴趣，但更似我的一厢情愿，他们其实对足球本身、足球场更感兴趣。因此，追随孩子们的兴趣点，丰富了有关“足球上的秘密”“足球知多少”等活动，活动脉络也因此得以扩展。

第二个部分：在“绿茵场上”萌芽。在预研究的脉络图中，活动内容只局限于对球场的认知，但其实孩子们更迫切地想要和足球进行零距离接触。我原先预设的“绿茵场上”由此调整为“踢足球”，开展了“采访足球教练”“足球场上的规则”等活动，而这些活动都是来自孩子们足球游戏中真实发生的事件，应和着他们在足球游戏中的真实需要。

第三个部分：在“足球比赛”中生长和开花。随着活动的开展，孩子们对足球比赛的兴趣愈发浓厚，我欣喜地看到了主题活动生发的盎然生机。“组建足球队”不仅是一支球队的产生，还有队长的竞选、队徽的文化、金哨的产生……每一个活动都具有诸多探索的元素，探索的过程才是弥足珍贵的；足球嘉年华申办、策划与组织的系列活动更是一个由幼儿自发产生的全新的小项目；而足球规则的探索也是来源于孩子们解决自己“纠纷”的需要……这些都让这个主题更呈现出幼儿自主自发、积极探索的创造力和生命力。

（二）儿童经验分析

“奔跑吧足球”，这个看似偏体育领域的主题活动，却由于我尤为珍视幼儿自发的兴趣、自主的探索、自由的成长，加以逐渐坚定起来的全人教育理念，给予了幼儿获得完整经验的机会。其中集体活动、区域活动、日常活动的开展，都随着幼儿的兴趣不断生发和滋长。在这个过程中，幼儿竞选演讲、观察记录、团队策划……他们积极主动、自主自愿地在自己选择的岗位上为集体争取荣誉，每个人都在这一过程中获得了个人努力付出、团队合作成功的相关经验，既得到了锻炼，也获得了成长。

主题活动中，幼儿的经验呈现出螺旋式上升的发展态势。以“合作”这一经验为例，在活动初期幼儿经验指向的是在一场球赛中的“小合作”，他们组建球队、产生队长、分配站位、小组比赛等，更多是个人与个人之间的合作，是班级内的合作。随着活动的推进，足球嘉年华为孩子们申办、策划、组织。在这个过程中不仅有幼儿个体之间的合作，更有项目组与项目组、团队与团队之间的合作，其合作逐渐跨越了班级的界限，走向了幼儿园，成为一个更加全方位、综合性的合作。这期间，我们清楚地看到幼儿有关“合作”的经验在不断丰富、甚至“裂变”，这就是源于儿童经验生发的班本课程给予我的惊喜！

（三）教师的感悟

伴随着时钟的嘀嗒声，课程已近结尾。整理文字的过程中，课程中的每一个场景历历在目，我仿佛是在时空穿越中跟孩子们再次游戏、讨论，解决一个又一个看似困难，却被师幼合作化解变为成长动力的问题，也不由地感慨：“这世上最有智慧、最具有学习精神的人真的非孩子莫属了。”是的，作为一名有着二十年教龄的教师，在课程游戏化项目理念的引领下，经历了这次完整的班本课程实践后，我对孩子们有了新的认识、新的定义，某种程度上，孩子和我也许是互为师生的。

陈鹤琴先生说："儿童具有好动心、模仿心、好奇心、游戏心的天性。教育要适应儿童的天性。"作为省级足球特色园，我园有着浓厚的足球氛围，孩子们对足球充满了兴趣。日常生活中、足球游戏后孩子们对足球总是津津乐道，有着谈论不完的话题。他们对足球有些许经验，却也有诸多疑惑。把足球作为课程的切入点，正是顺应了孩子们的天性。但同时我又有些迷茫，甚至无从下手。然而，随着课程的启动及其不断深入，孩子们对足球文化的痴迷、对团队组建的狂热都让我越来越清晰地感受到，这个看似偏体育类的课程，除去体育自身的魅力外，还蕴含着诸多的教育价值：竞争、合作、公平、责任感、坚持不懈的努力、对输赢的正确态度……在团队合作中孩子们学会赢，也学会输；学会领导，也学会被领导；学会做优秀的自己，也学会做团队的一员……很幸运，孩子们和足球相遇了；很幸运，孩子们的好奇心给了我力量；很幸运，我和孩子共同走进了这样一个特别的课程。在与足球形影不离的"热恋"过程中，孩子们强烈的求知欲转化成为主动、积极的学习状态和深入探索思考的行为，从而实现自我的价值。就这样，足球带着更深远的教育使命成为催化儿童成长的契机：提出问题、思考问题、尝试解决问题，孩子们的经验不断积累和丰富，呈螺旋式上升之态，孩子成为这个课程的建构者和受益者，成为课程真正的主人。

大型活动对孩子的成长具有重大意义，足球嘉年华为孩子提供了一个协商策划、合作举办、共同参与、自主体验的成长平台。我们为孩子提供了申办活动的机会，以及开展活动空间与时间，让孩子们在商讨申办流程、自制宣传海报、组织足球嘉年华系列活动中，与他人频繁接触、与同伴深度合作，成功举办了丰富多彩的足球嘉年华活动。足球嘉年华作为足球课程的重要组成部分，对孩子们的成长与发展是显而易见的，仿佛将孩子们带入一片更为宽广而深邃的海洋，让他们更加淋漓尽致地表达自我、成就理想。

足球就像是一颗火种，燃起了孩子们学习的热情；足球更是一种力量，促进了孩子们体、智、德、美等各个方面的全面发展，也支持着我在专业发展的道路上探索创新。未来，我将继续用课程游戏化的理念，陪伴孩子们成长，为做一名能“衬托”他们、“发现”他们、“相信”他们、“支持”他们的伙伴式的老师，一直探索前行！

水先生的奇幻之旅

仇晓凌　高　美

一、主题畅想

(一) 活动缘起

生活中大家经常会看到这样一些情景:当看到路边有小水洼时,孩子不顾大人的劝阻踩进去,溅出四射的水花,开心大笑;在小池塘边看小鱼小乌龟时,偷偷地往池塘里扔小花、小草、小石子,看一圈一圈漾出的波纹;在洗手的时候流连忘返,往镜子上洒水……

的确,水对孩子来说,仿佛有一种神奇的魔力。孩子们天生喜欢水,愿意亲近水。一天,我们在图书区投放了一本书,叫《水的奥秘》。孩子们边看边讨论起来了:"我们天天喝的水,天天洗手用的水还有什么奥秘呢?""水不就是无色透明,没有味道嘛!"……那么,水到底有什么奥秘呢?

杜威曾说过,幼儿有调查和探究的本能,好奇、好问、好探究是幼儿与生俱来的特点。于是一个关于水的探究性主题活动诞生了。

(二) 活动可能的发展脉络图

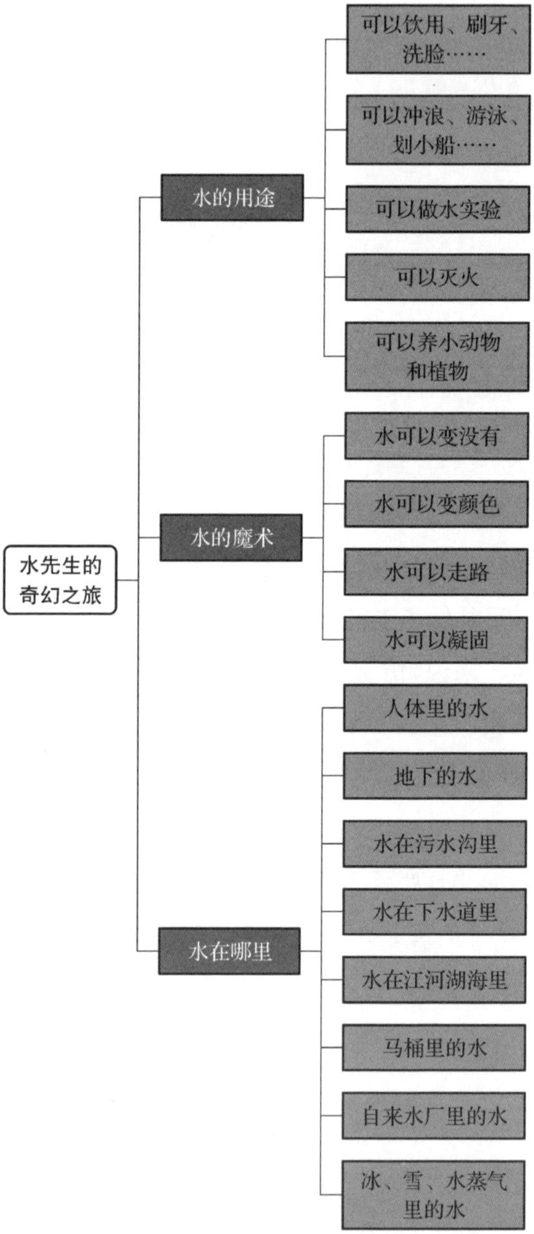

（三）幼儿可能获得的经验图

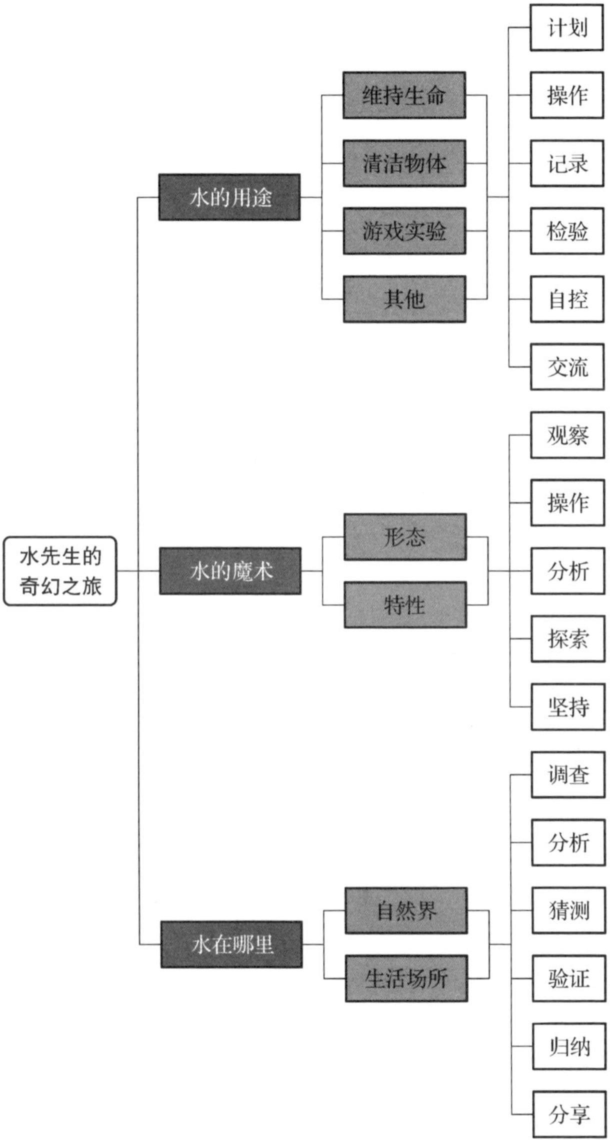

（四）主题可能涉及的资源图

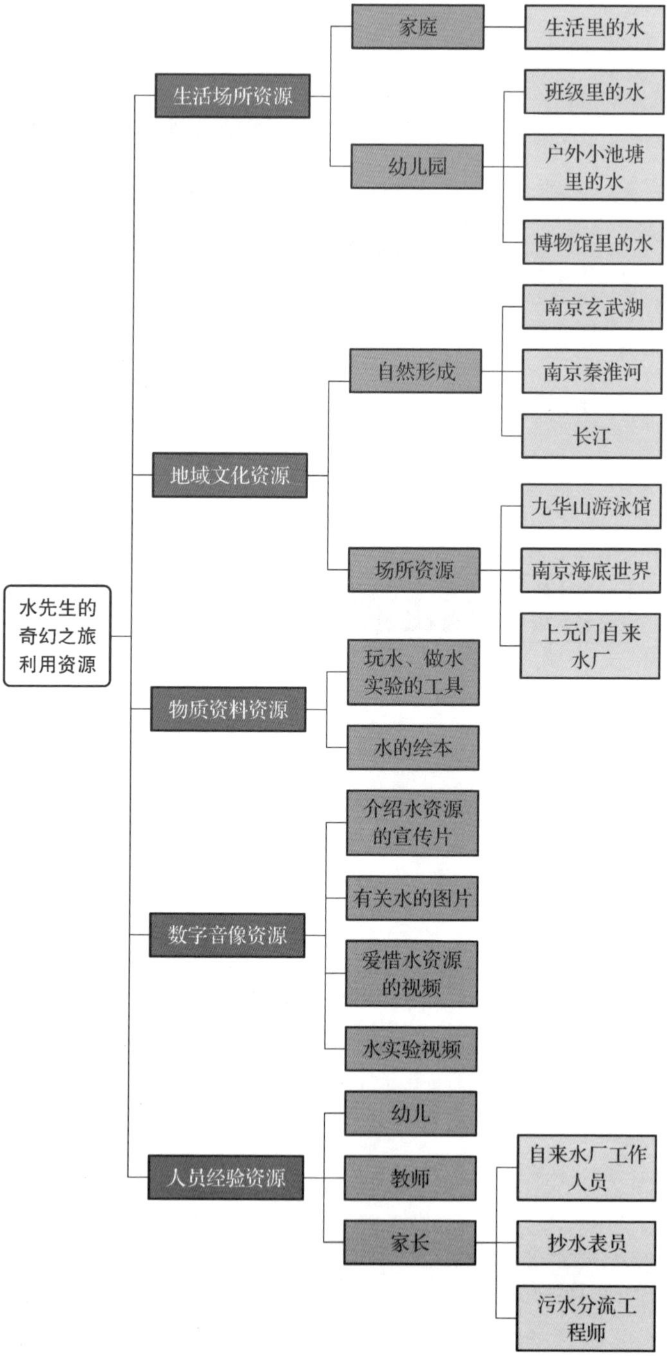

专家点评

这个主题源于孩子们日常生活中最常见的水。一般来说，幼儿关于水的认识往往来自玩水和使用水，同时伴随着快乐愉悦的情感体验，这也是最为难能可贵的。在主题活动中，教师要充分利用这一特点，追随幼儿的兴趣，根据他们的认知发展规律，由浅入深、循序渐进地引发他们动手动脑，从水的形态、水的用途等多个方面引导幼儿进行探究性学习，积极主动地发现水的奥秘。此主题活动的目的和意义，正是让幼儿在与水的互动中，对水产生浓厚而又持续的探究兴趣，并且在探究的过程中学会观察、学会发现、学会提问、学会学习。

二、主题开展

（一）无处不在的水

1. 水在哪里

“幼儿园里水龙头一开，喝的水、洗手用的水就哗哗地流出来了。那还有什么地方有水呢?”爱动脑筋的淳淳一提出这个问题，就引起了大家的热议。于是，孩子们围绕“水在哪里”，对家、幼儿园和自己生活的小区展开了地毯式搜索。

（1）小朋友们在家里的发现

图4-1　泡脚时要用水

图4-2　养小乌龟的盆子里有水

图4-3　洗澡的时候浴缸里会放水

图4-4　水龙头里可以放出水

图 4-5　养鱼的池子里有许多水

图 4-6　放水培植物的瓶子里有水

(2) 小朋友们在幼儿园的发现

图 4-7　幼儿园的蓄水池里有水

图 4-8　小菜地旁的水龙头里有水

图 4-9　泥土里也有水

图 4 - 10　幼儿园门口的水池里有水

图 4 - 11　这里的水可以直接喝噢

图 4 - 12　房顶的雨水从管子里流下来

（3）小朋友们在小区的发现

小朋友们在小区里散步的时候，发现了从楼房房顶一直通到地下的长长的管子。这些管子是干什么用的呢？他们通过观察，发现管子里流下来的是楼顶的雨水。那么这长长的管子把雨水引到哪里去了呢？这个问题随即也得到了解答，他们发现了一个下水管的入口。他们还发现细细的管子里面流出来的水是空调工作的时候滴下的。

这些粗粗细细的管子里流的是什么水呢？小禛说："我知道呀，我家就住在这儿，这是我家厕所和厨房里面流出来的水，管子里流的应该是我爸爸妈妈洗菜、我刷牙洗脸和我们上厕所冲下来的水。"

图 4 - 13　空调外机产生的水从细管子流下来

图 4 - 14　房顶的雨水、空调外机里的水顺着管子流到这里啦

厨房用水和厕所用水顺着管子流了下来，最后流到了化粪池里。

图 4 - 15　家里的水管

图 4 - 16　家庭用水，流到了化粪池

（4）水在哪里我知道

哇！我们有这么多的发现，赶快把它画下来。小朋友们把这些发现变成了讨论墙上的“水在哪里我知道”。

小朋友们边看墙饰边谈论"水在水龙头里，在江里、在河里、在海里，在下水道里，在污水沟里……"这些都是小朋友们日常观察到的，他们热烈地讨论交流着。

平时爱观察的小朋友补充道："水在马桶的水箱里，水在自来水厂里，地下也有水，人的身体里有水……"还有小朋友补充说："动物和植物的身体里也有水；冰、雪、水蒸气，这些都是水的不同形态。"

甚至还有小朋友提出了一些暂时不能确定答案的问题，比如血液里有水吗？蛋糕、奶油、冰激凌里有水吗？提到冰激凌的时候，有小朋友提出了自己的想法："冰激凌不就像雪和冰一样吗？化了就有水了。"

图 4-17　水在大海里

图 4-18　冰激凌化了也有水

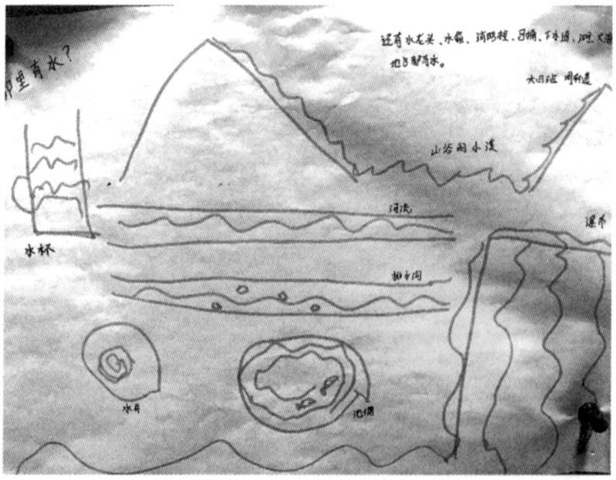

图 4-19　水在山谷、水井、瀑布里

图 4-20　水在马桶、花洒里

教师的思考

图 4-21　蔬菜里也有水

“还有哪些地方有水呢?”这是孩子们自发产生的问题,也正因为如此,孩子们保持着长时间的探究兴趣。通过持续的观察、讨论和记录,孩子们发现水并不仅仅出现在水龙头里,而是会出现在许多地方。观察前期,孩子们商量制订了初步的观察计划,决定在家、幼儿园和小区三个地方观察。孩子们非常热衷于将自己“特别的”发现与同伴进行分享,如动植物体内也有水。然而对于蔬菜中有水,部分幼儿并不认同。争论无果之下,他们讨论后拿出了有力证据,他们用蔬菜榨汁机证明了蔬菜里是有水的。

在整个活动中,幼儿努力探索,就与同伴之间认知上的不同展开交流。确凿的事实、自然的沟通,无形中让孩子们养成了科学的态度,而不止于面红耳赤的争论。对此,我们非常重视和尊重幼儿的自主性,我们鼓励他们探究自己想要了解的问题;当幼儿因调查结果出现分歧时,我们更支持他们通过“找证据”证明自己的想法。

2. 探秘水厂里的水

午餐后孩子们聚在一起聊天。欢欢说:“告诉你们噢,水龙头里的水是从自来水厂流过来的。”媛媛问:“那自来水厂的水哪来的呀?”文文说:“肯定是河里、江里的呀!”丽丽理直气壮地说:“你说得不对,河里、江里的水那么脏,哪能喝啊? 自来水厂里流出来的水都是干净的,所以一定不是河里、江里的。”文文急忙辩解说:“自来水厂的水是河里、江里的,我爸爸告诉我的,说自来水厂在长江里有取水口的,经过处理,水就干净啦!”丽丽不服气地说:“那你说说他们是怎么处理的。”文文脸红了,说:“这个我也不知道。”华华一拍脑袋:“好像是过滤吧! 过滤完脏水就能变干净啦!”是这样吗? 小朋友们决定自己来动手试一试。

(1) 滤水实验玩起来

【搜集材料】

窗纱、纱布、海绵、餐巾纸、沙子、小石子、泥土、捞小鱼的网子……哪些材料能过滤水呢？孩子们尽情想象并搜集起来。

【取水挑战】

过滤材料准备了这么多，可是用什么水过滤呢？

厚厚说："自来水可不行，因为已经过滤过了。"

图4-22　准备材料

图4-23　滤水实验

牛牛说："幼儿园门口养乌龟和小鱼的池水怎么样？"这个提议立刻得到了大家的认可。

来到幼儿园门口，孩子们发现自己离水面有一定的距离，直接去打水似乎有危险。一不小心掉下去怎么办？几个小伙子凑在一起叽叽喳喳一番之后，宣布分头行动：几个人回到班里在美工区找来绳子，几个人到幼儿园的玩沙区拿来小桶，还有几个人找来了棍子和竹竿……他们先用竹竿挑着小桶去打水。但是当小桶里有了水，竹竿会变弯，然后小桶从竿子上滑落，桶翻了，他们打水很快就失败了。

乐乐提出："还不如直接把绳子拴在小桶把子上，就像和爸爸妈妈去农家乐玩打井水一样。"大家一听有道理，说干就干。他们把绳子拴在了小桶的把手上，还用手拽一拽，检查是否结实，然后才把小桶放入水池去打水。这时，他们发现问题又来了，小桶放下去后，怎么也沉不下去。孩子们打不上来水，真着急。试了很多遍后，有的孩子发现水桶口倾斜扔下去时，可以打到水；有的孩子发现让水桶在水面左右摇晃，不一会儿也能沉下去打到水……有了这些发现后，孩子们不一会儿就打好了实验用水。

但是，他们观察发现，打上来的水还不够脏，如果用这个水做实验，恐怕很难看出实验效果。小琪说："池底的水应该比较脏，因为小乌龟从池底游上来的时候，往上漂的就是池底的脏东西。"孩子们决定打捞池底的水，他们试着用小水桶在水底晃动，但没什么效果。牛牛想起来："我们晨间锻炼的时候，有玩具掉到池塘里，汪爷爷会用一根一端有网子的长竹竿帮我们捞玩具，这个长竹竿可以沉到池塘底，把底下的泥搅上来，那应该够脏。"小郎一听，飞快地跑去找汪爷爷借来竹竿，还说："我力气大，我来搅，等我把水底下的脏水搅上来，你们赶快打水。"孩子们依言行动起来。果然，这次打上来的水比较脏，孩子们很满意，带着自己的"战果"回班去做实验了。

【过滤实验】

孩子们用搜集的材料一一尝试，他们发现：

泥巴会混到水里，所以不能起到过滤的作用，而且会使水更脏。

捞小鱼的网子、窗纱等因为洞洞比较大，只能过滤掉水中的小树叶之类的杂质。

餐巾纸、纱布、海绵、小石子、沙子，都能起到一点净化水的作用。餐巾纸容易烂，一烂就不能净化水了。

图 4－24　多次尝试

……

另外，多次过滤后，水的净化效果会更好。

家长们看了实验结果和孩子们一样惊喜，他们没有想到孩子们真的可以自己动手净化水，探究的欲望也被激发起来，家长和孩子们一起查找资料，一起准备了更专业的过滤水的实验材料，放到班级的科学区域。小淳爸爸还特意告诉我，他们家里有显微镜和一些玻片，可以带来给孩子们观察放大的水，而且小淳会使用显微镜，可以教小伙伴怎么使用。

图 4－25　认真记录

图 4－26　科学区里再探索

教师的思考

这次探索活动，完全是孩子自己提出方案，自己准备实验材料，并以个体或小团队的形式完成了实验过程。实验结束后，他们用绘画的形式记录下通过观察、探索得到的结论。一开始，每个孩子都能大胆提出自己的想法，但过程中又能听取他人意见，沟通或协商，和同伴达成一致。孩子们的合作意识与合作能力有明显的提升，在教师看来，这比他们获得的实验结果更为重要。也正因为如此，自始至终教师没有直接“介入”，而是鼓励幼儿自己商议，建议他们将实验过程一一记录下来，并鼓励他们将实验记录进行归类、对比，从而对观察到的实验结果进行整理和归纳。最终孩子们在自主操作中了解了事情的真相。

(2) 水管运水玩起来

滤水活动使幼儿具备了相关的知识经验，他们了解到江河里的水在自来水厂变成了家庭的日常用水。但是自来水厂又是怎么把水送到千家万户的呢？孩子们又讨论起来：

“我知道，我知道，是用水管。”

“我同意，水是从水龙头里出来的，水龙头是连接着水管的，所以自来水厂就是通过水管把水送给我们用的。”

“我在科技馆里看到过水管。”

“对对对，我也看到过。”孩子们都附和道。

孩子们来到科技馆。他们看到墙上曲折的水管，还连接着很多的开关，非常好奇为什么要装这么多的开关。科技馆的张老师笑着说：“你们接些水倒下去试一试，扭一扭开关，看看有什么发现。”

孩子们担心看不清楚水的流向，就向老师要了一些颜料，掺在水里便于观察。他们发现水流到某一个有开关的地方时，就不流动了，当把开关打开后，水又能继续流动了。这样，他们不断地调整开关，水就像走迷宫的孩子一样，顺利地抵达了他们预期会接到水的小桶里。他们还发现，当水流到某一截水管的时候，会有小水滴渗出来，不一会儿，地上就会出现一小摊水。探索的孩子看了看老师，好像在问：“漏水啦，怎么办呀？”张老师说：“你觉得可以怎么办呢？”孩子想了想，把漏水点前一截水管的开关关上，水改变了方向，但还是流到了最下面的水龙头里。

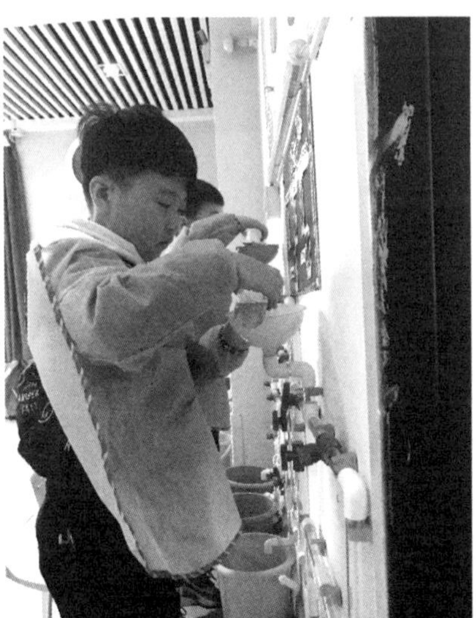

图 4－27　科技馆里的水流游戏

图 4－28　水的流动

(3) 活动后花絮

在活动过程中孩子们逐步萌生出保护水资源、防止水污染的想法，对发生在身边的水污染做了调查，并附上自己的想法。很明显他们已经充分理解了水对于人们生活的重要性。同时，他们提出了更多的问题。

如果没有足够的水，会发生什么问题？

我们要怎样做才能节约水呢？

……

我们感受到了孩子们敏锐的观察力、超乎想象的表述能力和保护环境的热切愿望。

图 4-29　保护环境，人人有责

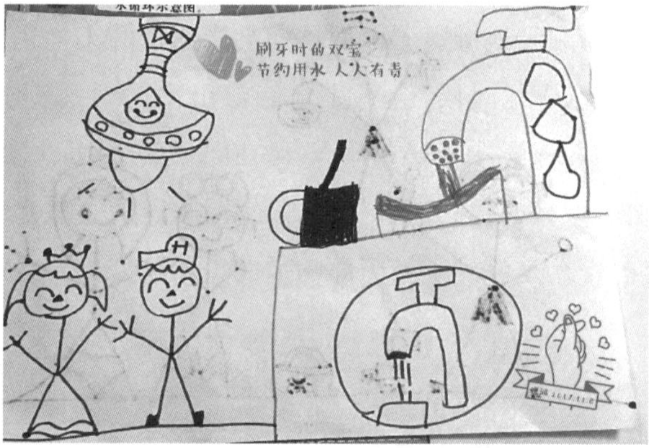

图 4-30　节约用水，人人有责

第一次课程审议

家庭、幼儿园、社区有丰富的水资源，给幼儿带来很多探究、学习、体验的契机。在前期的活动中，调查成为幼儿探究水的基本方法，他们通过调查、讨论、记录发现水的确是无处不在的，是生活中非常重要的必需品，甚至有的孩子通过自己的调查了解到对于人类的生命来说，水比食物还要重要。在做净化水的实验过程中，从准备材料到做实验、做记录的整个过程，都充分体现了幼儿的自主性，这也让幼儿懂得了成功离不开反复的尝试。

幼儿在探究水管和开关的秘密时，通过自己动手操作，感受到水是怎样从自来水厂传送到千家万户的，感受到开关在这个过程中的重要性，也明白了当出现漏水事故的时候自己应该怎么处理……幼儿为自己解决了一个又一个的小问题而感到开心。教师非常珍视幼儿经验的独特性，在活动前能组织孩子们讨论，从不直接肯定或否定他们的想法，而是鼓励他们利用博物馆资源，自己动手操作验证，从而获得经验。

在下一阶段的活动中，教师可支持幼儿进一步深入了解水的作用或特性。要强调的是，教师要继续保持在上一阶段中支持幼儿自主探究的态度和做法。

(二) 不可缺少的水

水有哪些用途呢？让我们听听孩子们是怎么说的吧！

朗朗："水可以喝，人就要多喝水，我爸爸告诉我，人的身体里有 70%都是水分。"

小迪："小动物们和植物也要喝水，不然他们就会渴死啦。"

木子："水可以烧汤，可以烧稀饭。"

心妍："水可以洗东西，可以洗手、刷牙、漱口、洗澡和洗头，可以洗碗、洗筷子、洗杯子、洗菜、洗衣服。"

一诺："水可以冲马桶。水可以灌热水袋，拖地的时候也需要水。"

阿宝："海里有浪的时候可以冲浪，温泉池子里的水很温暖，很舒服，我们可以在里面泡一泡。"

小旭："游泳池里有许多水，我可以去游泳。"

小宇："水可以养鱼、小乌龟、泥鳅。水可以做实验，水还可以让船漂起来。水可以灭火。"

……

不了解不知道，原来孩子们对于水的用途有这么丰富的经验储备。其中，孩子们感受最深的，则是和水一起做游戏。

图 4-31 海底世界真漂亮

图 4-32 划船好开心

图 4-33 哇！下雪了

图 4-34 游泳去咯

图 4-35 我们打水仗

图 4-36 欢乐的冰上世界

夏天可以去海边冲浪、游泳，冬天可以滑雪、打雪仗、看冰雕、玩冰上滑车、堆雪人……这些是他们生活中经常接触的，喜欢去玩儿、愿意去做的，在后期的儿童剧剧本创作中，孩子们将这些素材都创编到了剧本中。

那水还有哪些我们现在不知道的特性呢？这个问题，引起了孩子们的思考。

1. 水的沉浮

科学实验区里有一些盆盆罐罐，孩子们可以自己接水做实验。一次区域游戏时间，小赫和小洋接了一盆水，又从各个游戏区域里收集了五花八门的材料。两人把这些材料一个个投放进盆里，观察这些东西在水里的状况，他们的实验吸引了不少孩子们过来围观。

小伙伴们让他们把各种材料放到盆里，并七嘴八舌地猜测着。小赫和小洋说：“别着急，别着急，我们这里有观察记录单，每样东西放下去它是沉还是浮，我们都做了记录的。”“你们先别忙着说，等到最后看看我们的实验记录，对照一下，不就知道你们猜的对不对了吗？”

图 4－37　沉浮小实验

图 4－38　小洋的沉浮观察记录一

图 4－39　小洋的沉浮观察记录二

图4-40　小赫的沉浮观察记录一

图4-41　小赫的沉浮观察记录二

教师的思考

两个孩子第一次做沉浮记录的时候，都是画了一个盆，然后把他们观察到的东西按上升或是下降画在水盆的上面或是下面，小洋还画了上升和下沉的指示符号。后来他们发现，这样的记录既画不下所有的实验材料，也不能清楚地表达材料是上浮或是下沉，于是两人就把记录表进行了改动，将浮在水面，悬在水中和沉在水底这三种现象分类记录下来，并做上相应的标记，这样便于与同伴分享实验结果。他们设计的上升、悬浮、下沉的标记也很有意思、各有特色。小赫用三道短波浪线表示水，用小圆圈表示物体，用小圆圈在三道波浪线的上面表示物体会浮在水的表面，在三道波浪线的中间表示物体会悬浮在水的中间，在三道波浪线的下面表示物体会沉在水底。小洋用朝上、朝下的箭头表示物体浮在水面和沉在水底，用横线上加一个小圆圈表示物体会悬浮在水中。这两个孩子通过自己的思考，将记录结果用大家都能看得懂的形式画下来，自己也很有成就感。这里，我们看到了孩子们自主学习的能力！

接着，我们又抛出问题“水还有哪些我们现在不知道的本领呢？”以促使孩子们深入探究学习。同时，我们让这两个孩子与大家分享了观察、记录的经验，以培养孩子们自主学习的意识，提升自主学习的能力。

2. 水的皮肤

图 4-42　水面上的小虫子

做实验的时候，孩子们经常会不小心把水洒到桌面上。一次，木子注意到：水洒到桌子上后经常还保持着水珠的状态，就好像有一层东西把它裹住了。旁边的小楠说："我知道，我在一本书上看到说水是有一层皮肤的。"吉朗一拍脑袋，恍然大悟地说："对呀，我去幼儿园的小池塘看小鱼、小乌龟的时候，发现在水面上有一些小虫子，它们可以在水面上爬来爬去，它们的脚不会沾上水也不会陷到水下面去，就是因为他们站在水的皮肤上吧。"可馨这时插嘴说："对呀，我看到《水的奥秘》那本书上就介绍了一个实验，可以试一试水的皮肤有多厉害。"孩子们激动起来，立刻找仇老师要实验材料。

孩子们要了几个硬币，比谁在硬币上滴的小水滴最多。比赛完，他们说小水滴太厉害了，原来以为滴个三四滴后水滴就会散掉，结果有一个硬币上滴了二十几滴呢！此后，孩子们每天都忍不住到科学区去试一试。

图 4-43　硬币上的小水滴

3. 一个新发现

在做水的张力小实验的时候，金上贺发现滴管里滴出的水，经常是一颗圆滚滚的小水珠，不会散开，但是滴在擦桌子的抹布、餐巾纸上，水就立刻被吸进去了。他将自己的发现告诉了同伴，并找来了各种不同材质的纸做实验给他们看。在这个过程中，他们发现当水滴在泡沫纸、吹塑板上还是一颗小水滴；而滴在厚的纸板上，一开始会是小水滴，但慢慢地，水滴就会渗透到纸板里去；滴到餐巾纸上的水则会瞬间被吸到纸里去。大家对这个现象很好奇，又一个实验调查进入了科学区。

图 4－44　吸水的纸

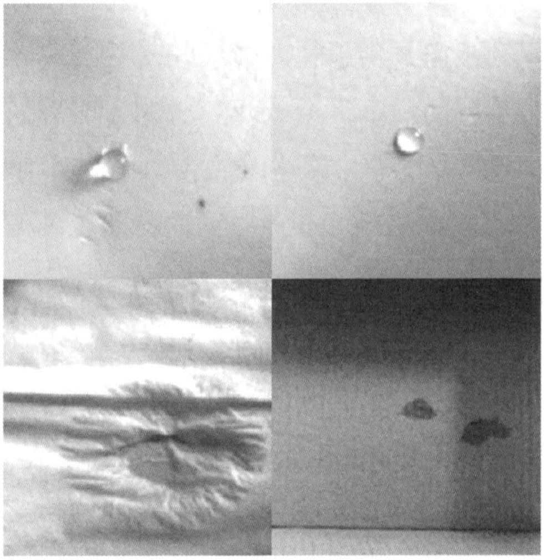

图 4－45　新发现

教师的思考

这一系列新增长的经验，同样是孩子们主动探究得来的。在这个主题中，让我们特别高兴的是，他们有着强烈的探究欲望，乐于尝试，很善于在活动中“意外”捕捉一些新的问题，进行再探究。面对孩子提出的各种问题，我们提醒自己要懂得尊重孩子，要鼓励和支持孩子们自主探究和表达。当孩子们关注到水的张力这个问题时，教师就及时和孩子共同去寻找尽可能多的实验材料。通过在硬币、在不同材质的纸上进行滴水实验，他们的观察更丰富、更全面，从而能更好地进行比较和验证，获得更完整的经验。此外，借助图书资源自主解决疑问也是孩子们在这个阶段出现的新经验，比如看着《水的奥秘》做各种实验成为他们乐此不疲的事情。而学习共同体的建构也是我们着力关注的事情，我们鼓励孩子们与同伴分享经验，或从同伴的分享中吸取新经验，从而形成更丰富完整的经验。

4. 水的力量

水的力量

下面是孩子们做实验的对话。

小珩："厚厚，为什么我把这个瓶子压下去，手上却觉得这个瓶子想浮上来呢？"

厚厚："那你松手看看会怎么样！"

小珩："我一松手，它肯定会浮上来啊。"

厚厚："没关系，你松手试试看，它有可能浮上来但也有可能浮不上来。老师不是跟我们说过的吗？光猜测不准，要验证！"

厚厚话音未落，小珩将手一松，矿泉水瓶迅速从水里窜了上来，厚厚愣住了。

小珩说："你看，瓶子不是弹上来了吗？我说对了。"

厚厚："那它为什么会弹上来呢？是不是水把它推上来的呢？"

他们的实验吸引了另外几个孩子的注意，小旭煞有介事地说："这是水的力量！是水把瓶子推上来的。"小珩补充说："因为空的矿泉水瓶子比较轻，所以水能够很容易地把它推上来。"

而小旭又提出了新的疑问："为什么把瓶子压下去的时候感觉罐子里的水变多了？还有，怎么瓶子在水里的部分比在水面上的部分大呢？"

这几个问题可把几个孩子难住了。在游戏分享时，他们把这些问题抛给了大家，想求得大家的帮助。老师顺势把之前拍摄的发现这些问题过程的视频给全班的孩子看，再让他们进行讨论。有孩子观察后说："空瓶子放到水里以后把原来水的空间给占了，所以水就往上跑了，看起来是变多了。"这个孩子用自己的话解释了水不仅有浮力，同时也是需要空间的。"难题"

就在大家的“头脑风暴”中得到了解决。

图 4－46　水的力量小实验

5. 水上乐园

孩子们最近常说的一句话就是“水太好玩了”。他们不约而同地提到了水上乐园。他们总是眉飞色舞地说:“每次去都不想出来。”于是他们计划在建构区搭建水上乐园。

他们首先提出要搜集水上乐园的图片,贴在建构区供搭建时参考。在搭建前,进入建构区的孩子会先商量一下今天搭水上乐园的什么部分,然后分工合作。在搭建过程中他们反复遇到了一个问题,搭建水上滑梯平台的部分时,往往搭到第 4 层或第 5 层就会突然倒塌。

一开始,他们认为这是同伴不小心碰倒的。于是,他们约定,每一个进入建构区的人都要非常小心,搭建的时候,动作幅度不要太大,拿积木的时候动作也要慢一些,避免碰倒水上乐园。但是“倒塌事故”依然在发生。他们又考虑是不是进入的小伙伴太多了,于是他们减少了人数。然而,人数少了依然不能避免已经搭好的部分倒塌。这时他们开始寻找原因。经过反复地观察、搭建、讨论，他们发现最根本的问题是最底层支撑的柱子没有对齐，只要搭建的时候对齐柱子，受力平均了水上滑梯平台就不会再倒塌了。

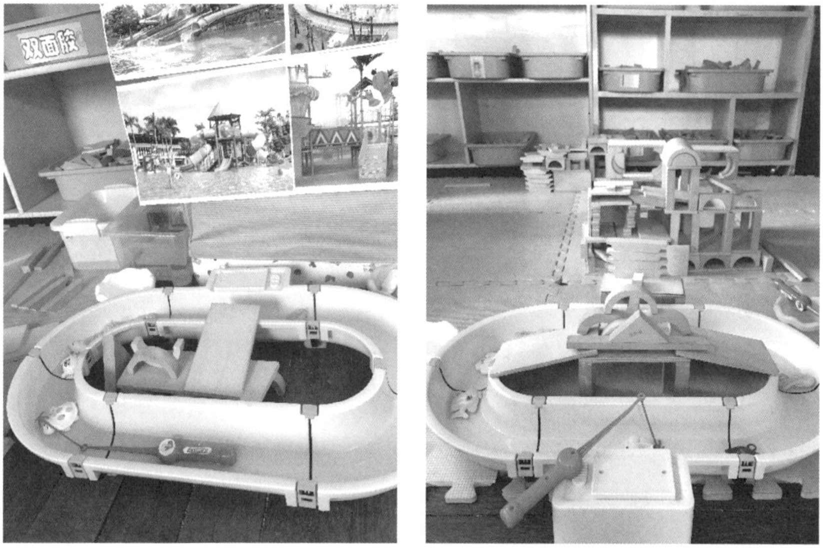

图 4－47　有趣的水上滑梯平台

图 4－48　“冰上乐园”完工啦！

教师的思考

亲身体验能让幼儿获得最为感性直观的经验，这在“水的力量”活动中体现得尤其明显。孩子们最初讨论瓶子在他们松手后会不会浮上来的时候，他们说的是“浮上来”，而当他们操作时，手一松，他们感觉到瓶子是从水里“嗖”地一下就上来了，这时他们说瓶子“弹上来”了。在“浮”和“弹”的用字转换之间，反映出孩子们切实感受到了水的力量，并用语言精准地表达了出来。

亲身体验与操作还能让幼儿获得完整的经验。在建构区，孩子们准备搭建水上乐园时，首先想到收集水上乐园的图片，布置在建构区，为设计、建构水上乐园做参考，这反映出孩子们能自己寻找支持，为搭建水上乐园做经验上的准备。搭建中发生“坍塌事件”时，他们最初寻找外部的原因，都认为是“别人”造成的。但是，当他们努力控制了外部因素而实际问题并没有得到解决的时候，他们开始从自身寻找问题，这就是幼儿社会性发展的体现。在整个搭建中，幼儿经历了自主计划、寻找支持、主动实施、发现问题、查寻原因、检测效果、继续完善等一系列的探索过程，在这个过程中幼儿获得的经验是丰富的、完整的。

6. 小水滴真厉害

区域游戏后，小朋友们热烈交流着自己的发现。

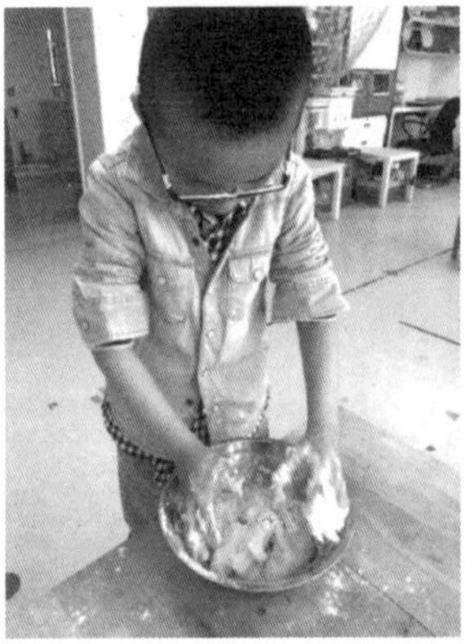

图 4－49　小宇："水可以让面粉变成面团。"

图 4－50　小宁："干干的泥土加入适量的水，可以做泥塑。"

美美："水还可以让亮晶晶的铁钉生锈。"

小阳："我还知道一个《滴水穿石》的故事！很久很久以前，在一个山洞里，小水滴滴到了石头上，石头开始没有什么变化。但是小水滴天天滴到石头上，石头上就有了一个小小的洞。小水滴再继续滴，一天天过去了，小水滴终于把石头滴穿了。"

听小阳说完，小伙伴们都是一副不可思议的表情，表示有些不敢相信。小阳来到老师身边说："老师老师，滴水穿石的故事是真的吗？"我就势讲述了这个寓言故事，小朋友们听得津津有味，情不自禁地说："哇，水真的能把石头滴穿，还能改变许多东西的样子，小水滴真厉害！"

第二次课程审议

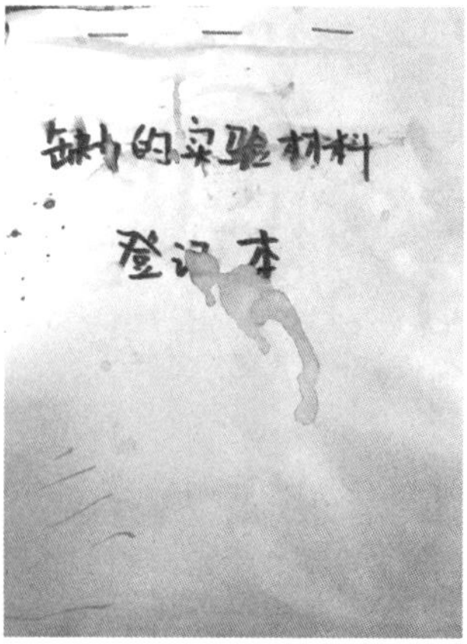

图 4－51　登记本

在幼儿园各类活动中，教师对幼儿的讨论、观察都给予了足够的关注，并鼓励幼儿自己寻找资源，运用已有经验解决问题。教师始终以鼓励者和学习伙伴的角色支持幼儿不断发现问题、不断自主解决问题，这使得幼儿自己琢磨出不少有趣的实验，积极地探索水的特性和作用。进行科学实验的过程中，孩子们自己发现材料还需要补充，一致要求增添一本"缺少的实验材料登记本"。从登记本封面上的水迹，我们就可以看出孩子们在做水实验的时候，发现缺少材料立刻就翻开登记本进行记录。大家会在区域游戏中交流和准备登记本上的实验材料。班上能找到的，就在班上解决；家里有的，孩子们会主动带来；实在有困难的，孩子们会主动请求老师或家长的支援。登记本的出现不仅使得实验材料更加丰富和完备，同时进一步提高了孩子们计划准备、开展实验的自主性。

很有趣的是，孩子们也发现登记本上的水把字变模糊了，他们说："这是水在变魔术呢！"教师可顺应孩子们的兴趣点开展接下来的系列活动。

(三)好玩的水魔术

1. 神秘的水汽

(1)盘子里的水不见了

有一天,几个孩子在给鱼缸添水,美美对旁边的小朋友说:“前两天我看见鱼缸里的水还挺多的呢,今天怎么又要给小金鱼添水了呢?”圆圆说:“一定是被小金鱼喝掉了。”依依说:“不对,不对,水是被太阳晒蒸发啦。”两人争执不下,谁也说服不了谁,就去美术区找了一个小盘子,装上水以后还标了一个刻度。然后他们把这个小盘子放在窗户边能晒到太阳的地方,下午观察的时候发现水变少了,就又标了一个刻度。第二天两个小朋友相约来到窗户边,发现盘子里的水彻底没有了。依依很开心地说:“看,这里没有小金鱼喝水,水也不见了。所以呀,水就是被太阳晒蒸发啦。”

图 4-52 盘子里的水不见了

关于水汽的实验引起了孩子们浓郁的兴趣,他们不仅在幼儿园做实验,还回家跟爸爸妈妈一起做,并且将自己做实验的过程让爸爸妈妈录制下来,带来幼儿园分享。孩子们实验的过程各不相同,我们来看看其中两个幼儿的实验吧。

(2)镜面上的水汽

镜面上的水汽

小宁首先介绍了他准备的实验材料,有人体温度计、镜子、不锈钢盆,并告诉我们温度计是实验的时候测量水的温度的,不锈钢盆里装了半盆刚从炉子上取下的热水。他又继续介绍实验步骤:第一步,将小镜子放到水面上,慢慢地就会有水汽浮现在镜面上,这时拿出温度计量一下水的温度,是 43 摄氏度。

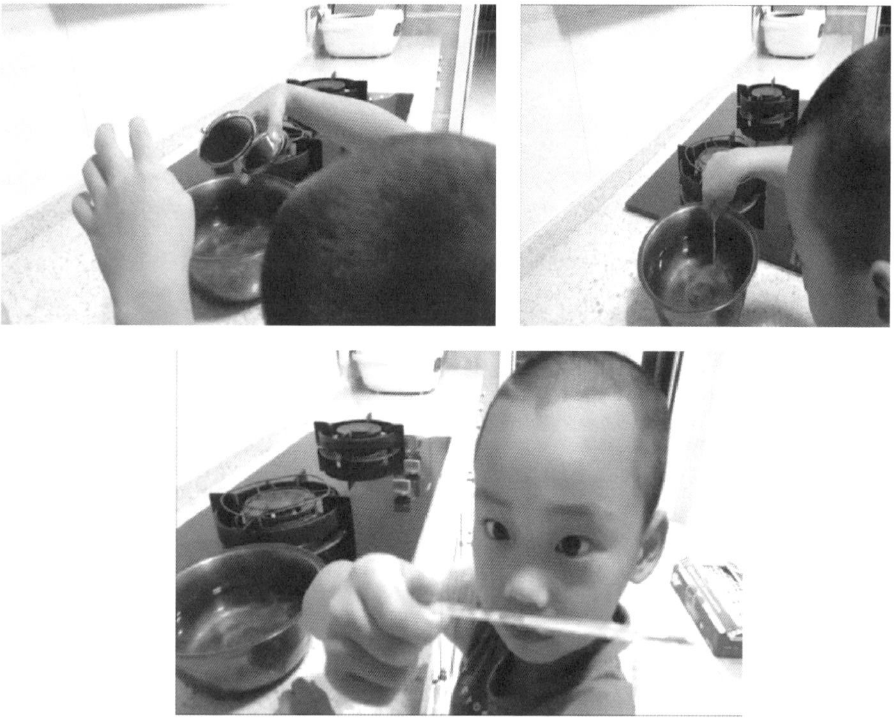

图 4 - 53　测量镜面上水汽的温度

(3) 锅里冒出的水汽

锅里冒出的水汽

小禛先介绍了他准备的小半锅水和一个食品温度计。然后，他用燃气灶加热锅里的水，接着把食品温度计放进锅里，发现温度不断提高，再盖上玻璃锅盖观察水蒸气的产生，等到锅盖上有水蒸气又看了一下食品温度计，当锅里的水沸腾的时候，又测量了此时锅里的温度，而此时炉火还在加热，视频中食品温度计的数字不断升高，一直达到 100 摄氏度。这时，小禛指着温度计上的数字说："达到这个温度的时候，会出现大量的水蒸气。"

图 4－54　测量锅里冒出的水汽温度

(4) PK 交流会

这两段视频在班上播放以后，引起了大家新一轮讨论，他们提出了很多疑问。首先，大家认为小宁用镜子来观察水蒸气是否形成的方法非常好，因为小镜子可以贴近水面，便于及时观察到水蒸气的产生。但对于小宁提出的“水蒸气是在 43 摄氏度的时候产生的”这一观点提出质疑，说水蒸气也可能在更低温度的时候产生。对小禛的实验，大家觉得小禛的实验方法不科学，小禛是把装了水的锅直接放在煤气灶上加热，用眼睛观察是否产生水蒸气，当看到水蒸气后才用温度计去测量，这时温度计的数字不断地在变化，一直往上升。所以，小宁、小禛的观察结果不准确。

最后孩子们统一了意见，他们认为这两个小朋友的实验过程，如果能综合一下就更好了。下面是他们整理的实验过程。

步骤一：把装了水的锅放在煤气灶上加热。

步骤二：拿一面小镜子斜放在锅上。

步骤三：当镜子上出现水蒸气的时候立刻关火。

步骤四：测量并记录下这时候水的温度。

自从我们开展水的系列研究活动以来，孩子们在日常生活中但凡发现一点与水有关的蛛丝马迹，都会拍照或是在班级讨论与同伴进行分享，看看小朋友们日常观察到的霜、雪、冰、汽吧。

图 4－55　车玻璃上的霜

图 4－56　草地上的霜

图 4－57　下雪啦，真开心

图 4－58　小池塘结冰啦

图 4－59　暖气跑出来啦

孩子们说：水是一个魔术师，能变来变去，变出来的冰、雪、霜、汽、都是那么有趣，那么神奇！

教师的思考

在这个阶段的活动中，教师惊喜地发现孩子们对自己感兴趣的问题总是能刨根问底。养殖区里一个偶然的发现——水不见了，就引发了他们各种不同的猜测，其中部分孩子认为水是被太阳的热量蒸发了，那么水蒸气是什么样子的？水在多少摄氏度的时候会变成水蒸气呢？这些想法很有价值，教师很支持他们去探索。但在幼儿园操作存在一定的安全隐患，家庭资源被适时利用。当教师把这个信息发布在家长群中，家长们非常感兴趣，对这个实验也很有探究欲望，乐意和孩子共同完成这个实验。在这个过程中，教师都是以观察者的身份，关注幼儿的经验走向。这一系列的活动操作性强，每个孩子都参与其中。由于孩子们探究的能力、观察的角度不同，因此每个孩子得到的经验也都各有不同，也正因为如此，集体讨论环节中孩子们交流分享、各抒己见、相互启发，共同体验到经验的积累和科学思考的快乐。同时，通过讨论，他们能自己修改总结新的实验流程，使得实验数据的准确性有了提高。教师还观察到孩子们在实验中培养了科学的思维方式，通过不断尝试，对科学实验中所使用的观察、预测、比较等方法也越来越熟练，既体会到科学实验的不易，也体会到科学活动的严谨性和成功后的喜悦。

2. 瓶子里的云

瓶子里的云

(1) 瓶子里怎么可能有云？

在完成“神秘的水汽”实验后，孩子们对实验有了更浓厚的兴趣。一天饭后，孩子们正在自由阅读，依依跑来对我说：“老师，你看这本书上有一个实验特别有意思，叫‘瓶子里的云’。”“瓶子里的云？”周围的小朋友听到都好奇地围了过来，议论纷纷：“云不是在天上吗？瓶子里怎么能有云啊？”依依说：“这本书里说可以有，而且是用水变成的哦。”孩子们立刻来了兴趣：“那我们来试试吧！”

（2）准备制云材料

说干就干！孩子们看着书小声地议论着：

“需要一个玻璃瓶子，这个我们科学实验区有。”

“还要滚烫滚烫的水呢。”

“这个我们请老师帮忙吧。”

“还要冰块？”

“这个简单！外面还有没化的雪呢，都已经冻得硬邦邦了，我去弄！”

“锡纸？锡纸是什么东西呀？”

“我觉得这个锡纸就是美术馆里做小纸人的那种东西呀。我们去美术馆问问汪老师吧。”

几个孩子来到美术馆。汪老师说：“锡纸我有啊，你们要干什么呀？”“我们要用锡纸包冰块儿。”汪老师说：“我这儿的锡纸都是细长条，包不了冰块儿。你们可以去生活馆看看。”孩子们又来到生活馆，生活馆的老师很爽快地给了他们一大张锡纸。

（3）制云实验一波三折

材料齐了，孩子们开始动手制云啦！一开始，他们用锡纸包着冰块儿横放在瓶盖上。在实验过程中水不停地往下滴。圆圆担心地说：“这实验还没有做完，冰块儿可能就全化了，水全滴完啦。”小宇赞同：“那我们用一张更大的锡纸把它包起来吧。这样冰块就算融化，水也不会滴到外面了。”于是他们就用更大的锡纸把冰块包好，竖着放在瓶盖上。接着，他们发现竖放虽然比横放水滴得少，但仍然有水渗出，于是他们又努力把锡纸的缝隙捏紧，他们说这下水肯定渗得更少了。

图 4－60　冰块用锡纸包住横放

图 4－61　冰块用锡纸包住竖放

图 4－62　冰块用锡纸包紧竖放

在这个实验中，孩子们始终没有看到瓶子里的云，而是看到瓶子里面“下雨了”。他们连着做了两次，结果都是一样的。孩子们很不甘心，提出回家后和爸爸妈妈一起再做一做这个实验。这个提议得到了全班孩子的赞同。

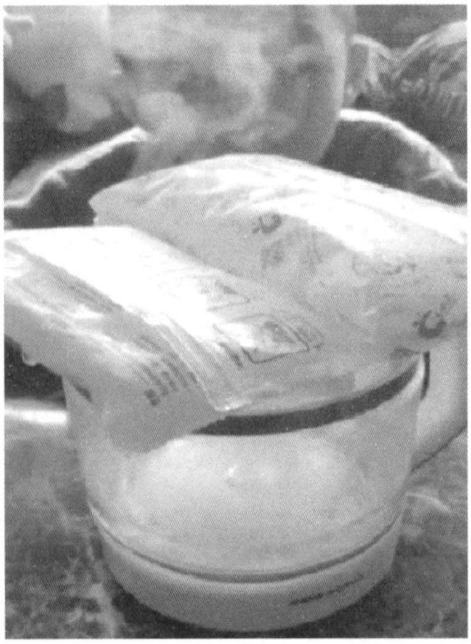
图 4－63　家长与小朋友共同实验成功

晚上，小纯爸爸发了实验成功的视频，班级群里立刻沸腾了。孩子们看到瓶子中的云，有的说：“瓶子里的云好像棉花糖呀。”有的说：“好想抓一把吃掉。”群里很多家长问：“这个实验你们是怎么做成功的呀?”小纯爸爸详细述说了和孩子共同做实验的过程。他说实验中特别要注意尽量在封闭空间里制造大的温差，首先底部要持续加温，所以他们把倒热水的步骤改成了用电热水壶持续加热。其次金属瓶盖要足够冰，所以瓶盖里的橡胶垫层要去掉，这样就会有云出现了。

图 4－64　实验成功后，家长在微信群里分享经验

教师的思考

这个实验是孩子们自己在书上看到的，他们非常渴望能变出平时在天空中的、只能遥望的“云”，甚至渴望能直接触摸。这种渴望激发着他们兴冲冲地去探索。然而多次实验未能成功，很是遗憾。因为这个实验是偶发的，教师的经验储备也不足，所以无法为他们提供更好的指导，而家长们具备各种专业素养，可以借助家庭资源的力量，使其成为班本活动课程的有力支撑。同时教师认为，实验的“失败”对于孩子的成长是有其独特的价值的。科学实验除了让孩子们获得科学经验方面的价值之外，养成一种遇到困难能够坚持、不轻言放弃的品质外，更能让其终身受益。也正因为如此，当孩子们提出回家继续尝试的时候，教师非常支持。当孩子们通过视频看到小纯在爸爸的帮助下实验成功的时候，都兴奋地大喊起来。而成功完成这个

实验的小纯更是激动地利用视频向同伴介绍完成这个实验的诀窍。

3. 神奇的浮水画

今天从美术馆回来的孩子显得特别兴奋，他们一回来就迫不及待告诉同伴“重大发现”：汪老师准备了一盆水，往里面滴颜料，颜料会浮在水面上，用小棍子拨一拨弄一弄，颜料也没有沉下去，这时候拿一张纸轻轻地盖上去，再轻轻地拿起来，一幅很好看的画就出现啦。听了他们的介绍，其他孩子觉得很神奇，他们感叹：“哇！还可以这样画画啊！真是太好玩了，我们也想玩！”

他们不仅好奇浮水画的制作过程，还好奇滴到水里的颜料为什么不会沉下去。在自己想不出原因的情况下，他们去问了汪老师。汪老师给他们介绍：盆里的水是特制的，是混合了黏稠剂的一种液体，这种液体能让水和油性颜料分层，让它们相互之间无法相融，浮水画正是利用了水油分离的原理。

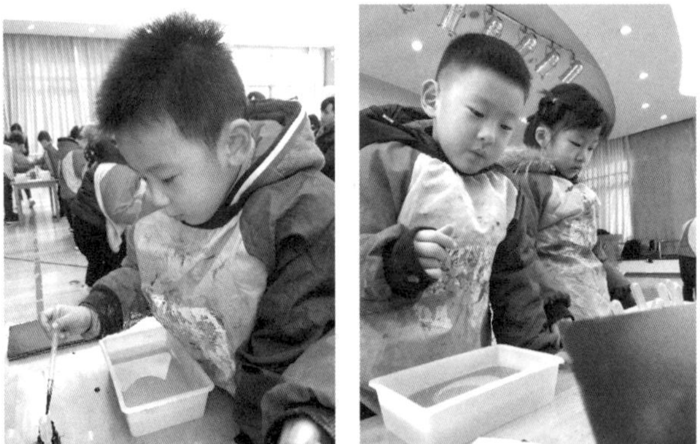

图 4－65　孩子们创作浮水画

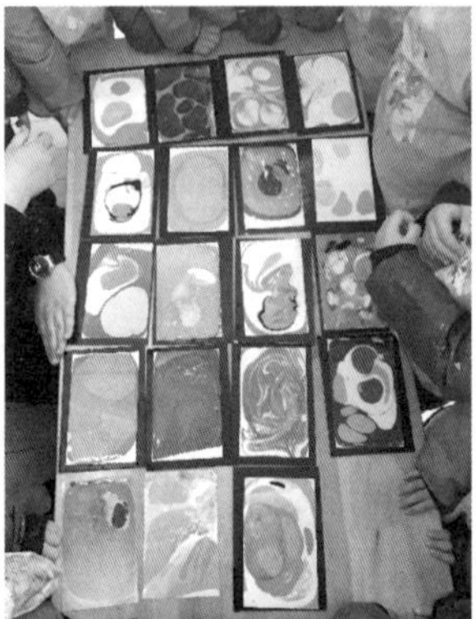

图 4－66　孩子们的浮水画作品

“可是水油分离又是什么呢?”因为孩子们的这个疑问，我们的实验区又多了一项实验内容。

4. 有趣的泡泡水

科技馆的混龄自选活动又开始了，小珩带着一个小班的弟弟玩泡泡水游戏。小弟弟兴奋地用形状各异的泡泡器在盘子里蘸水、拉泡泡……玩了一会儿，小弟弟跑到旁边的玩水池，用泡泡器蘸水、拉泡泡……

图 4－67　水油分离小实验经验分享

图 4－68　有趣的泡泡水

“咦？怎么没有泡泡呢？”小弟弟拉着小珩着急地问。

小珩说：“这里面的水不是泡泡水，当然拉不出来。”

小弟弟问：“什么是泡泡水呀？”

小珩答：“就是用肥皂和洗衣粉做的水呗。”

小弟弟紧跟着要求：“那你帮我做一瓶吧。”

小珩开始忙活起来。他找到了洗衣粉，加上水搅一搅，用泡泡器醮一醮，拎起来却什么也没有。小珩问科技馆的张老师：“我做的泡泡水为什么弄不出泡泡来？”

张老师说每种材料放多少都是很有讲究的，你可以试一试、记一记，看看怎样能成功。

这之后的几天，小珩都到科技馆报到，制作泡泡水成了他的每日必修课。平时，小珩还不停地与同伴商量泡泡水的制作方法，还发动小伙伴在班上用各种材料研制泡泡水。通过查阅资料和反复试验，他们发现用胶水、水、洗洁精、洗手液按 1∶4∶2∶2 的配比配出来的泡泡水效果最好。

教师的思考

博物馆是我园重要的课程资源，在这里，不仅有具备专业素养的博物馆专职教师，还有混龄活动时不同年龄段孩子经验的互动与激发，孩子在这里会思考更多的问题，这些问题就是引发他们不断探索的契机。活动中无论是博物馆的教师还是我们自己都本着“在自主探究中成长”的原则，不急于告知幼儿答案，而是通过提供丰富的材料启发幼儿动手操作，在实验中寻找答案。活动中，教师多以观察者的身份出现，以协商、引领的态度鼓励幼儿大胆探索、相互学习，支持幼儿在动手操作、同伴互助、师生互动中提升自己的科学观察、理解能力。此外，我们连环式的追问也是促使幼儿在活动中积极动手、不断探索的有效策略。如当有孩子发现水油分离这个现象时，教师追问：“如果在装有水和油的杯子里搅一搅，又会怎么样呢？”孩子在教师的不断追问下，通过自己的实验、观察和记录又有了很多新的发现。

5. 水的音乐会

科学区里的瓶瓶罐罐很多，在装水做实验的过程中，难免会发生碰撞。小成和几个小伙伴偶然发现，玻璃杯里水的多少影响玻璃杯被敲击时发出的声音。当他们把这个发现与其他小朋友们分享后，大家想办法找来了许多相同的玻璃杯，并装上不同量的水。孩子们每天敲敲打打，还及时记录，琢磨着怎样才能击打出更好听的音乐。渐渐地，他们发现，装水少的杯子发出的声音低，水装得越多，敲击时发出的声音就越高。在学过钢琴的小朋友提议下，他们甚至把杯子搬到了钢琴边，一边弹钢琴一边调整杯子里水的多少以调试音高，演奏自己学过的歌曲，忙得不亦乐乎。

图 4－69　水的音乐会

第三次课程审议

这个阶段的活动让我们感受到孩子们一种高昂的兴致、一种对课程深入探索的渴求，这种激情不仅感动了教师，也感染了家长，让家长在主题活动中的融入度更高了，整个班级洋溢着浓郁的科学探究的氛围。家长们不仅找机会亲身来班上参与活动，还利用班级微信群、幼儿园微信公众号等平台随时了解活动进展，并以上传照片、视频等方式参与活动。尤其当孩子们和教师遇到实验失败且百思不得其解的情况，家长主动参与进来，帮助孩子们分析实验失败的原因，寻找解决问题的方法。这些都让教师体会到，每一个家庭都是课程的优质资源。在原来的课程中，教师更多地占据了主导地位，"安排"家长配合幼儿园的工作，家长相对比较"被动"，并没有深度介入课程中。但是在这次活动中，家长自觉地"卷入"课程中，家长和教师真正建构起一种平等、互助、合作的伙伴关系，这为课程下一步的推进和生成创设了良好的文化环境。同时我们也看到，孩子们通过前阶段的系列探究活动已积累了关于水的丰富的经验，接下来教师应考虑如何支持幼儿用更多元的方式表征已有经验，而不仅局限于书面的记录，这也是支持幼儿丰富和完善经验的一种有效策略。

（四）当科学遇见戏剧

几个孩子在图书区一边翻看着《水先生的旅程》，一边交谈着。

一诺说："水先生好开心啊，他可以到那么多地方去玩儿。"

小迪说："水先生好厉害呀，他可以做那么多的事。"

柴柴说："水先生真有意思，还可以变来变去呢。"

小成说："我好想当水先生呀！"

旁边的几个孩子立刻附和："好呀好呀，我们一起来演一个水先生的故事吧。"

"要表演就要有剧本呀！"

……

在孩子们的憧憬中，水先生的戏剧创作就要开始了。一起来看看孩子们创作的戏剧情节吧！

1. 我是戏剧大主创

(1) 水先生在春天里

图4－70　小旭的创作：春天来了，水先生给小树喝水，小鸟也来到了河边喝水，小鱼在水里开心地游来游去。

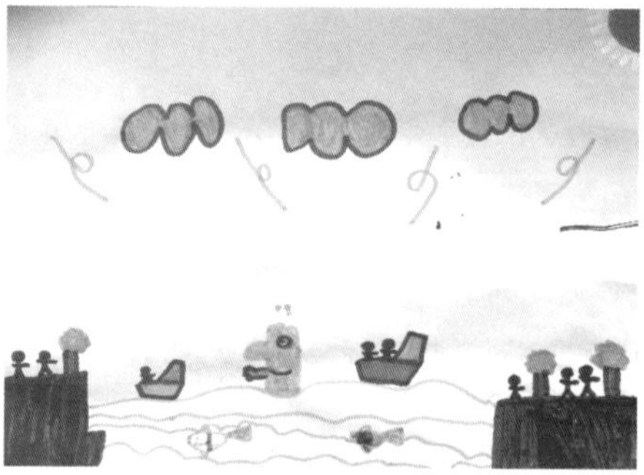

图4－71　牛牛的创作：水先生在河里看到一些帆船！帆船上面坐着人，水先生很高兴，就和他们一起玩起来。太阳越来越热了，水先生跑到天上变成云了。

(2) 水先生在夏天里

图4－72　宏宇的创作：夏天来啦！我和小朋友们一起在海水里玩耍。有的小朋友在游泳，有的小朋友在冲浪，我和水先生一起玩得特别开心。

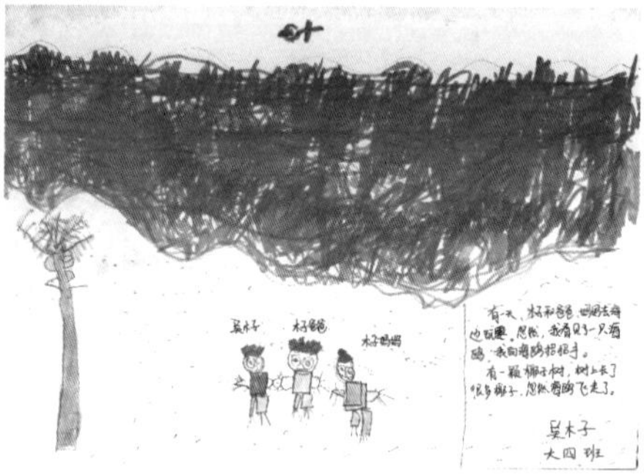

图4－73　木子的创作：有一天，我和爸爸妈妈去海边玩耍。忽然，我看见了一只海鸥，我向海鸥招招手。有一颗椰子树，树上长了很多椰子，忽然海鸥飞走了。

图 4-74　贺贺的创作：一天早晨水先生顺着河流进了地中海。海滩上好多人在玩耍，有的人在做沙雕，有的人在抓小虾，有的人用沙埋了自己的脚丫……水先生继续游到了海底，那是水先生的家。

图 4-75　洋洋的创作：下过雨后，天上出现了彩虹，水先生带着我和好朋友们一起在冲浪。玩得太开心了。

图 4-76　小罗的创作：水先生从贝壳里小心翼翼地拿出了珍珠，它刚好拿到了两颗珍珠。一个叫跳跳的小男孩儿看见了水先生，他很有礼貌地和水先生说："你好！"他们成为好朋友，在一起玩得很开心，水先生突然想起来，"我可以把这两颗珍珠送给跳跳。"于是他就把珍珠送给了跳跳，跳跳很开心。

(3) 水先生在秋天里

图 4-77　木子的创作：秋天，雨水先生可以帮助稻子解渴。

图 4-78　周之彧的创作：秋天到了，在农场里，水先生是一朵乌云，他下了很多雨，给花草、农作物浇了水，最后他还给农场的稻草人冲了一把澡。

图 4-79　小迪的创作：一个阳光灿烂的早上，水先生很早就起床了！它看到自己在一个稻田里，那里有很多很多的稻谷，他很开心。小稻子突然动了一下说话了："水先生你好啊，我是小稻子。"水先生说："我们能一起玩儿吗？"小稻子说："当然可以呀，可是我们玩什么呢？"水先生说："我们玩'石头剪刀布'吧。"他们玩得很开心。

图 4-80　东駬的创作：秋天庄稼成熟了，水先生在哪儿呀？水先生原来在一片小水塘里，水先生在帮庄稼喝水呢。鱼在水先生的怀抱里自由自在地游来游去。连奶牛都说："水先生啊水先生，你真好，谢谢你。"

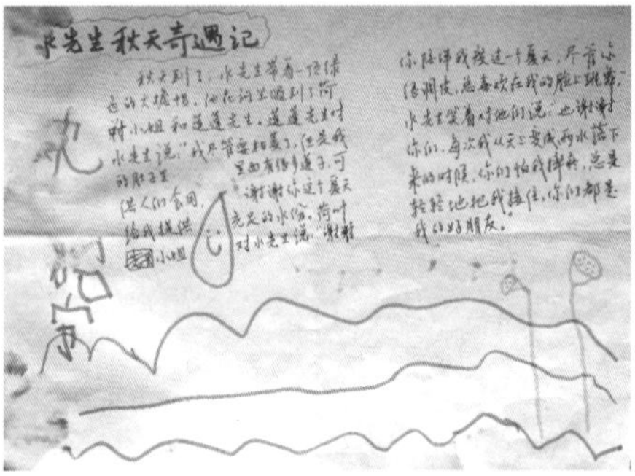

图 4-81　小宁的创作：秋天到了，水先生戴着一顶绿色的大檐帽，他在河里遇到了荷叶小姐和莲蓬先生。莲蓬先生对水先生说："我尽管要枯萎了，但是我肚子里有很多莲子，可以给人吃，谢谢你在这个夏天给我提供充足的水分。"荷叶小姐对水先生说："谢谢你陪伴我度过了一个夏天，尽管你很调皮，总喜欢在我的脸上跳舞。"水先生笑着对他们说："也谢谢你们，每次我变成雨水从天上落下来的时候你们怕我摔疼，总是轻轻地把我接住，你们都是我的好朋友。"

图 4-82　厚厚的创作：有一天水先生从大海里游到河里，它发现秋天好漂亮啊，到处是丰收的果实！水先生看到一棵柿子树，它感觉柿子一定很甜。它还看到一条石子小路和一个小屋。小屋门口有许多丰收的果实：有南瓜、苹果、樱桃，地上还有落叶。水先生想：如果我能待在陆地上多好呀！它又想：我是水也不错啊！我很自由！

(4) 水先生在冬天里

图 4-83　小禛的创作：下雪啦，下雪啦，雪花好漂亮，树上落了厚厚的一层雪，好开心哦，我们出去打雪仗吧。

图 4-84　牛牛的创作：雪人堆好啦，我们和它玩游戏吧，风好大呀，我们跳个舞吧。

图 4-85　小赫的创作：风呼呼地吹，雪花飘得到处都是，好美呀。

图 4-86　小泽的创作：好厚的雪呀，我们快来挖雪洞、打雪仗、玩躲猫猫吧。

教师的思考

水先生在冬天

戏剧是幼儿表达经验的一种方式，也是深化和丰富经验的一种途径。“十五”期间，我园就开展了戏剧教育的研究，积累了较多的经验，孩子们自然而然对戏剧元素也更敏感一些。因此，当孩子们想演水先生的时候，马上就想到要有一个剧本。可是剧本从哪儿来呢？孩子们很自然地提出可以自己写。当他们积累了厚厚一摞自编自画的剧本创作稿后，他们发现想演的东西实在是太多了：想演水在哪些地方，又想演水有哪些本领,还想演水有几种形态……但是孩子们也都认为儿童剧不能演那么长时间。于是,剧本内容的选择成为我们主题活动发展的下一个线索。我们把孩子们自编自画的剧本全部展示了出来,这下大家发现这些剧本中有明显的春夏秋冬的季节特征。有孩子提议,“我们就演水先生的四季吧。”这个提议立刻得到了全班孩子的赞同。贯穿全剧的线索有了,他们马上动手把剧本按春夏秋冬进行了分类和补充,最后选出了一些代表水先生典型特征的情节进行了整合,形成了属于大四班自己的儿童剧本——《水先生的奇幻之旅》。也许在表演的过程中,这个剧本会随着孩子们经验的丰富或情感的变化而不断改动,而我们要的就是这个过程。

2. 我的角色我做主

剧本里有那么多角色,每个孩子都有自己的想法。

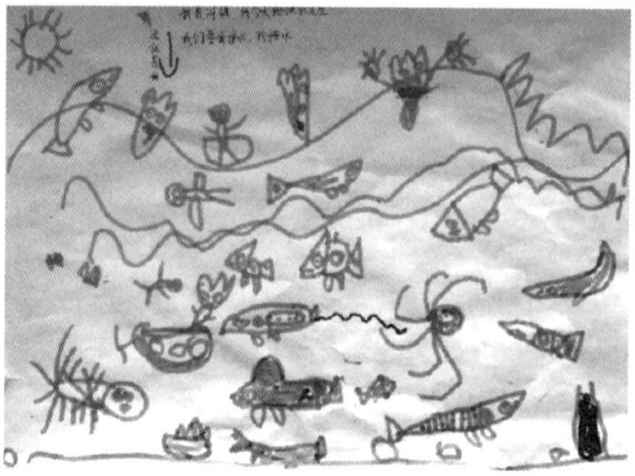

图 4-87　我是大海里的一滴水

图 4-88　水先生大战水魔王

图 4-89　我想演的角色多着呢

图 4-90　Hi！我是浪花先生

图 4-91　我第一想演水先生，第二想演小金鱼……

图 4-92　我想演水先生，因为我喜欢玩水、喜欢喝水

图 4-93　我是大海里最美丽的金鱼

3. 舞台表演中的故事

孩子们共同创作了《水先生的奇幻之旅》的剧本，还按自己的意愿选择了一个或多个自己想表演的角色，但是在表演中，他们遇到了新的问题，由此引发了许多有趣的故事。

（1）帅气的水先生

通过前期的探索，孩子们认为水先生无处不在，有很多本领和魔力，还

图 4-94　剧照：帅气的水先生

会变身……大家一致认为水先生应该是很帅气的样子。怎么才能帅气呢？大家不约而同地看向了会跳街舞的小宇，都说小宇跳街舞最帅气。“水先生也应该跳街舞，这样才帅气！”每天上午区域活动的时候，想演水先生的孩子们都聚在一起跟着小宇认真地学跳街舞，有的孩子起床后，还悄悄地对着镜子练习动作呢。最后，能干又帅气的水先生在舞台上精彩亮相啦！

(2) “不一样”的海滩

在孩子们的经验中，夏天和水接触最多的活动就是在海边冲浪、游泳、打水仗……水先生在夏天给孩子们带来的体验就是快乐和激情。在舞台上如何表现夏天的水先生呢？孩子们一下子就想到了他们去海边玩的这些游戏。于是，他们准备了水枪、游泳圈、充气球等，在“海滩”上自由自在地想象和玩耍。我们感受到孩子们完全沉浸在与“水”互动的快乐中，虽然他们手上拿着的是道具，但其投入的程度，与在真实情境下游戏的状态一模一样，脸上洋溢的笑容发自内心，不打一丝折扣。虽然这场表演因孩子们自由发挥部分较多，每一次的表演、站位都不尽相同，也没有传统表演中动作的“整齐”，但这场表演中的“不一样”恰恰反映了孩子们对这些水上游戏的热爱，也因此而自然地迸发了表演的欲望。

图 4-95　剧照：海边玩耍真开心

(3) 调皮的小云朵

在“好玩的水魔术”系列活动中，孩子们印象最深刻的就是“瓶子里的云”。当瓶子里的水变成“云”的时候，那一瞬间的愉悦和兴奋的体验一直保留在孩子们的心中，他们特别希望能把这段体验搬到舞台上。一开始，大家设想由不同的孩子分别扮演水和云轮流上场，但在表演中孩子们又觉得没有把“变”的过程和喜悦表现出来，而且情节很拖沓。他们又想到“一人可以分饰两角”，做一个“云”的道具，先要把“云”藏起来，当“水”变成“云”的时候，再把“云”变出来。但是要实现这个效果还是很有难度的，孩子们讨论起来：

“我们可以自己用布和棉花做一个云。”

“可是怎么藏起来呢？”

“晨间活动玩的投球游戏的球，往衣服上一粘就不会掉下来。”

“对呀，粘在衣服后面，别人就不会发现了。”

……

孩子们相互学习穿针引线，就连男孩子们也都兴致勃勃地参与进来。最后把子母扣分别缝到了云朵和表演服上。孩子们迫不及待地穿上表演服，尝试“变云朵”，可是一跳舞“云”就会掉下来。经过观察，他们发现是因为子母扣钉得比较稀疏，于是他们又按照“云”的大小钉满子母扣，这下不管怎么跳“云”也不会掉下来了。接着他们又相互提醒，在“云”变出来之前，表演一定要面向观众，防止穿帮。接着孩子们又热火朝天地调整起舞蹈动作来……

图 4－96　剧照：下雨咯

图 4－97　剧照：小云朵再也不会掉下来了

第四次课程审议

前期,幼儿在充分的自主探索中体验了很多美好的情绪、探究的热情,也积累了丰富的经验……这些经验在孩子们心中积蓄着、沉淀着,最终在戏剧中迸发。自始至终,教师把自己较好地“隐藏”了起来,但又能随时出现在孩子们需要的地方,这是这个主题活动中教师最值得赞赏的地方。也正因为如此,孩子们在活动中迸发的激情和智慧是超乎想象的,是分外令人感动的。比如当孩子们被自己编的五花八门的剧本搞得眼花缭乱,不知如何是好的时候,教师把所有的剧本展现出来,让幼儿自己寻找线索,并以此取舍剧本的内容。也正因为剧本来源于孩子们自己的生活体验和课程活动体验,所以他们的表演是那么流畅、自然而又富有个性。我们作为观众,也都不由自主地被孩子们真实而又丰富的表演打动,进入水先生的奇幻旅程之中。这就是科学遇见戏剧的魅力,也是教师恰到好处的“隐藏”与支持的体现,是教育智慧的魅力。

图 4－98　剧照:小稻苗在喝水

图 4－99　剧照:下雪啦,我们玩得真开心!

三、主题总结

（一）活动脉络图对比

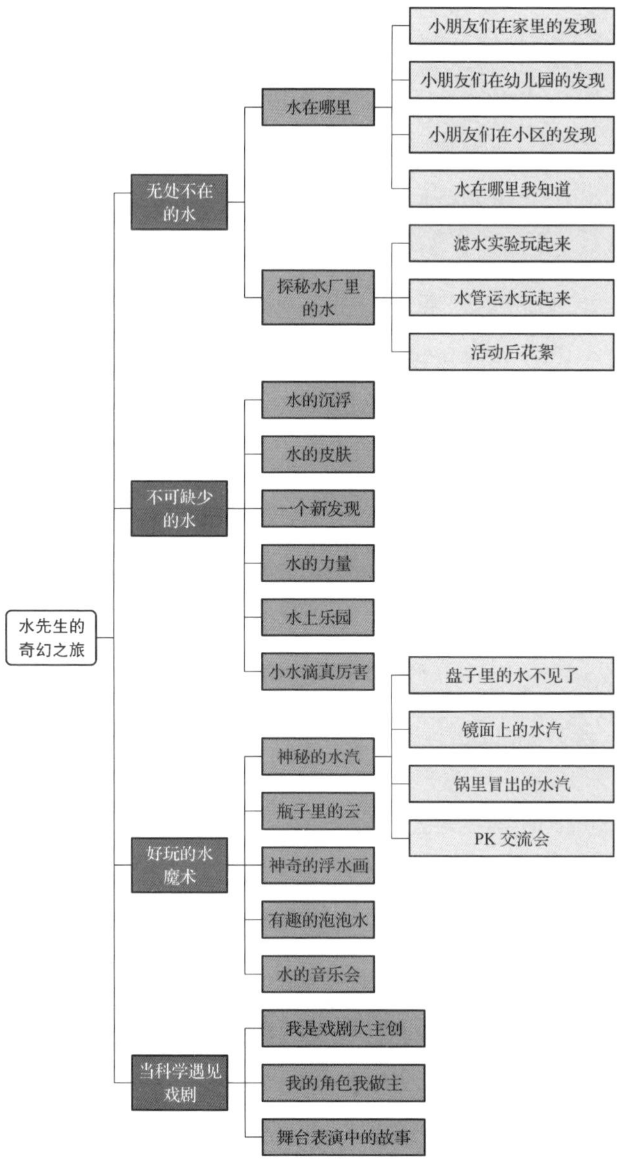

脉络对比说明

在活动初期，幼儿主要围绕“水在哪里”“水的用途”“水的魔术”三个方面的问题展开了探索。然而随着幼儿探索的深入，他们的经验不断丰富，兴趣也发生变化，而教师追随幼儿的兴趣和经验变化，与幼儿共同开展了越来越丰富的活动，从而拓展了原有的活动网络。在寻找“水在哪里”的过程中，幼儿对自来水厂如何净化水质有了更多的兴趣，由此生发出“做一做滤水实验”“试一试水管运动”“保护水资源”等“探秘水厂里的水”的系列活动。在“水的用途”及“水的魔术”活动实施过程中，我们发现大班幼儿更热爱动手做实验，他们主动寻找并利用图书区、美术馆、科学馆、生活馆的资源进行了“水的沉浮”“水的皮肤”“水的力量”“小水滴真厉害”“瓶子里的云”等各种实验活动。这些活动让幼儿更深刻地体验到科学的趣味和魅力。后期增加的“戏剧中的水”是完全来自幼儿经验表征和交流的需要，他们自编剧本、自主设定表演角色、创设表演动作、选择音乐、自制表演需要的道具、服饰等。儿童剧让幼儿有机会把自己前期探索“水在哪里”“水的用途”“水的魔术”过程中累积的经验通过情境表演的方式重现，把神气的水先生在春、夏、秋、冬四个季节与小朋友愉快玩耍的情境表现得淋漓尽致，并且自然地融入了他们所获得的科学经验，如水是怎么变成云，云又是怎么变成雨的等。最后的正式演出把主题活动推向高潮，也让活动画上了一个完满的句号。

（二）儿童经验分析

幼儿的学习源于对问题的兴趣，他们在研究的过程中专注而乐于分享，主题活动也随之有所调整并不断地深入。前期活动主要以调查的形式展开，孩子们围绕兴趣点与同伴展开讨论，但他们很快就表现出对实验的热衷。他们通过寻找、借助工具尝试解决问题，并始终保持着强烈的探究欲望，体验研究带来的无穷乐趣，幼儿所获得的经验因此更为丰富。比如“会流动的水”实验中，孩子们看到水还可以借助开关动起来，生发疑问：水会走路吗？由此，他们经历“好奇—猜测—验证—遇到困难—想办法—尝试解决问题”等一系列过程。当个人无法解决问题的时候，他们能合作解决。这个过程中幼儿除了获得与水直接相关的经验外，还形成了初步的科学精神和寻根问底的科学态度，这些自始至终都贯穿于整个探究过程中。同时，在一次次的挑战中，他们遇到失败不气馁，从中总结经验、调整方法，这种不惧困难、勇往直前的求知态度也很值得称赞。戏剧活动的生发则来自幼儿经验的表征和交流的内在需求，由此幼儿获得了与戏剧相关的一系列经验，如创作、表达、合作、自主等。特别是幼儿在戏剧中没有刻意地编排动作，而是将生活中的经验自然地表达。在舞台上，每一个幼儿都不是“演员”，而是他们“自己”，这份真情、真感让每个孩子都那么光彩、耀眼！

（三）教师的感悟

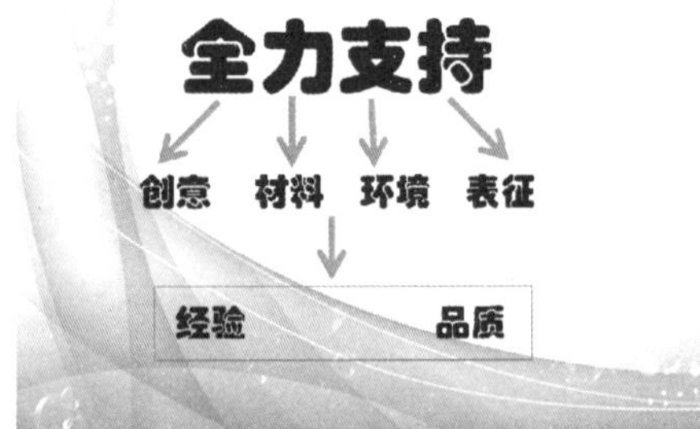

图 4－100　教师的感悟

孩子们在图书区阅读了一本《水的奥秘》，由此产生了一系列的探究活动，看似偶然，其实需要很多外在条件的支持，而其中最重要的条件就是教师。我们在整个活动中是鼓励幼儿探索的人，是给幼儿适时提供帮助的人，更是激励幼儿不惧困难解决问题的人……在这个主题活动中我们的支持体现在这样几个方面：

我们在初期的活动预设中首先想到的是水的三态、水的特性、水的用途这样一些问题，由此预设的活动网络图更偏向学科知识的获得，显得过于理性。通过调查发现，孩子们虽然已处于大班阶段，但“泛灵论”的年龄特点还是非常鲜明的。他们给水赋予了“水先生”这一角色身份，认为水是有魔法的。虽然这些魔法就是水的特性，但我们很尊重孩子们的“创意”，孩子们也因此格外感受到科学探索过程的神奇——“因为这些都是水先生的魔法”。比如“瓶子里的云”时刻牵动着孩子们的心：一切准备就绪，一个个小脑袋凑在瓶子周围，瞪大眼睛，期待着奇迹发生；瓶子里的云久久没有出现，却一滴一滴“下雨”的时候，孩子们惊呼“怎么下起雨来了”；而当期待已久的云出现在瓶子里的时候，孩子们不由自主地轻呼“好想抓一把吃掉呀”……尊重孩子的“创意”就是一种支持。

以往活动中的材料支持一般是指由教师提供材料。教师会预设孩子们需要哪些材料，并充分提供。但这次活动给了我们一种新的视角和不一样思路，“材料登记本”就是一种新视角下的产物。“材料登记本”给了幼儿自主讨论和准备实验材料的机会。当新实验生成的时候，孩子们会探讨和登记实验可能需要的材料；当实验材料损耗数量不足时，孩子们也及时登记；当实验材料暂时无法满足时，孩子们会登记可能的替代品……孩子们总是会在入园、游戏活动时间以及离园的时候翻一翻登记本，以便及时准备材料——这就把材料支持的主动权交给了幼儿。

家庭是幼儿园重要的合作资源，在实践中，我们深刻体会到家长的支持与配合能起到事半功倍的效果。在这个主题活动中，家长的“卷入”格外全面、深入和积极，我们彼此影响、相互成就。我们每天都会把孩子们探究水的过程以视频、图片、录音、文字等形式在家长群里共享，家长群成了班级的“网红打卡地”。家长们在群里各抒己见，讨论热情空前高涨。很多家长凭自己的专长，提供各种科学知识，另一些家长和教师的科学素养也因此都得到了很大程度的提高，大家笑称：“大四班的家长群还是一个学术交流基地呢！”孩子们在幼儿园做的实验不仅成为家庭的每日热点话题，还成为每日必修活动，家长和孩子一起查资料、做实验，家庭已然成为“小小实验室”。

“儿童有一百种语言”，每种语言都是他们对这个世界的认知与表达。在这个活动中，戏剧成为孩子们共同的语言。他们自创剧本、自制道具、自选角色、自编动作……教育家说人有两大心智：一个是理性，一个是感性。理性的代表是科学，感性的代表是艺术。科学征服了世界，艺术美化了世界，所以从理论上讲，科学与艺术犹如鸟之双翼，携领着儿童享受快乐而有意义的童年，同时我们认为这两者是相融的，科学可以用艺术的方式表达，又在表达的过程中得以升华。“戏剧里的水先生”就是最好的印证。期望我们的孩子快乐玩科学、玩戏剧，用戏剧表征科学，让科学在戏剧中绽放！

【附剧本】

水先生的奇幻之旅

序

阿果：小朋友们，我这里呀有一本很有趣的书，它的名字叫《水先生的奇幻之旅》。水先生究竟是什么样子的呢？

第一幕：神气的水先生

水先生：我们都是水先生，水呀水先生，我们都是水先生，水呀水先生。所有人都需要我，需呀需要我。我的朋友特别多，特别特别多。青蛙游泳需要我，需呀需要我；大象洗澡需要我，需呀需要我；小鹿喝水需要我，需呀需要我；所有人都需要我，需呀需要我。

水先生的自我介绍

阿果：哇，原来你们就是水先生！水先生，水先生，你们这是要去哪啊？

水先生：阿果，我们正要跟小伙伴们去做游戏呢！

阿果：太好了，太好了，那能带上我吗？

水先生：欢迎欢迎，我们一起去吧！

第二幕：阳光沙滩

阿果：嗨！小伙伴们，你们看谁来了？

水先生：小伙伴们，我们是水先生。

小朋友：啊，水先生？

水先生：是呀，没有我们，你们怎么能够开心地玩耍呢？

小朋友：是呀是呀，因为有了水先生，我们才可以玩更多的水上游戏呢！我想去游泳。

小朋友：我想去冲浪。

小朋友：我想骑水上摩托车。

小朋友：我想打水上排球。

小朋友：我想在海边抓螃蟹。

阿果：太好了，太好了！那就让我们一起玩起来吧！

小朋友：好！

小朋友：小朋友们，不好了，打雷了！

小朋友：啊！打雷了！

小朋友：我们赶紧回家吧！

第三幕：浇灌秧苗

阿果：咦，水先生刚才还在这呢？现在怎么又不见了？哦，原来水先生变成一朵云了，云又变成了雨！

水先生和小稻苗

小稻苗：我们都是小稻苗，小呀小稻苗！我们好想快点长大，快点长大！我们都是小稻苗，小呀小稻苗！我们好想快点长大，快点长大！可是我们快要枯死了！

水先生：别怕别怕，有我们呢！

小稻苗：太好了，是水先生，我们有救了！

小稻苗：谢谢水先生！

水先生：不用谢，不用谢！

第四幕：冰雪世界

阿果：哇，好冷呀！

小朋友：阿果，阿果，水先生怎么又不见了呢？

阿果：哎呀，别着急嘛，让我来看看。哦！冬天来了，水先生都变成小雪花了！

小朋友：下雪了，哇！好美的雪世界呀！

阿果：小伙伴们，你们看，好美的雪世界呀！水先生都变成了雪花和冰了！

小朋友：真的呀，我们好想和他们做游戏啊！

阿果：那还等什么呢，那就玩起来吧！

阿果：哇，真是一场奇妙的水之旅呀，原来水先生就在我们的身边。

小朋友：是啊，水先生就在我们的身边。

阿果：小朋友们，我们一定要记住，爱惜水资源哦！

小朋友：是的，我们一定要记住，爱惜水资源！

（剧本创作：大四班全体小朋友）

小学，我来了

张 静 冒 萍

一、主题畅想

（一）活动缘起

进入大班后，各种幼小衔接班、名校冲刺班让幼儿忙得不亦乐乎。幼儿在园也经常交流："我学了拼音。""我会心算。""我能认识好多好多字。"……

幼小衔接是幼儿成长过程的重要阶段，也是大班家长尤为关注的话题。然而，很多家长都会误解幼小衔接的真正意义，他们更关注知识的衔接，比如家长询问老师们："老师，我家孩子会算加减法吗？""老师，我家孩子会写字吗？"其实，幼小衔接更应该关注的是幼儿良好习惯和学习品质培养，如责任意识、时间观念、交往能力，等等。

因此，"小学，我来了"主题活动旨在帮助幼儿做好学前心理、生活和学习等方面的准备工作，同时引导家长建立正确的幼小衔接观，与教师携手同行帮助每一个幼儿轻松愉快地走进小学，开始美好的小学生活。

（二）活动可能的发展脉络图

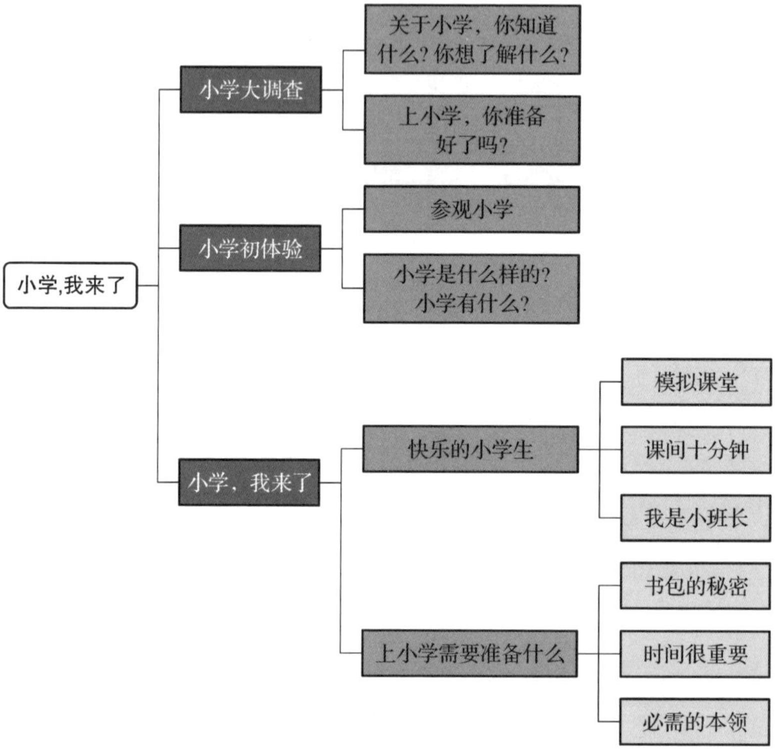

（三）幼儿可能获得的经验图

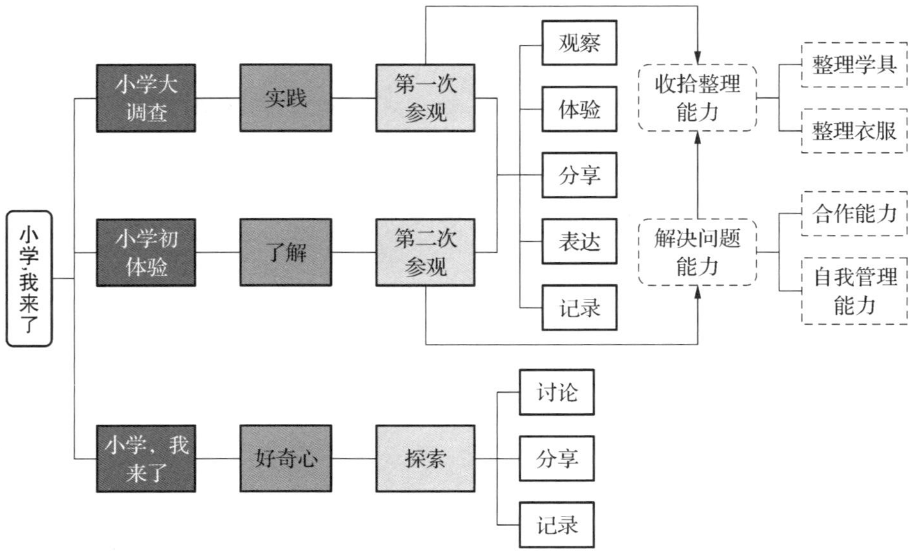

（四）主题可能涉及的资源图

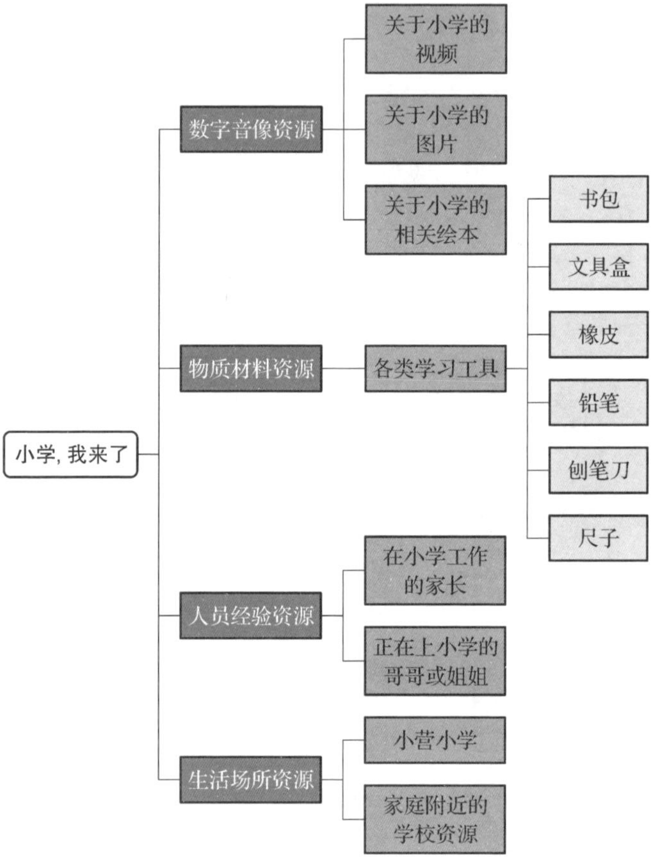

专家点评

每个幼儿园都会开展幼小衔接的主题活动，我们也可以引入前人的智慧，参考他人的教案，然而这样可能会缺失课程应有的魅力，这种魅力就是“从儿童出发，支持儿童自我实现的过程”。依赖教材的教育方式，可能会让幼儿学到一些知识，但对于儿童能力发展、个性培养和终身学习都是很不利的。所以在这个主题活动中，教师的重点是要让儿童学会自己选择、学会学习，从而获取对自己成长有利的东西，完成自我实现。将整个过程都交给儿童自己做主，教师定会发现更多惊喜，这也是该主题活动与众不同之处。

二、主题开展

(一) 美好的幼儿园时光

大班下学期了，也许是受到了不想让孩子输在起跑线上的“虎爸虎妈”们的影响，孩子们似乎一下子“成熟”起来了，他们在一起不仅聊玩具，还对自己未来的学习有了想法。

一天午饭后，多多和天天手拉着手散步。多多说：“真不想上小学啊，听说小学每天都要写作业，幼儿园多好玩啊！”天天说：“对，我们每天都玩游戏，还能进博物馆，真好！”“我妈妈说我现在要好好学习，马上就要考小学了。”多多好像有点不太高兴地说着。

图5-1 绘本封面

幼儿园是孩子们成长的第一个台阶，是孩子们快乐幸福的家，幼儿园里的每个角落都留下了大家的足迹。于是，我们和孩子们一起回忆幼儿园的美好时光，给他们一个甜蜜的回忆……

图5-2 《美好的幼儿园时光》纪念册

绘本《啊哈！幼儿园》用夸张、幽默的手法描述了三年幼儿园生活中的趣事。我们将这个绘本投入图书区，悄悄观察着。孩子们有的认真翻阅，有的边看边和同伴交流，时而相视而笑……可见，幼儿园生活给孩子们的印象多么深刻！于是我们开展了一个小小的沙龙活动“美好的幼儿园时光”，让每个孩子都来说说自己在幼儿园的趣事，说说自己最喜欢幼儿园的什么地方。

肉肉说：“幼儿园里有我最好的朋友，我们天天在一起玩。”小凯说：“幼儿园里有我最喜欢的科技馆，里面的太空舱可是我最最喜欢的。”点点说：“我记得我小班的时候玩过一个吹泡泡的游戏，我还自己做了泡泡器。”多多说：“幼儿园的滑滑梯是我的最爱，哈哈哈……”

每个孩子都有好多说不完的话，于是用笔记录了下来，制作了属于自己的独一无二的《美好的幼儿园时光》纪念册！

图 5－3　把美好的幼儿园时光记录下来

再过一段时间，孩子们就要成为小学生了，他们有的对小学充满了好奇，有的表现出了担心甚至畏惧。那么美好的幼儿园时光和小学生活究竟有什么不同呢？那就让我们做好准备，一起走进小学去看看吧！

（二）要去参观小学啦

“我们要去参观小学啦！”当我宣布这个消息时，活动室如同滚油锅里撒了一把盐——“炸开了”。孩子们兴奋地问：“要不要背书包去？”“要不要带水杯去？”“饿了怎么办？”“我们要坐车去吗？”……这么多突如其来的问题让我一时间不知道先回答哪个好。我想，不如就把参观小学这个活动交给孩子们自己做主吧！

于是，参观前我们进行了交流活动“小学，我想对你说……”，请每个孩子说一说这次参观小学，最想了解什么，有什么担心或是有什么其他的想法。

1. 分享经验：关于小学，你已经知道了些什么？

图5-4　欣欣：上小学就是要读书，是要学古诗的。

图5-5　耀凯：上小学要自己走进教室，爸爸妈妈不能送。

图5-6　雨辰：上小学是要背书包的。

图5-7　肉肉：小学每个班有好多学生，学生早上见到老师要说："报告"，老师会喊："同学好！"

图5-8　雨杨：在小学能认识外国小朋友，每天回家要写作业，要学写很多的字。

图5-9　天天：对，晚上回家要写很多的作业，还不能戴手表。

图 5－10　南烨：有的小学里面是有停车库的，门口通地铁。

图 5－11　小帽子：这是我见过的小学的样子，楼房很高。

图 5－12　逍逍：小学没有区角活动，只有作业，而且作业特别多。

从分享的经验可以看出，绝大多数孩子了解到小学要完成学习任务，作息时间和幼儿园的不一样，活动室的桌椅和学习材料也不一样，并且称呼也有不同。

2. 交流想法：关于小学，你还想了解些什么？

虎子：“下课到底能玩多久呢？”

雨辰：“早上几点起床啊？”

耀凯：“我想知道小学的课从几点上到几点，什么时候才能放学。”

梓然：“我想知道小学有没有睡觉的地方。中午睡午觉吗？有小床吗？我妈妈说没有，我不相信。”

逍逍：“我不知道小学老师会布置哪些家庭作业。上小学能不能请假？”

虎子:“我想知道小学吃饭是怎么吃的,睡觉是怎么睡的。”

……

图 5-13　上小学要几点起床

图 5-14　上小学要几点起?要不要做算术题?

哇,没想到孩子们会有这么多的问题!从这些交流中不难发现,孩子们更关心早上几点上学、中午怎么吃饭、睡午觉等生活方面的事情。对于孩子们提出的问题,我并没有回答,而是告诉大家,我很希望和他们一起去小学找到这些问题的答案。

针对感兴趣的问题,孩子们共同制作了一份调查表。参观小学前,我先让孩子们先说一说“关于小学,你有什么问题和担心?”并记录在调查表的第一行。

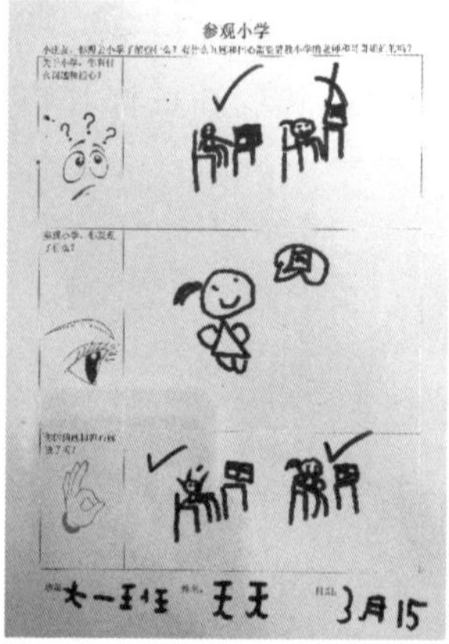

图 5-15　上课时怎么坐呢?

图 5-16　一年级的教室在几楼呢?

图 5-17　中午在哪里吃饭?

调查表中其余的部分，分别是：“参观小学，你发现了什么？”“你的问题和担心解决了吗？”由孩子们在参观小学回来后继续完成。如果在了解小学的过程中还没有解决，孩子们可以把问题记录下来，在接下来的活动中或是在第二次参观小学时再去观察、寻找答案，为第二次的参观做好准备。

3. 积极讨论：参观小学需要遵守哪些规则呢？

就要去参观小学了，我们需要遵守哪些规则呢？孩子们分组讨论后又进行了分享。

孩子们一致认为要早起，按时到幼儿园集合，不能迟到；去小学的路上要排好队，过马路不能打闹，路上不能东张西望；到了小学后不能大喊大叫影响哥哥姐姐上课……

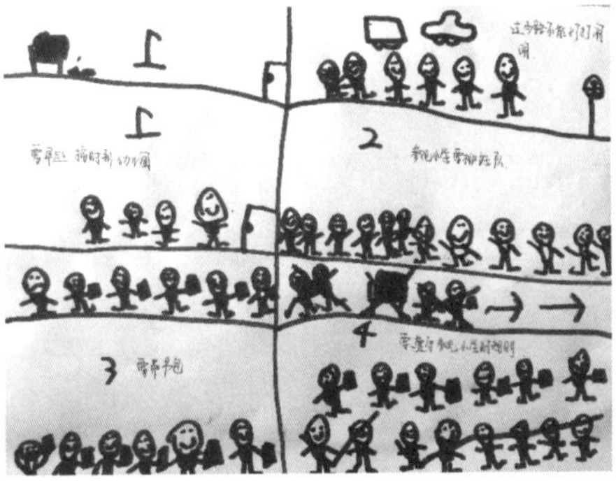

图 5－18　积极讨论 1

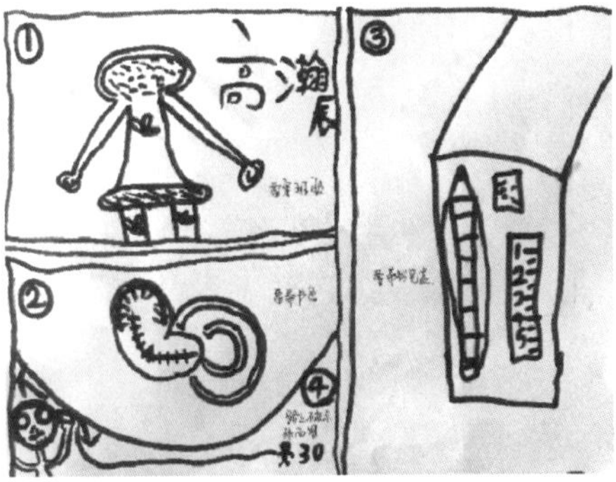

图 5－19　积极讨论 2

4. 同心协力：制订参观小学的最佳路线

我们联系了要参观的小学，并告诉孩子们要参观的小学就是幼儿园对面的小营小学。但这段马路是全封闭的，怎么去呢？我们是走着去还是坐车去？我们把第一次参观小学的路线决定权交给了孩子们，让他们自己讨论并选出一条最安全、最便捷的参观路线。

为了帮助幼儿看懂路线图，了解步行、交通工具的行驶路线等，我们首先开展了相关教学活动“相约小学地铁行”。通过这个活动，孩子们学会看地铁轨道线路图，认识站点、换乘等标志；能用数数的方法确认乘坐地铁的站数，并比较出更方便、快捷的路线等。

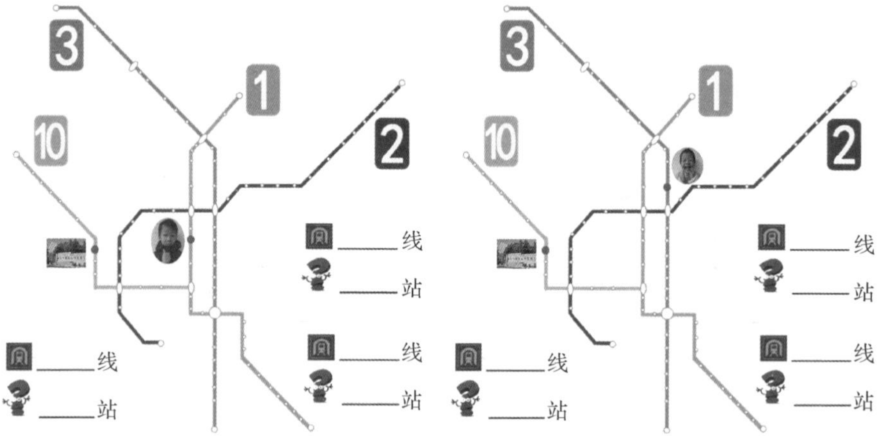

图 5－20　把找到的路线记录下来吧

我们还请家长配合，在带孩子出行时让孩子们看看我们生活中常用的导航地图，多了解一些在不同出行条件下，路线有什么不同。比如：目的地相同时，步行或选用电动车、汽车等不同的交通工具时，路线有什么不一样，每种交通方式的优缺点等。

最后，孩子们根据参观的目的地，讨论决定从过街隧道走路到达马路的对面，并画出了参观小学的步行路线图。

图 5－21　小组合作设计路线图

做好了充足的参观准备，阳春三月的一天，孩子们早早地来到了幼儿园。“要去参观小学了，小学究竟是什么样子的？小学的哥哥姐姐欢迎我们吗？”大家迫不及待地想走进小学。

教师的思考

前期经验调查是进行主题活动的重要部分，只有在充分了解幼儿经验的基础上才能将活动变成幼儿渴望的，并能从中学到新经验的有意义的事情。我们没有急着带幼儿走进学校，而是在参观前和他们聊一聊：你想上小学吗？关于小学，你知道些什么？还想了解什么呢？幼儿用自己的表征方式记录下问题。接着，我们和幼儿一起把问题进行了梳理和简单分类。参观前由幼儿自己制订参观的路线，当他们有这样的自主权时就迫不及待地想了解如何看线路图，如何选择最优路线……具备了这些经验后，孩子们毫无悬念地选择了既安全又便捷的路线。在去往小学的路上，除了叽叽喳喳地和同伴说些开心的事以外，他们还对自己制订的这条路线的沿途事物进行了观察。

（三）小学初体验

1. 你好，小学

（1）第一次参观小学

图 5－22　准备参观小学啦

一路上，孩子们叽叽喳喳说个不停。坤坤说：“我哥哥也上小学了，每天有好多作业。”宝儿说：“小学比幼儿园大吧？”贝贝说：“上学可不能迟到哦！”南南说：“要是我以后上学，走过隧道就到了，那就太好了，肯定不会迟到。”说话之间，我们按照事先制定好的路线图，顺利来到小学，小学的老师早已在学校门口等待着孩子们。

踏进校园，一切都让孩子们感到新鲜：宽阔的操场、长长的跑道、清脆的铃声……他们认真地观察着校园里的每个角落，根据自己调查表里的问题，努力地寻找小学与幼儿园的不同之处。

今天孩子们要去的是一年级一班，他们要和哥哥姐姐们一起上一节语文课。孩子们和哥哥姐姐坐在一起，津津有味地听老师上课，不少小朋友还积极举手回答问题呢。

第一次参观小学——和哥哥姐姐一起上课

第一次参观小学——哥哥姐姐送礼物给我们啦

图 5-23　和哥哥姐姐一起上课

下课后，孩子们饶有兴致地围着哥哥姐姐，看看他们的书桌上有什么，抽屉里有什么，小学生的书是什么样子的，书里面有些什么。

哥哥姐姐知道我们要来参观，还提前准备了礼物呢！

图 5-24　哥哥姐姐送礼物给我们啦

课间十分钟的热闹吸引了孩子们的视线。大家来到操场上，和哥哥姐姐一起玩耍……

图 5－25　和哥哥姐姐一起玩耍

时间过得真快，很快上课铃声又响起了。为了不影响哥哥姐姐的学习，孩子们依依不舍地离开了学校。

图 5－26　第一次参观小学合影留念

第一次参观小学——和哥哥姐姐一起玩耍

（2）瞧！我的小学

参观完小学，孩子们提出要盖一所很“牛”的小学。那么，很“牛”的小学是什么样子的呢？

多多：“小学的楼房要很高，而且有长长的走廊和很多窗户。”

南南：“对对对，外面还有大大的操场。”

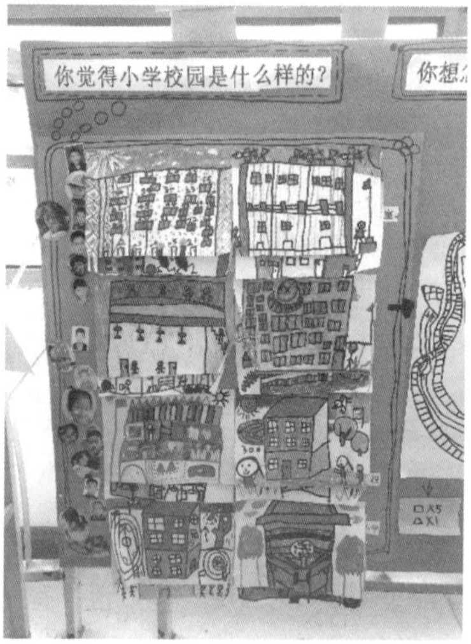

图 5－27　小学校园是什么样的呢?

大宝:“小学是一栋大大的楼,里面有好多好多的教室。”

贝贝:“我们的小学要有好几栋楼,中间一个主楼,两边都是副楼。”

虎子:“楼房应该是高高的,楼中间还有一个大大的时钟。”

静和:“我们的小学和幼儿园不一样,幼儿园的楼房涂着颜色,我们要盖的小学楼房是白色的,还有很多的窗户,还有很多的教室。”

龙君:“楼房要盖得高高的,比我们幼儿园的高很多,而且每一层都有很多窗户,外面还有走廊,楼房的下面有操场,还有树。”

小帽子:“别忘了小学的楼房前面有篮球场,还要建一个升旗的地方。”

……

通过讨论,孩子们合作完成了两张设计图纸。瞧,小设计师们的设计图很详细,还有分解说明的部分呢。

图 5－28　制作设计图

图 5－29　设计图纸完成啦!

南烨:“这是小学的停车场,我们这个停车场是旋转的,能停很多车。这儿还有一个海洋馆,下课的时候还能到海洋馆里去玩玩。”

虎子：“这是我们学校的地铁站。”

孩子们对于小学里建地铁站议论纷纷。其中一个孩子说：“学校里怎么能有地铁站，那多不安全啊！”

虎子：“没关系，我们的学校很大，地铁站在地下，一出地铁就到教室了，多方便。”

南烨：“我们的楼房很高很高，是要坐电梯的。”

……

接下来，全班孩子进行了投票，在自己喜欢的图纸下方贴上了照片。确定图纸后，一系列的搭建活动开始了。

瞧！我们的小学一天天完善起来，功能齐全、科技含量高！

这真是一所很“牛”的小学啊！

图 5－30　小学建成啦！

第一次课程审议

前期，幼儿对小学充满了好奇，提出了很多想要了解的问题。教师追随幼儿的兴趣开展了“小学初体验”的活动，鼓励幼儿带着问题走进小学，亲身体验小学生活。在活动前，教师还把参观小学路线的决定权交给了孩子们。由此可见，教师能正确认识到幼儿是幼小衔接的主体，能对他们在幼小衔接阶段的经验和期待做深入的了解和研究，这些都更有利于培养幼儿主动学习和独立思考的能力。

顺利实现幼小衔接，离不开小学资源的积极介入。增进幼小之间课程、环境、作息和人际交往等方面的交流互动，能为幼儿顺利适应小学生活提供切实的帮助。教师对周边资源——小营小学进行了充分的了解和利用，与小学老师共同备课，让孩子们充分感知小学的学习和生活环境，减少他们对小学的陌生感、神秘感甚至畏惧感，增强了对小学的憧憬与向往。

下一阶段中，教师可围绕第一次参观小学，鼓励幼儿互相交流，说说自己对小学的认识,听听同伴对小学的感知,更充分了解幼儿园和小学的不同,为进入小学做心理和习惯等方面的准备。

2. 参观归来

第一次参观小学回来,孩子们仍然沉浸在对小学校园的好奇中,关于小学的讨论热度有增无减,于是我们开展了这样几个活动。

(1) 有什么不一样?

孩子们眼中的小学和幼儿园究竟有哪些不同呢?大家有哪些发现呢?

环境不一样:小学的楼房很长,每层楼有好多房间;小学教室里每个人一张小桌子,幼儿园好几个小朋友一起用大桌子;小学的操场也很大,还有长长的跑道……

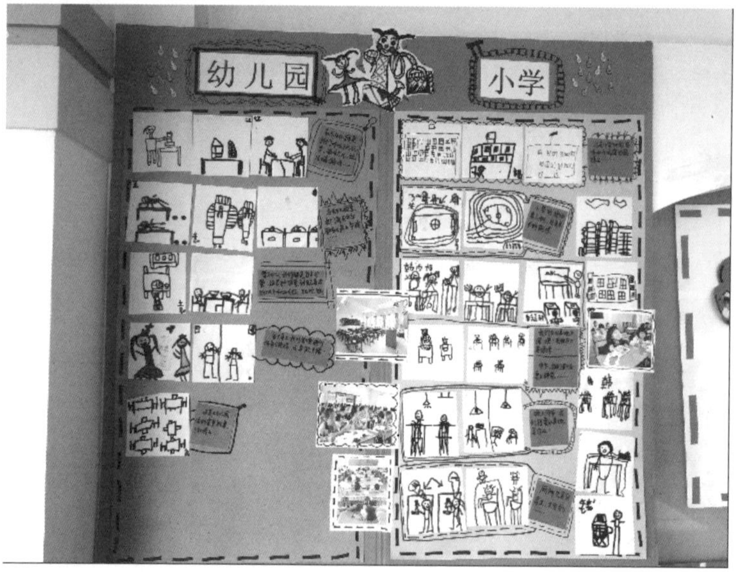

图 5－31　幼儿园和小学的对比

规则不一样:小学里上课前都要起立向老师问好;小学生是一人一份饭菜,在幼儿园是自主进餐,可以选自己喜欢的饭菜到自己喜欢的地方和好朋友一起吃饭;小学生吃过饭后可以趴在桌上睡一会儿,在幼儿园是自己在小床上睡觉;小学生晚上一回家就要认真地写作业……

活动不一样：小学里要上课、学习、做作业，幼儿园里可以玩玩具、玩区域游戏；幼儿园早上做早操，小学除了做早操还要上体育课……

在此基础上，孩子们还完成了参观小学前的调查表，把没有解决的问题记录了下来。南烨原来担心小学里教的本领学不会，听不懂老师的问题，后来在和哥哥姐姐们一起上了一节课后，觉得自己还是能听得懂的。肉肉想知道几点上学，向哥哥姐姐了解了以后，他知道小学生每天早上 7 点就要起床了。

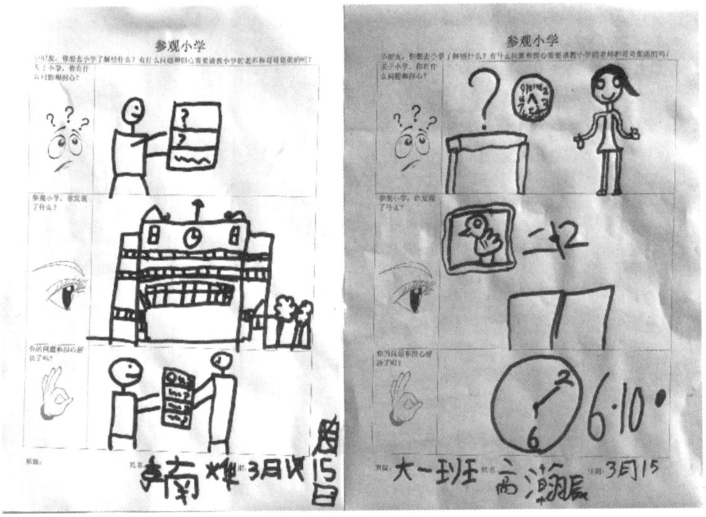

图 5 - 32　参观小学前后问题记录表

(2) 我们的小担心

原来小学和幼儿园有这么多不同！这让很多孩子不太适应，甚至不少孩子流露出了担心和顾虑。在第一次参观小学的过程中，我发现班上的一个女生在和哥哥姐姐一起上课时一直低着头或是往窗外望。结束参观后我问她是否喜欢小学，她毫不犹豫地摇摇头，说上学太辛苦了，要写好多作业，还要早早地去学校，她肯定会迟到。

对于成为一名小学生，很多孩子是充满期待和憧憬的，但是或多或少都有些担忧或者感到不适应，这是这个年龄段孩子正常的反应。为了帮助孩子们缓解这种害怕和担心，我鼓励每个孩子把心里的想法和同伴进行了交流。

龙君：“我最怕迟到了，小学作业太多了，我做不完。”

天天："我也是担心作业太多太难了。"

大宝："我哥哥说，小学考试很难，我怕我考试考不好。"

笑笑："小学的教室这么多，我找不到自己的教室怎么办啊？"

逍逍："我担心小学的饭不好吃，中午没时间睡觉我会困的，老师上英语课我听不懂就完了。"

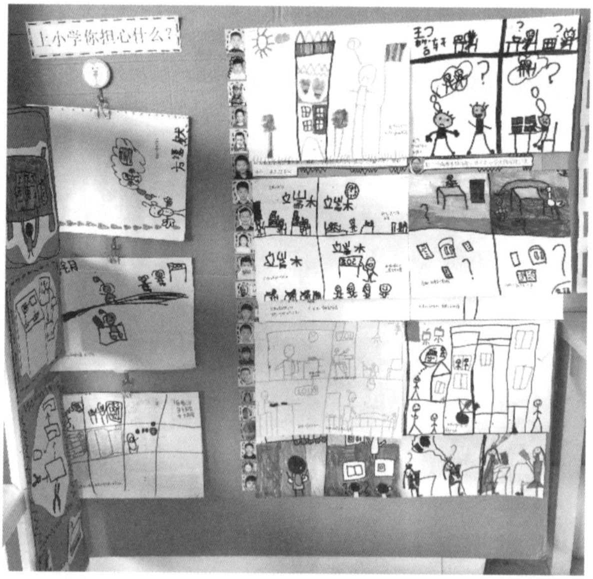

图 5-33　孩子的心声

小帽子："妈妈说我上小营小学，小营小学有足球课，我担心踢球踢不好。"

瑾然："我担心上学时会忘带东西，吃饭吃不完，还怕作业做不好，早上起不来。"

……

大家的担心还有很多很多，如南南担心不知道小学的门牌号码，有的孩子担心上了小学后交不到好朋友，还怕自己上课坐不住会乱动，等等。

教师的思考

如果没有真正和孩子们进行过这样深度的交流，我们也想不到他们会有这么多的想法。在很多成人的眼里，6 岁孩子无法决定自己的生活，但这并不能阻碍他们进行独立的思考。对于上小学，孩子有自己的担忧，而家长并不一定能理解或给予恰当的帮助和支持，同时家长自己也有很多的顾虑，这些都是孩子和家长需要共同面对的问题。只有沟通交流、互相鼓励和支持才是最好的解决方法，所以家长在这个主题活动中的“卷入”格外重要。

(3) 心灵碰撞

我们让每个孩子自由地谈谈自己对上小学的想法和小担心，并用录制视频的方式记录了下来。接着，我们把这些视频发给每一位家长，请他们和我们一起走进孩子的内心，深度了解孩子，同时也请家长录一段话送给孩子。对此，家长表现出很高的积极性。在家长们发来的视频里我们既能感受到他们发自内心的担忧，也能体会到家长们对孩子们的衷心祝愿。

图 5-34　孩子们的小想法

我们把每一位家长的视频都拷贝在平板电脑上，放在班级区域中，孩子们可以随时去听听爸爸妈妈们对自己的关心、理解和祝福。未来是可期的，这种心灵的碰撞能让孩子们对小学的生活充满信心，勇敢前行。

下面，让我们来听听爸爸妈妈的话吧！

南烨妈妈担心南烨不够自律，达不到小学生的标准要求；多多爸爸担心多多上小学后早上会迟到；贝贝妈妈担心贝贝是否能养成良好的学习习惯，每天是否能按时完成老师布置的作业；大宝妈妈担心大宝进入小学后独立性不够；宝儿妈妈担心小学老师不能像幼儿园老师一样有耐心，帮助小朋友顺利克服“入学关”。

除了一些担心，还有很多家长对孩子们提出了希望：肉肉妈妈希望肉肉在新的环境里能更加大方、自信、勇敢地展示自己；京京妈妈希望京京能用一个阳光的心态来迎接他的小学生活；浩浩爸爸希望浩浩能很快融入班级中，认识和结交新的好朋友。

家长们参与这次活动的积极性，体现了他们对幼小衔接教育的重视，特别是对幼儿学习习惯和学习态度方面的重视。

图 5－35　爸爸妈妈的小担心

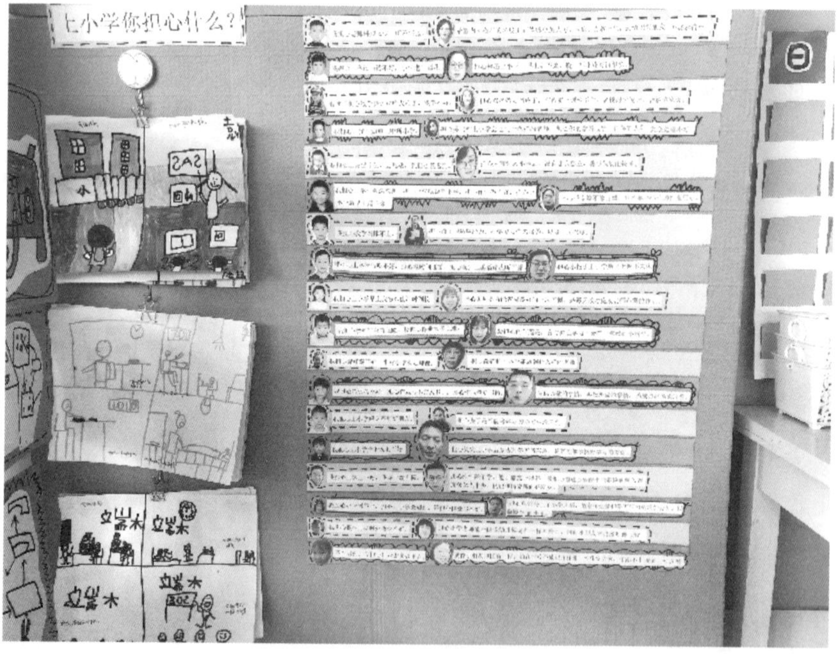

图 5－36　上小学你担心什么？

第二次课程审议

教师充分关注了幼小衔接教育中幼儿的主体性。参观小学后，教师和幼儿进行了深入的交流，鼓励他们分享自己对小学的印象，大胆地说出自己的担心和想解决的问题。同时，教师意识到了家长的参与对幼小衔接教育的意义和价值，利用视频促进幼儿与家长进行深层次的对话，家长表达了对孩子的期望，孩子感受到了家长的关爱，这也充分体现了教师教育观的改变。

家长的幼小衔接观念对幼儿的入学适应有着重要的影响作用。从家长的心声可以看出，大多数家长担忧情绪较重，而且特别关注孩子的“学习”方面。这些都需要教师的引导，帮助家长在课程中共同成长，减少担忧情绪，科学认识幼小衔接，对幼儿建立合理期待，给予幼儿正确的帮助和支持。

下一阶段，教师要同时关注幼儿和家长两个群体的成长，一方面注意将幼小衔接教育渗透到幼儿一日生活中，通过形式多样的活动帮助幼儿养成良好的生活和学习习惯，提高生活能力、交往能力、学习能力等；另一方面注意引导家长树立正确的幼小衔接观，以积极的态度、科学的方法帮助幼儿。

3. 快乐的课间十分钟

为了增强幼儿对小学生活的憧憬和期待，我们让大家都来谈谈最喜欢小学哪些地方。谈话中我们发现，孩子们都很喜欢小学的课间十分钟。他们说：“课间十分钟能和小伙伴们快乐地玩耍。”“小学的操场很大，可以在课间十分钟自由奔跑。”但是，这十分钟如何利用才是最合理的呢？“快乐的课间十分钟”系列活动就这样生成了。

（1）有趣的十分钟

参观了小学并与哥哥姐姐对话后，孩子们对小学生课间十分钟的活动有了初步的了解。在这快乐的十分钟里，究竟可以做些什么呢？可以休息、喝水、上厕所、玩游戏……

图 5－37　课间十分钟可以做哪些有趣的事

(2) 安全的十分钟

课间十分钟是孩子们自由活动的时间，这和幼儿园很不一样。没有老师的看护，孩子们更要学会自我保护，规避危险。那孩子们需要注意些什么呢？大家都认为，不能在一起打闹；不能在楼梯上奔跑；可以玩一些安全的体育游戏，比如跳绳、翻绳、跳皮筋等；可以休息一下，比如喝水或是和好朋友聊天。

图 5－38　安全的课间十分钟

(3) 合理的十分钟

小学为什么要设置课间十分钟，这十分钟怎样度过才更好呢？孩子们尝试合理安排自己的课间活动。

模拟小课堂开始了，随着下课音乐声响起，孩子们开始自由活动。瞧！

他们玩得真开心！

图 5－39 快乐的课间十分钟

十分钟后，大家交流自己是怎么安排时间的，比一比谁安排得更合理。孩子们这才发现课间十分钟其实很短，要先做最重要的事才更合理。

孩子们再次尝试课间十分钟的自由活动。这次，孩子们都明白了，虽然有很多想做的事情，但由于时间有限，所以最好先提前为下节课做好准备，比如要把下节课需要的书和文具摆放好，然后再做一些放松活动和生活活动，做些安全的游戏，喝水、上厕所等。如果上厕所很着急，也可以先上厕所，回来后准备下节课需要的书。

教师的思考

课间十分钟，是校园里快乐的时光，也是同学们向往的自由空间。当下课铃声响起，安静的校园就会充满欢声笑语。对于处在入学准备阶段的幼儿，提前适应短短的课间十分钟，不仅能培养幼儿自我规划和自我管理的能力，养成一定的时间观念，还能提高自我保护和与人交往的能力。所以“快乐的课间十分钟”系列活动更要注重体验性和操作性，让幼儿在活动和讨论中切实体验这十分钟的重要性，并学会科学合理地利用时间。

图 5－40 观看哥哥姐姐发来的视频

4. 哥哥姐姐来了

为了更全面地了解小学生活，我们邀请了已经毕业的哥哥姐姐来幼儿园为孩子们介绍小学生活。哥哥姐姐带来了小学课表、课本、书包……向孩子们介绍了小学里不仅有学习活动，还有各种有趣的社团活动，还解答了孩子们关于学校生活的疑问。考虑到部分孩子对小学生活还有些许担心，哥哥姐姐分享了自己刚上小学时克服困难的一些方法。活动结束后，哥哥姐姐们还经常拍一些小视频发给我们，让弟弟妹妹们有需要时看一看。

5. 绘本里的小学

(1) 好书推荐

图书区里，有孩子们带来的很多关于小学的绘本：《我要上小学了》《上学第一天》《一年级太棒了》《我不怕上学了》《要上一年级啦》等。

这些书都特别有意思：有的描写了上学第一天在学校里发生的一些妙趣横生的故事，有的则是为孩子们加油打气的故事……为了充分利用这些有意思的绘本，我们定期更新“好书推荐”栏目，让每个孩子为自己带来的书“写”出推荐的理由。

图 5-41　关于小学的绘本

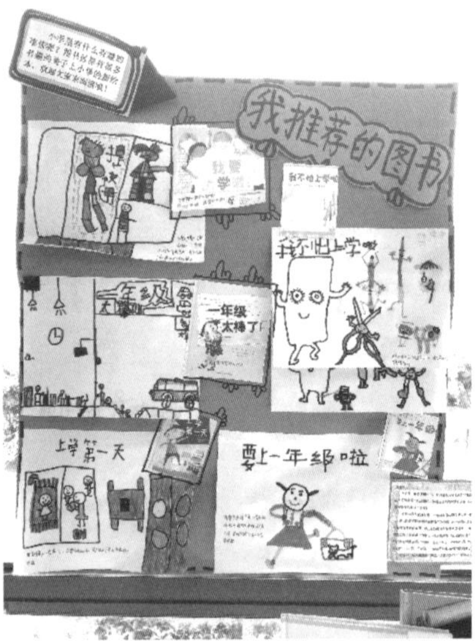

图 5-42　推荐的图书

(2) 阅读日记

孩子们读完书后还写了阅读日记，“写”出读书后的收获……“图书漂流记”鼓励孩子们把图书借回家和爸爸妈妈一起阅读。在这样自主阅读的过程中，孩子们不断增进对小学的理解以及对进入小学的期盼和向往。

图 5－43　阅读日记

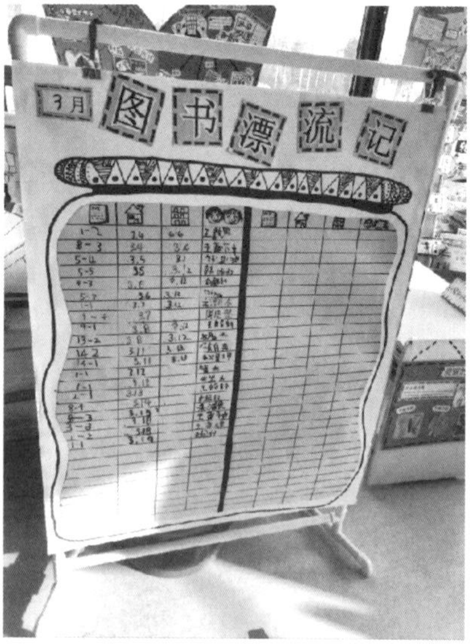

图 5－44　图书漂流记

(3) 图书区的自主管理

既然孩子们是准小学生了，当然要把图书区整理得有条有理。瞧，这些标记和图示都是孩子们自己设计、自己制作、自己布置的。

图 5－45　整齐的图书区

(四) 小学,我来了

第一次参观小学后,孩子们开展了各种表达、分享和交流活动,对小学生活的向往更加强烈,对上小学和做小学生的愿望也更加热切。同时,孩子们的责任感和任务意识也增强了,他们主动对自己提出了更高的要求,在各项活动中都能看到他们努力的样子。5 月,我们准备第二次走进小学。

1. 第二次参观小学

虽然这是孩子们第二次走进小学,可他们的兴致一点儿都没减少,因为他们还有很多想了解的秘密,这一次可是小学生活的深度体验噢!

清晨的阳光照耀在小学校园中,孩子们早早来到了小营小学,在操场上排好队,迫不及待地想要体验小学生活了。

图 5-46 参观小学啦!

图 5-47 和哥哥姐姐一起上课

这次,我们仍然在参观前就"关于小学,你还想了解什么?"的问题开展了热烈的讨论。带着问题,孩子们不仅体验了课堂集体活动,还参观了学校的各个活动室,去了哥哥姐姐们课间休息时喜欢去的凉亭。

小学美丽的花园、图书阅览室、美术工作室、电教室、演奏厅等都吸引着孩子们。孩子们边走、边看、边聊、边研究……原来小学生活除了学习知识,还有这么多丰富的活动!小学生不仅要学习好,还要品德好、身体好……这一次参观小学,孩子们在亲眼观察、亲耳聆听、亲身体验的过程中,对即将踏入的小学有了更加全面和深入的了解,想做小学生的愿望愈加强烈。相信在不久的将来，他们个个都能迈着自信、从容的步伐进入小学，开始新的生活。

图 5－48　参观小学的校园

图 5－49　和哥哥姐姐交流

图 5－50　参观小学的电教室

2. 文具大收集

铅笔盒、尺子、橡皮这些都是小学生要用到的学习用具，孩子们认识并了解了各种文具的作用和使用方法。在日常生活中，他们探索如何把自己的学习用品管理得井井有条。

图 5－51　各种各样的文具

3. 书包的秘密

书包可是小学生的标配呢，书包里有什么？怎么整理小书包呢？

第二次参观小学后，孩子们对小学生的书包和文具仍然很感兴趣，于是我们开始进一步了解书包的秘密。

图 5－52　书包里的秘密

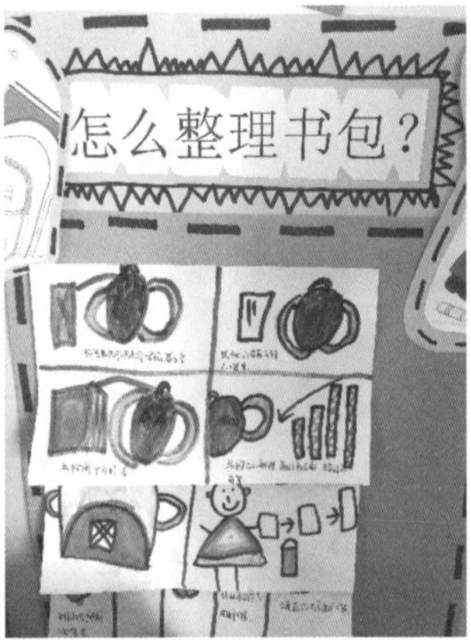

图 5－53　怎么整理书包

生活区，孩子们一起来动手试着整理文具和书包。

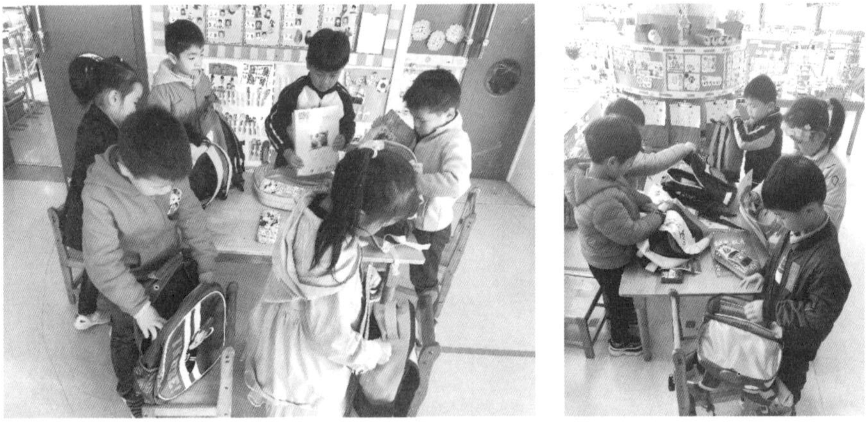

图 5－54　整理小书包 1

不久，孩子们整理起书包来更加有模有样了，也一天比一天娴熟了！

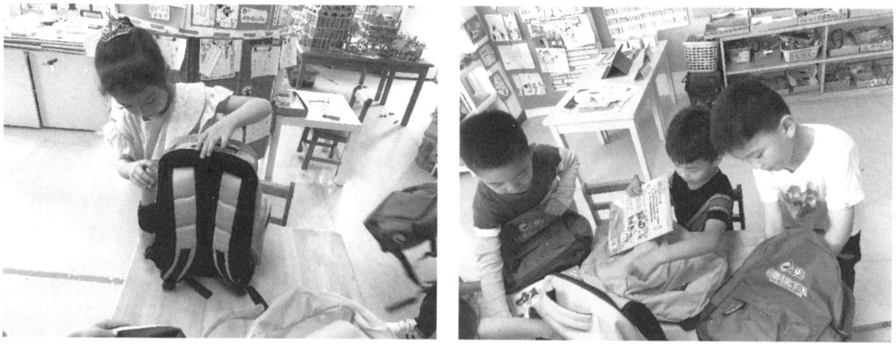

图 5－55　整理小书包 2

4. 我的计划和日记

孩子们越来越清楚地认识到，进入小学后需要学习的知识和本领会增多，于是孩子们自主学习的意识也越来越强。为了进一步引导孩子养成良好的学习习惯，提高自我管理的能力和任务意识，我们鼓励孩子们自己制订每日的计划表；用本子记录每天回家要完成的任务，养成记录任务、主动完成任务的良好习惯。我们还邀请家长们及时反馈任务完成情况，做好家园共育。在前期参观小学的过程中，孩子们都了解了小学的课程表，也开展过相关的活动，因此，在制订自己的计划表时都很有自己的想法。来看看各种计划表吧！

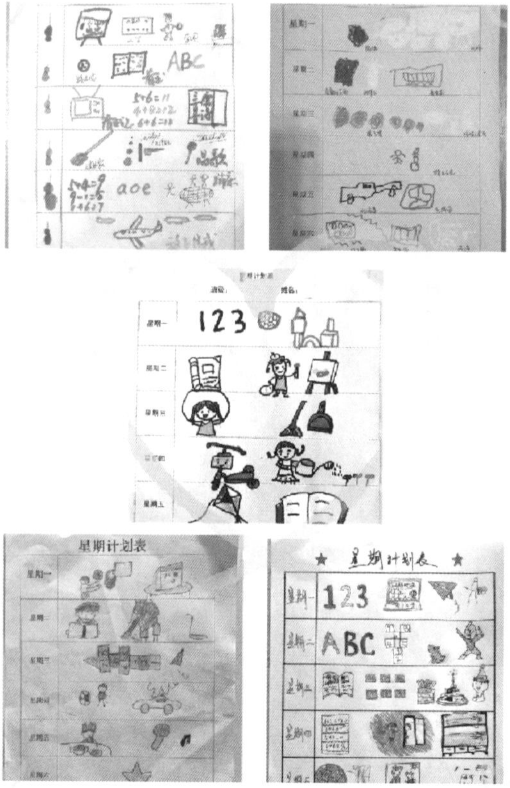

图 5－56　星期计划表

除了在集体活动中制订并交流各自的计划表，孩子们还可以在区域活动中随时制订计划表，活动后记录自己的感受和趣事等。

哪种造型的纸筒力量最大？

?			

图 5－57　科学活动计划

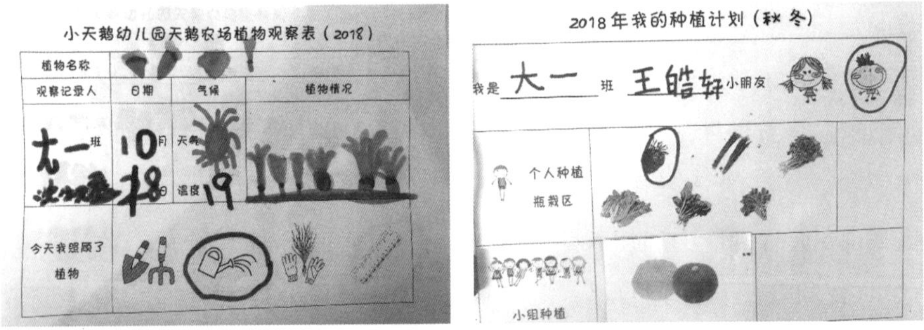

图 5－58　种植计划

图 5－59　暑假日记

图 5－60　阅读日记

5. 时间很重要

(1) 按时到校

图 5－61　到园登记表

幼小衔接中培养幼儿的时间意识尤为重要。孩子们要懂得守时、惜时，学会合理地安排时间。结合日常生活，我们注意采用各种小策略帮助幼儿养成做事不拖拉的好习惯。比如班级门口放了每日到园签到表，孩子们根据到园的时间在对应的卡片上写上自己的名字，每日按时打卡。在打卡的过程中，孩子们练习了书写自己的名字，还了解了时间的记录方式，更重要的是在相互交流的过程中懂得了要遵守时间，按时到校！

(2) 迟到大王

班上有几个孩子由于各种原因总是会迟到，每次打卡的时候都不见他们的名字。孩子家长也跟我交流过，说是孩子每天早上在家磨磨蹭蹭的，一路上都不高兴，情绪低落。他们也很担心以后上小学的时间会更早，孩子会有上学拖延症，等等。

于是，结合绘本《迟到大王》，我们开展了一系列活动。

《迟到大王》讲述了一个极具想象力的故事。故事中的小男孩每天上学奇遇不断，于是总是迟到，而老师认为他在撒谎，由此引发了一些有趣的故事。

主人公充满趣味的上学路，让孩子们捧腹大笑，大家想象着自己在上学路上可能会遇到的有趣的事情：有的孩子希望在上学途中能遇到到几只小猫咪；有的说可能会遇上一场糖果雨；有的说也许有人会在街头表演，拦着他不让他上学，非要请他去看表演；还有的孩子说也许在上学的路上会遇到汪汪队的小伙伴们……

这些会心的哈哈大笑，缓解了孩子们对上学的抵触情绪。他们悄悄交流，以后每天得早早出门，说不定上学路上真的会有意想不到的惊喜呢！

当孩子们把各自的想象画下来，共同创作了一本绘本后，南南建议："这个故事和我们读过的《啊哈！幼儿园》有点像，我们干脆给它再起一个名字，就叫《啊哈！小学》吧。"这个建议得到了大家的认可，于是，大一班集体创作的绘本《啊哈！小学》问世了！

(3) 我的一天

孩子们一天要做很多事情，为了让他们对时间有更清楚的了解，增强他们的时间观念，我们开展了关于时间的系列活动。

在"一分钟能做什么"活动中，孩子体验时间的短暂和珍贵，理解合理安排时间的重要性。

在"认识整点和半点"活动中，孩子们学会根据图和钟面判断时间，知道时间的记录格式且能正确记录，并对幼儿园一天的活动进行排序。

老师、家长在班级和家里为幼儿提供合适的钟表，让幼儿能随时观察时间的变化，了解时间与日常生活的关系。

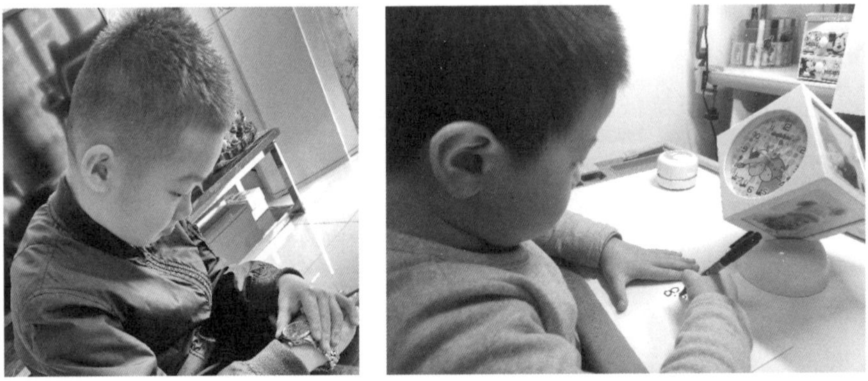

图 5-62　观察钟表

在"时间列车"活动中，孩子们联系自己的生活，理解年、月、日与自己成长的关系，并了解重要的日子对于人们的意义，从而萌发珍惜时间、热爱生活的情感。

我们在班级中设置日历牌，由孩子们根据日期翻开对应的数字。每个孩子都能知道今天是星期几、是几月几号，以及今天要完成的重要事项。

图 5 - 63　时间小主人

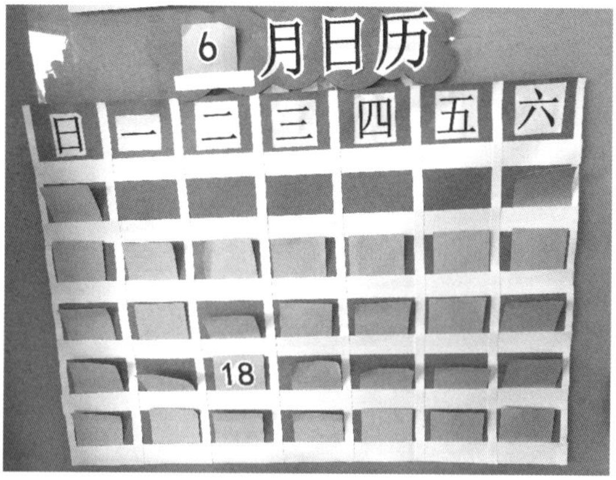

图 5 - 64　班级日历牌

孩子们共同将每天的游戏、学习和生活环节在“我们的一日生活”区域里呈现，更清楚地知道一天中每个时间段需要准备什么、做些什么。每个环节活动结束后，孩子们就将相对应的图示翻盖过去，表示这个时间段的活动已经结束了。

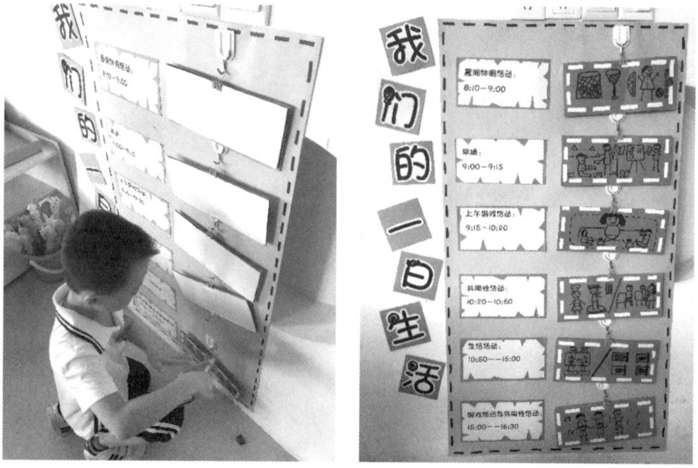

图 5 - 65　我们的一日生活

教师的思考

惜时、守时是良好的习惯，更是幼儿升入小学乃至一生受益的良好品质，因此成为我们在主题活动中关注的重点。我们着力将培养幼儿遵守时间的观念渗透在一日生活中，并根据幼儿的学习特点，通过开展一些需要幼儿实际操作的活动切实提高幼儿管理时间的能力，这有利于幼儿将时间观念转化为实际的行动，以更好地面对即将开始的小学生活。

6. 今天我是值日生

值日是小学生的又一个重要职责，学当值日生是培养幼儿任务意识、服务意识的有效途径。在对比了幼儿园值日生与小学值日生的不同后，我们在班级内设置了“今天我是值日生”区域，孩子们迁移小学值日生的认知经验，自主讨论值日生的工作内容和要求，如收放桌椅、摆放餐具、养护花草、帮助同伴等，并绘制了值日生的工作图示等。每组孩子根据自己的意愿选择每周值日的时间和具体分工，还会完成值日生日记。

图 5－66　我们是小小值日生

第三次课程审议

在前期的主题活动中，教师做到了两个结合。

一是参观与实践相结合。两次参观小学的活动都没有仅仅停留于参观，而是与参观后的实践活动相联系，参与式地解决了孩子们自己的疑问，达到知行合一的效果。

二是集体活动、生活活动、区域活动、家庭活动等各种活动相结合。教师将幼小衔接教育贯穿在班级的一日活动中，支持幼儿主动参与其中，如图书区提供和小学有关的绘本；建构区鼓励幼儿在已有经验的基础上，搭建一所更棒的小学；生活区支持幼儿学习整理书包等相关的学习物品；值日生活动培养了幼儿的责任意识；“我的一天”“按时到校”等活动增强了幼儿的时间观念和规则意识；自主制订计划的活动提高了幼儿的自我管理能力……与幼小衔接密切相关的学习品质都渗透在了幼儿的日常生活中。在这个过程中，幼儿深化了对小学的了解，体验了成长的快乐，想成长为小学生的愿望也愈加强烈。而家长在这个过程中也得到了来自教师的专业帮助，树立了正确的幼小衔接观，对幼儿建立合理的期望；个别家长的升学焦虑也缓解了，他们与幼儿共同成长。

随着毕业季的来临，教师要继续以幼儿视角来做毕业活动，紧随幼儿的兴趣和经验、问题和探究，关注幼儿的能力培养和有益于终身发展的品质培养。

（五）我们毕业了

毕业季系列活动是幼小衔接活动中不可或缺的一部分。在这一次毕业季活动中，我们更加关注孩子们的想法，鼓励他们提出自己对毕业活动的设想，支持他们成为毕业季活动的计划者、组织者和积极参与者。

1. 我的毕业我做主

“我们要办一个与众不同的毕业季活动！”当我把这个想法告诉孩子们

时,他们似乎没有我预料中的兴奋和期待。“在毕业季活动中可以吃吃喝喝玩玩,做什么都行。”我试图进一步“诱惑”,“或者大家有什么梦想和愿望,说不定也能实现哦!”

“不可能吧,我想吃顿大餐……”多多的话音未落,全班孩子都乐了。“我也想,我也想。”“我想玩好久好久。”“我想开个舞会,我想穿白雪公主的裙子。”“我想疯狂一下,哈哈……”孩子们的兴奋点如我所愿地被调动起来,于是,一个独特的毕业季活动在孩子们的自主设计和讨论中渐渐拉开了序幕。

2. 毕业时光隧道

毕业时光隧道的一头是温馨美丽的幼儿园,另一头是孩子们期待的小学,走过这条时光隧道,就成为一名小学生了。

(1) 我的梦想

“我的梦想是当一名老师。”“我的梦想是做一名消防员。”“我的梦想是当警察。”……毕业之际,孩子们记下了自己的美好愿望,他们希望把这些愿望留在幼儿园,二十年后再回到这里,寻找最初的梦想!

图 5-67　我们的梦想

（2）毕业感言

分别总是不舍的，孩子们在幼儿园留下了自己对未来的憧憬，也留下了对幼儿园、老师、同伴的不舍。

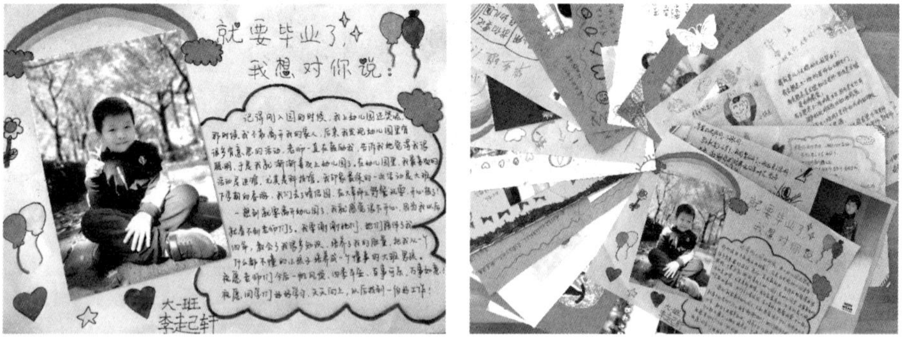

图 5－68　我想对你说……

（3）缤纷毕业留影

伴随着轻快的相机快门声，将瞬间定格成永恒，创意无限的毕业照给孩子们留下了美好的回忆。大家都说，要把这些照片都保存好，永远不会忘记小伙伴们。

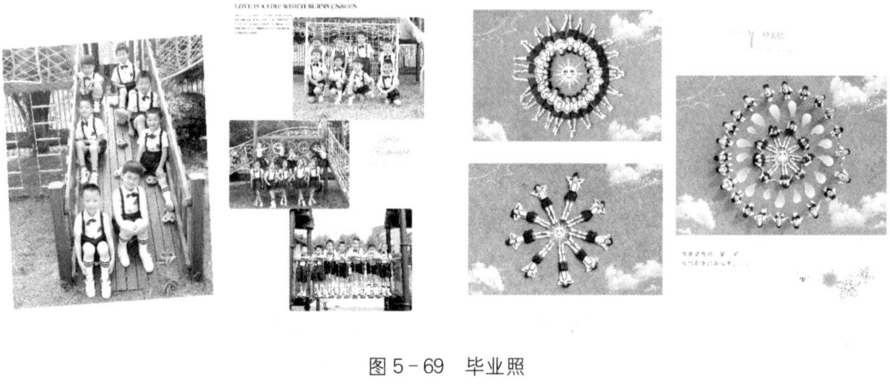

图 5－69　毕业照

（4）精彩毕业旅行

最美风景在途中，和小伙伴们开启一场毕业旅行，手拉手，感受同行的快乐！

图 5-70　玄武湖毕业之旅

（5）美味毕业聚餐

就在幼儿园吃顿大餐吧！孩子们自己动手制作菜单。瞧，大家把想吃的美味都画了下来，还和负责伙食的保健老师、伙房叔叔进行了交流，确定了自助晚餐的食谱。

图 5-71　自己订食谱

图 5-72　毕业自助晚餐开始啦！

（6）快乐毕业狂欢

一起唱歌，一起舞蹈，一起游戏，尽情地狂欢，尽情地欢笑……

夜幕初降，音乐篝火晚会终于要隆重登场了，每个孩子自己挑选了晚会上穿的衣服，把自己打扮得美美的！

图 5-73　篝火晚会开始啦！

(7) 温馨毕业宿营

今天，我们要睡在幼儿园，还是睡在帐篷里哦。瞧，孩子们根据计划自己动手，收拾好换洗衣服和生活用品，准备好自己的小背包。

图 5-74　宿营要准备些什么

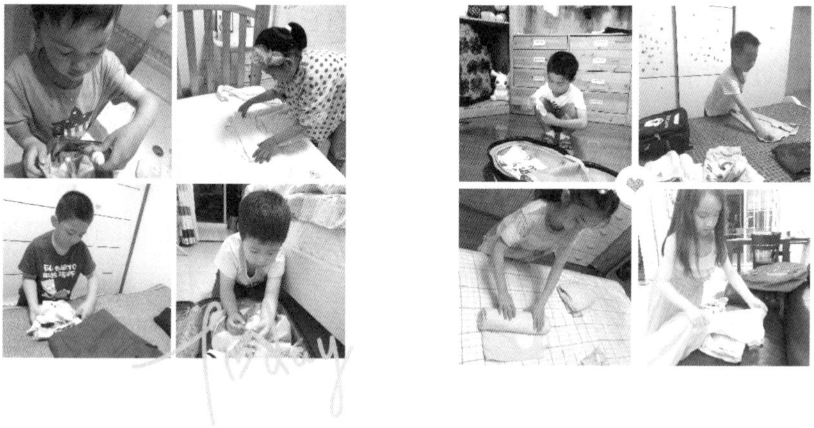

图 5－75　自己收拾宿营衣物

在爸爸妈妈的帮助下，大家搭起帐篷，还给自己的帐篷贴上了标记。今夜，孩子们要和自己的小伙伴们相伴入眠，陪伴着亲爱的幼儿园进入甜蜜的梦乡。

图 5－76　自己做帐篷上的标记

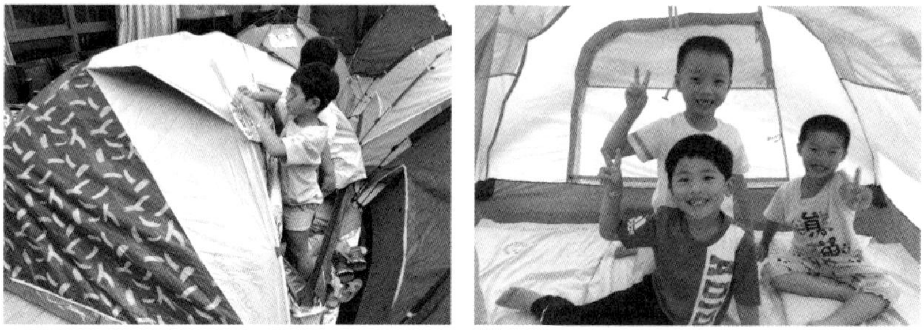

图 5－77　搭帐篷，整理床铺

(8) 梦想毕业典礼

“童年似画，毕业如歌”，毕业典礼是毕业时光隧道的最后一站了。穿上毕业服，戴上毕业帽，在毕业留言墙上写下自己的名字，从园长妈妈手中庄严地接过人生的第一张毕业证书，今天，孩子们毕业了！

夏花绚烂的季节，绿荫渐浓，荷塘浮香。夏至是一年中白昼最长的一天，也留下了大班孩子们长长的快乐和欢笑，长长的留恋与不舍……夏至成景，希望如诗，难忘的毕业季，诠释了美好的相遇、温馨的回忆、快乐的成长和真诚的祝福！

图 5-78　在签名墙上写下自己的名字

图 5-79　园长妈妈颁发毕业证书

第四次课程审议

毕业季活动是大班幼儿离园阶段的课程“主旋律”，是幼小衔接教育中一段珍贵的经历，也将对幼儿的未来产生深远的影响。

“如何让幼儿成为毕业活动的主体，主动学习、自主成长？”“如何让幼儿的毕业告别在获得情感体验的同时变得更有意义和价值？”……这些都是需要教师提前思考的问题。教师在毕业季中要做的就是倾听幼儿的想法，鼓励他们表达自己的愿望，支持幼儿参与毕业活动的设计和筹备工作。

“我的梦想”“毕业感言”“精彩毕业旅行”等一列毕业活动中都有孩子们的积极参与和教师的深刻思考。在系列活动中，教师能充分挖掘每一个活动所蕴含的教育价值，追寻幼儿的兴趣，尊重他们的想法，激发他们的主动性。孩子们在筹划毕业活动的过程中，不仅提高了自己的思考规划能力、社会交往的能力、同伴协作能力，还在潜移默化中养成了良好的生活习惯，树立了认真的学习态度，为较好地适应小学生活奠定了基础。

三、主题总结

（一）活动脉络图对比

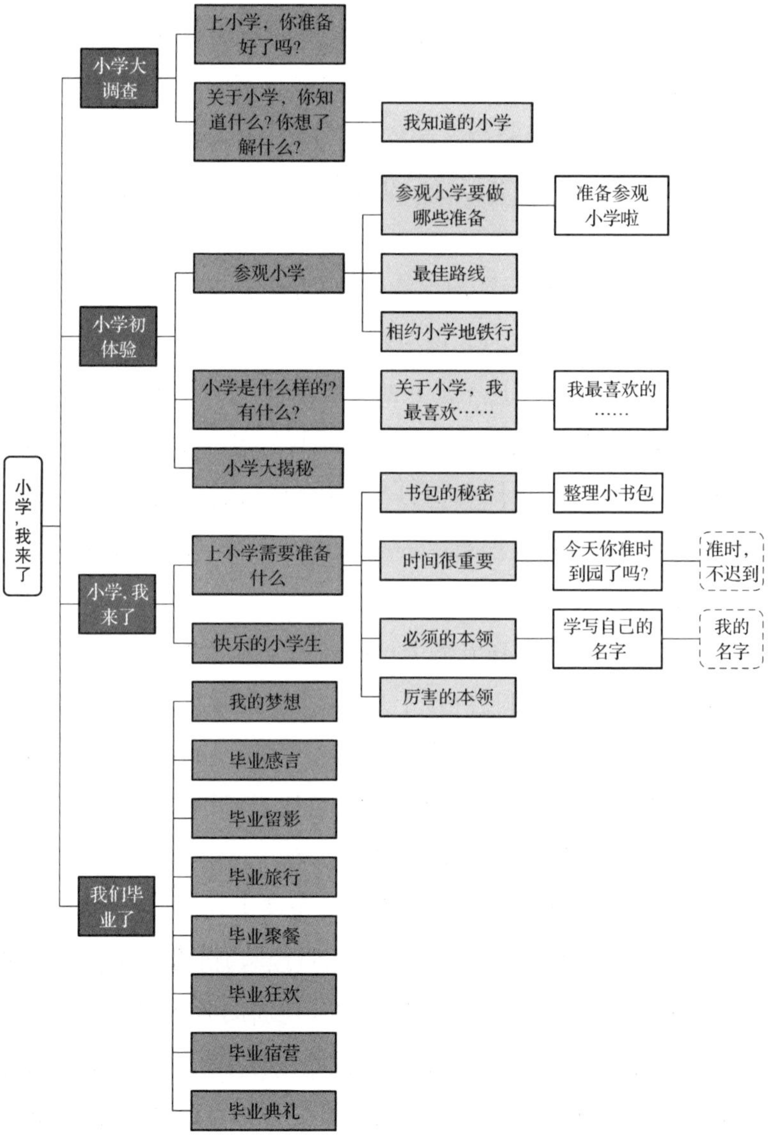

脉络对比说明

参观小学是幼小衔接教育中极重要的活动，因此我们在预设主题网络时以“参观小学”作为主题的生长点，预设“小学大调查”“小学初体验”“小学我来了”三个系列活动。随着幼儿兴趣的不断变化，新经验的不断生长，主题脉络的不断生成，师幼共同生发了新的活动，使主题网络更加丰富、灵动。

在“小学初体验”中，当有个别孩子提出“参观需要带什么？”“怎么去小学”等问题时，我们关注到幼儿个体经验对主题的建构带来的重要意义，及时展开了充分的讨论，让幼儿自己去解决这些真实的问题，在孩子们提出应该画一张路线图后，“最佳路线”“相约小学地铁行”等活动便自然而然地生成了。可见，教师能追随儿童经验与幼儿共同不断生发新的活动，成为幼儿学习的有效促进者。

幼小衔接教育中良好生活习惯的养成，责任意识、时间观念等方面的培养都是和生活紧密相连的，因此该主题活动尤其注意把生活活动作为主题活动开展的重要途径，并渗透于幼儿的一日生活之中。例如，早上入园时每个孩子都可以在专门的表格中填上时间、签上名字；自由活动前可以给自己定一份“课间十分钟”的小计划；值日生可以自己选择值日的时间和具体工作；活动后幼儿可以随时整理自己的小书包……这样的内容才是真正贴近儿童发展需要的。

主题活动开展的后期，在开展了一系列关于升入小学的活动后，“毕业”让孩子们有了更多的体会和感悟，于是，幼儿自主设计、实施的毕业季活动自然而然地生成了。“我的梦想”“毕业感言”“毕业旅行”“毕业聚餐”“毕业狂欢”“毕业典礼”等8个活动组成了“小学，我来了”主题活动的高潮，幼小衔接教育也变得更加生动、有趣和有现实意义。

此外，在主题活动开展的过程中，我们充分考虑到把资源作为课程的一部分，对附近可利用的地域文化、生活场所、人员经验、物质材料、数字音像等资源等进行了调查、梳理和分类，由此生发出一些新的活动，如相关绘本的投放就引发了一系列阅读、讨论和表征活动。网络中标出的活动都是系列的、整合的，体现了集体活动、区域活动、游戏活动、生活活动以及家庭活动的有机整合。

（二）儿童经验分析

在预设“小学，我来了”主题活动中幼儿可能获得经验过程中，我们尽可能地捕捉与之相关的事件、问题、兴趣以及幼儿的个体经验，用调查、前测表等方式进行汇总归类。同时，参照我园艺术化课程的 6 个层级目标来确定主题的经验目标，是可感、可知、可体验且符合幼儿兴趣、发展需求及年龄特点的。

随着主题活动的推进，我们深深体会到活动与幼儿生活是不可分割的。升入小学、做一名小学生就是幼儿的现实生活，而在这过程中，我们要解决的就是幼儿真实的问题，比如怎么做才能不迟到、书包怎么收拾、怎么和小学的新朋友交往等，这样的幼小衔接活动才是有价值和有意义的。因此，我们更加关注幼儿的情感、习惯、品质等方面的经验。

陶行知说：“‘学’字的意思，是要自己去学，并不是坐而受教；‘生’字的意思，是生活或者生存。将两个字放在一起来看，就是自主地学会生活，也就是学习人生之道。”在整个幼小衔接教育的过程中我们支持幼儿通过自我管理、同伴合作、自主探索来主动学习解决问题，在解决问题的过程中获取了源源不断的新经验和活动初期没有预设到的经验，这也是主题活动结束后教师回过头去需要重新梳理、总结、归纳的。

（三）教师的感悟

通过这个主题活动，我们对幼小衔接教育有了新的认识和体会。幼小衔接工作应该是一项渗透在幼儿园三年生活中的潜移默化的教育，而不是一个主题活动或几个子活动就能完成或是达到目的的。幼儿园、教师、家长需要时刻关注和了解幼儿的想法，从培养幼儿的良好素质入手，真正地从责任心、生活自理能力、坚持性、学习习惯、时间观念等方面为幼儿入学做好准备。同时，幼小衔接工作需要家园合作、共同实施，家长的积极参与是实现家园共育的重要保障。

在“小学，我来了”这个主题活动中，我们格外重视班级教师与幼儿、家长共同参与构建课程。我们有效利用班级、幼儿园、家长、社区等的各种资源,关注幼儿的自主、深度学习,支持幼儿获得新的经验,并使经验不断生长。

(1) 关注幼小衔接的重要性,进行积极、有效的预研究

在以往的观念中,课程就是既定的教材,教材是课程实施的唯一重要的来源。这种固化的理念不仅制约了教师主体性的发挥,也局限了课程的生长,阻碍了儿童的发展。

幼小衔接主题活动是每年、每个幼儿园都必然会开展的活动,但也正因为如此,往往会固化一些活动的方案,教师安排了全部的活动。这看似是教师在自我专业经验基础上,引导幼儿了解小学,学习新的本领,但实际是扼杀了幼儿自主学习能力,而幼儿的自主学习则是幼小衔接主题活动中最重要的价值体现。因此对于教师来说,最重要的就是要改变教育惰性,进行有效的预研究。正如虞永平教授在《科学准备,快乐入学》中提出的:"幼儿园教育的根本目标就是要让幼儿全面和谐发展,各方面的发展对幼儿进入小学都很重要,如基本经验、生活习惯、学习品质、学习能力、社会性和情感等,每一个方面都不能少、不能差,这就是全面发展。"因此在"小学,我来了"这个主题活动中,我们关注了幼儿的生活习惯、学习品质等各方面,从他们的经验出发,为他们提供尽可能多的发展空间,支持他们自主学习,让有意义的幼小衔接问题和幼儿经验都成为教育资源,以促进幼儿的全面发展。

(2) 以问题为导向,鼓励幼儿主动、深度学习

主题活动,是教师根据本班幼儿的兴趣与实际需求生发而来的,然而随着活动的进行,儿童的兴趣和经验一定会发生不同的变化,而且也一定会出现教师没有预想到的情况,所以各种问题会层出不穷,而这些问题恰恰是幼儿经验生长的契机。课程是动态的,教师切不能固守预设的方向,而应该不断调整、修改,使主题活动更符合儿童经验发展的需要。

在"小学,我来了"主题活动的每一个环节中,我们都鼓励幼儿提问,通过问题推进主题的深入。比如要参观小学了,我们不再像以往那样成为整

个参观的主导者，安排好时间、路线、要求等，而是把这个权利交给了幼儿。

① 参观小学前，孩子们提出的问题：怎么去小学？

由此引发出的挑战：制订去小学的路线。

参观前，孩子们自己制订去参观的路线，由他们决定走哪条路。当孩子们具备了足够的经验后，我们很惊喜地发现他们会聪明地选择既安全又便捷的路线。而在去往小学的路上，除了叽叽喳喳地和同伴说些开心的事以外，他们还会对自己制订的这条路线的沿途事物进行观察。

② 参观前孩子们提出的问题：小学究竟是什么样的？

由此引发的挑战：小学，我想对你说。

参观前，我们进行了一次谈话活动“小学，我想对你说”，让每个孩子说一说这次参观小学，想了解什么，有什么担心或是有什么其他的想法，还让孩子们用绘画进行了记录。当然这份记录的作用远不止于此，参观后孩子们对照参观前的记录谈了感受，并把没有了解的事项再次标注，为第二次的参观做好准备。

③ 参观后孩子们提出的问题三：上学要是学习不好，爸爸妈妈会批评吗？

引发的挑战：亲子间的心灵碰撞。

成为一名小学生对于孩子们来说是充满期待和憧憬的，但是孩子们又会有或多或少的担忧。第一次参观的过程中，班上那个一直在低着头或是往窗外望的女生说上学太辛苦了，要写好多作业，还要早早地去学校，她肯定会迟到。

要上学了，孩子和家长都有很多顾虑，而这是孩子和家长需要共同面对的问题，只有沟通交流、互相鼓励才是最好的方法。于是，我们让每个孩子自由地谈谈自己对上小学的看法，给每个孩子录了一段视频，发给每一位家长看，同时请家长们在看过孩子的视频后也录一段话送给孩子。

(3) 从班级资源到公共资源，从同伴分享到资源共享，关注幼小衔接活动中教育资源整合的重要性家长资源助力了幼小衔接活动的实施。我们班有家长是小学教师，活动开展的不同阶段，我们邀请他们来到幼儿园，请他们走进班级，给孩子们介绍小学的生活，解答孩子们的疑惑；一些小学生也是我们的资源，我们邀请他们拍一些视频，跟孩子们分享他们在小学校园里的开心事。除了这些资源以外，班上的每一位家长也是我们不可或缺的有效资源。每一次活动后，我们都会把活动的照片或心得在家长群里进行分享，家长们畅所欲言、集思广益，不仅研讨交流，还能分享自己的育儿心得。

社区资源推动了幼小衔接活动的前进。社区、小学是我们开展各项活动的另外的场所。只有通过参观、交往、模拟等多种活动，让幼儿真正了解小学生活，他们才能生发对小学的向往和成为小学生自信。

附录:艺术化课程核心经验

我们根据艺术化课程目标,以《指南》中的儿童发展目标为纲,借鉴参考了南京师范大学出版社出版的"核心经验与幼儿教师的领域教学知识丛书"、北京师范大学出版社出版的《幼儿园教育与教学大纲》、教育科学出版社出版的"高瞻课程的理论与实践"丛书、上海交通大学出版社出版的《学前儿童音乐教育活动设计与指导》、北京联合出版公司出版的《通向数学:教师指导手册》等,制订了艺术化课程中儿童学习与发展的核心经验,具体分为六个方面——运动与健康、交流与读写、认知与理解、表达与创造、交往与适应、习惯与态度,并根据年龄特点进行了层级划分。

一、运动与健康

(一) 身心健康

表1 身心健康

小班	中班	大班
1. 愿意参加运动,知道食物的名称及其营养价值 2. 情绪比较稳定,很少因一点小事哭闹不止 3. 有比较强烈的情绪反应时,能在成人的安抚下逐渐平静下来 4. 能在较热或较冷的户外环境中活动 5. 换新环境时,情绪能较快稳定,睡眠、饮食、如厕基本正常 6. 在帮助下能较快适应集体生活	1. 知道食物对健康茁壮成长很重要 2. 经常保持愉快的情绪,不高兴时能较快缓解 3. 有比较强烈的情绪反应时,能在成人提醒下逐渐平静下来 4. 愿意把自己的情绪告诉亲近的人,一起分享快乐或求得安慰 5. 主动锻炼身体,能在较热或较冷的户外环境中连续活动半小时左右 6. 换新环境时,较少出现身体不适 7. 能较快适应人际环境中发生的变化,如换了新老师	1. 知道运动和健康的食物对身体有好处,能坚持运动 2. 经常保持愉快的情绪,知道引起某种情绪的原因,并努力调解 3. 能识别自己的情绪,以恰当的方式表达情绪,不乱发脾气或长时间处于消极情绪状态 4. 表达情绪的方式比较适度,不乱发脾气 5. 能随着活动的需要转换情绪和注意力 6. 积极锻炼身体,能在较热或较冷的户外环境中连续活动半小时以上 7. 天气变化时较少感冒,能适应车船等交通工具造成的轻微颠簸 8. 能较快融入新的人际关系环境,如换了新的幼儿园或班级,能较快适应

（二）动作发展

表 2 动作发展

小 班	中 班	大 班
1. 能沿地面直线或在较窄的低矮物体上走一段距离 2. 能双脚灵活交替上下楼梯 3. 能连续行走 1 千米左右 4. 喜欢玩球、沙包、圈、绳等小型运动材料 5. 能做简单的移动运动，如能身体平稳地双脚连续向前跳 6. 能单脚连续向前跳 2 米左右 7. 分散跑时，能躲避他人的碰撞 8. 能快跑 15 米左右 9. 能双手向上抛球 10. 能双手抓杠，悬空吊起 10 秒左右 11. 能单手将沙包向前投掷 2 米左右 12. 能用笔涂涂画画 13. 能熟练地用勺子吃饭 14. 能用剪刀沿直线剪，边线基本吻合 15. 在帮助下能穿脱衣服或鞋袜 16. 在提醒下能自然坐直、站直 17. 能原地连续拍接球 18. 对篮球有初步的兴趣和爱好，初步学会投篮(投篮距离:1—1.5 米。篮框高度:0.8 米) 19. 愿意参加足球游戏活动，会用脚踢球和简单地控制球，有初步的球感	1. 能在较窄的低矮物体上平稳地走一段距离 2. 能连续行走 1.5 千米左右 3. 能连续拍球 4. 能助跑跨跳过一定距离，或助跑跨跳过一定高度的物体 5. 尝试做复杂的移动动作，如能单脚连续向前跳 5 米左右，能快跑 20 米左右 6. 能与他人玩追逐、躲闪跑的游戏，运动时能主动躲避危险 7. 能以匍匐、膝盖悬空等多种方式钻爬 8. 能连续自抛自接球，抛球高度不低于 1 米，能跟随球移动的方向移动身体，动作灵活 9. 能单手将沙包向前投掷 4 米左右 10. 能沿边线较直地画出简单图形，或能将边线基本对齐地折纸 11. 能沿轮廓线剪出由直线构成的简单图形，边线吻合 12. 对篮球感兴趣，学会简单的持球、运球，传球、投篮及时(投篮距离:1.5—2 米。篮框高度:1.08 米) 13. 能双人原地和行进间地传球，学会基本步法:侧身交叉步、跨步、小碎步、滑步、攻击步、变向跑、变速跑、侧身跑、后退跑等 14. 喜欢足球运动，了解一些足球运动的明星，手、眼、脚能够协调地传球、带球和射门，有一定的体能和耐力	1. 能在斜坡、荡桥和有一定间隔的物体上较平稳地行走 2. 能连续行走 1.5 千米以上 3. 能连续跳绳 4. 能单脚连续向前跳 8 米左右 5. 能快跑 25 米左右 6. 能熟练地做一些协调性的复杂的移动动作，如能以手脚并用的方式安全地爬攀登架、网等 7. 经常保持正确的站、坐和行走姿势 8. 能单手将沙包向前投掷 5 米左右 9. 能根据需要画出图形，线条基本平滑 10. 能手眼协调地沿轮廓线剪出由曲线构成的简单图形，边线吻合且平滑 11. 能熟练使用筷子，吃东西时细嚼慢咽 12. 能使用简单的劳动工具或用具 13. 有运动游戏的基础，乐于参加一些带有比赛性质的游戏，如接力赛 14. 喜欢篮球运动，能正确地持球、运球、传球、投篮，有一定的左右手运球能力和运球速度(投篮距离:1.5—2 米。篮框高度:1.5 米) 15. 能简单地、不加防地急停急起、变向、后传等 16. 能左右脚交替运球，手脚动作协调，有一定的准确性、协调性和肌肉的力量与关节的柔韧性 17. 足球活动中有一定的团队合作能力

(三) 生活自理和自我保护

表 3　生活自理和自我保护

小　班	中　班	大　班
1. 在帮助下能完成一些自我生活管理,如能穿脱衣服或鞋袜 2. 能将图书或玩具放回原处 3. 不吃陌生人给的东西,不跟陌生人走 4. 在提醒下能注意安全,不做危险的事 5. 在公共场所走失时,能向警察或有关人员说出自己和家长的姓名、电话号码或家庭住址等简单信息 6. 愿意在成人的陪同下参加幼儿园安全演练	1. 自己能完成一些自我生活管理,如能自己穿脱衣服、鞋袜,扣纽扣。有需要时,能主动请求帮助 2. 主动模仿、学习同伴的生活小技能 3. 知道在公共场合不远离成人的视线单独活动 4. 认识常见的安全标志,能遵守安全规则 5. 运动时能主动躲避危险,知道简单的求助方式 6. 主动参加幼儿园安全演练,了解简单的自护方法	1. 自己能完成大多数的自我生活管理,发展新的自理能力,并能帮助同伴 2. 未经大人允许不给陌生人开门 3. 自觉遵守基本的安全规则和交通规则 4. 运动时能注意安全,不给自己和他人造成危险,遇到危险状况能及时求助 5. 积极参加地震、火灾等安全演练,了解基本的防灾知识和自我保护的方法 6. 能根据冷热增减衣服,会自己系鞋带

二、交流与读写

(一) 倾听交流

表 4　倾听交流

小　班	中　班	大　班
1. 能在较短时间内安静倾听他人说话 2. 能用简单完整的句子与熟悉的人交流,会借助动作、表情、图画等方式辅助自己的表达 3. 愿意在熟悉的人面前独立讲述自己熟悉或喜欢的事物 4. 能口齿清楚地说儿歌、童谣或复述简单的故事 5. 基本会说本民族、本地区的语言或普通话 6. 能用常见的动词描述人与事物之间的简单关系 7. 能听懂日常会话、简短的儿歌或故事	1. 在集体中能有意识地倾听与自己有关的信息 2. 能结合情境,感受到不同语气、语调所表达的不同意思 3. 愿意与他人交谈或参与他人谈话,将话题与自己的经验相结合,并有意识地运用动作、姿势、表情等方式辅助表达 4. 喜欢谈论自己感兴趣的话题,能注意运用一些生活中或文学作品中习得的形象生动的词句 5. 会说本地区的方言,基本会说普通话,能用普通话进行日常会话 6. 能基本完整地讲述自己的所见所闻和经历的事情 7. 会使用常用的连接词表明事件发生的顺序	1. 在集体中能注意听老师或其他人讲话,充分理解他人的意思,初步听懂话语中的隐含意思 2. 听不懂或有疑问时能主动提问 3. 能结合情境理解一些表示因果、假设等的相对复杂的句子 4. 能主动发起谈话,会根据不同对象运用不同语言、语气及词汇帮助对方理解 5. 能有序、连贯、清楚地讲述一件事,讲述时能使用常见的形容词、同义词等,语言比较生动。会使用复杂的语言,如带有“当”“如果”“因为”或者“既然”的句子 6. 懂得按次序轮流讲话,不随意打断别人,能根据所处情境,使用恰当的语言,如在别人难过时会用恰当的语言表示安慰 7. 会说本民族或本地区的语言和普通话,发音正确清晰,少数民族聚居地区幼儿基本会说普通话

（二）阅读书写

表5　阅读书写

小　班	中　班	大　班
1. 对阅读感兴趣，主动要求成人讲故事、读图书 2. 爱护图书，不乱撕乱扔 3. 能理解图书上的文字是和画面对应的，是用来表达画面意义的 4. 借助已有的生活经验内容，理解作品中相关词汇的意思 5. 翻阅图书，对书中的一些画面感兴趣 6. 记得（复述）故事或书本中的1—2个细节 7. 喜欢用涂涂画画表达一定的意思	1. 喜欢把听过的故事或看过的图书讲给别人听 2. 对生活中常见的标识、符号感兴趣 3. 能根据连续画面提供的信息，大致说出故事的情节 4. 说出书的某些部分的名称，如封面、标题和页码 5. 将书正确摆放（正面朝上）；从左向右翻页；从头开始阅读，知道故事从哪里开始 6. 愿意用图画和符号表达自己的愿望和想法 7. 在成人提醒下写写画画时姿势正确	1. 喜欢与他人一起谈论图书和故事的有关内容 2. 对图书和生活情境中的文字符号感兴趣，乐于询问其相关含义 3. 能说出书的许多部分的名称，如封面、封底、文字作者、插画作者和页码 4. 对看过的图书、听过的故事能说出自己的看法 5. 能说出所阅读的幼儿文学作品的主要内容 6. 养成阅读习惯，如按顺序翻动书页；如果错过一页，会往前翻 7. 愿意用图画和符号表现事物或故事 8. 知道文字表示一定的意义，会正确书写自己的名字

三、认知与理解

(一) 数与量(数、数量、集合、分类)

表 6　数与量

小　班	中　班	大　班
1. 能感知和区分物体的大小、粗细、长短、高矮、厚薄、轻重等量方面的特点,并用相应的词语描述 2. 能用一一对应的方法对 5 以内两组物体进行数量比较,并尝试将其变成一样多 3. 能排除物体的大小干扰,判断 5 以内数量的多少 4. 用重叠对应的方法,进行 5 以内的长短、多少排序 5. 能一一对应地按大小顺序排列 4 对物体,体验物体从小到大的顺序关系 6. 能把一个集合的东西分成多组 7. 感知几个部分可以合成一个整体 8. 能排除干扰,按颜色、大小、形状、数量等单一的维度进行分类	1. 能用计数的方法比较 10 以内两种物体的多少,理解数与数之间的关系,会用数词描述事物的排列顺序和位置 2. 能按数量 6—10 做等量集合和匹配等量物群 3. 能为物群匹配相应的数字,表示其数量特征 4. 能用计数的方法进行 10 以内的数量比较 5. 理解 5 以内物体的高矮顺序关系 6. 比较 7 以内的数量,感知数的大小关系 7. 比较两个集合,感知其关系 8. 将一组物品分成几组,并进行描述 9. 感知二维(行、列)坐标的意义,综合行、列坐标信息匹配相应物体	1. 对 30 以内的物体能按群计数 2. 感知 10 以内的数差关系,进行自主排序 3. 理解单双数的概念,知道 10 以内的单数、双数 4. 在应用情境和操作中理解加和减的实际意义,感知算式结构,并通过实物操作或其他方法进行 10 以内的加减运算 5. 感知数字的不同用途并应用数字正确表示,如基数、序数、日期、时间、钱币等 6. 理解层级分类板的结构,能做层级分类,体验集与子集的包含关系 7. 能进行简单的调查统计,用记录表、统计图等统计数量关系 8. 理解网格中行、列坐标的意义,用坐标值表征目标物体的位置

(二) 图形与空间

表 7　图形与空间

小　班	中　班	大　班
1. 能注意物体较明显的形状特征,并能用自己的语言描述 2. 感知物体的基本空间位置与方位,理解上下、前后、里外等方位词 3. 丰富对圆形、正方形、三角形的认识 4. 能用实物再现图中物体的空间关系 5. 体验以 ABB、ABC 为单位的重复排列,并能全范例复制或按半范例拓展 6. 能根据形状线索和画面线索选择合适的补块,尝试运用平移、旋转完成补图	1. 体验常见立体图形各平面的特征 2. 感知平面图形的边、角的特点 3. 认识三角形、长方形、梯形、椭圆形等常见几何图形的基本特征,并能分类 4. 根据形状的特征选择合适的材料,用来制作其他东西 5. 感知行、列坐标的意义并进行相应的匹配 6. 感知物体或图形的形体结构特征,能拼搭出造型 7. 感知物体的空间位置关系,用方位语言描述物体的位置和方向 8. 创造或扩展一个简单的模式,如:ABAB	1. 分析、比较图形特征,对图形进行定义和分类 2. 感知不同的图形可以合成一个新的图形(组合),或分割成其他图形(分解) 3. 用移动、翻转或旋转变化等方式进行图形变换 4. 区分正方体和长方体,知道其共同点和不同点 5. 理解行、列坐标的意义和空间关系 6. 区分人与物之间的空间关系(以自身为中心的左右和以客体为中心的左右) 7. 理解方向标记的意义,用方向标记做记录 9. 发现立体图形中的遮挡空间关系 10. 识别、创造或扩展一个复杂的模式,如:ABA′B′

(三)测量

表8　测量

小　班	中　班	大　班
使用测量术语描述单个物体、人或事件,作为其身份的一部分,如:我很大,我是跑得最快的人	1. 能用多种自然测量法进行测量,并用简单的符号和数字表示测量结果 2. 理解测量单位,知道单位相等,且不间断或不重叠才能进行比较 3. 使用比较级测量词语对两个人、物体或事件进行比较或排序	1. 了解和确定物体的属性特征,据此进行比较与测量 2. 理解并使用单位概念,通过测量对事物进行比较排序 3. 使用高级测量词语对三个或更多的人、物体或事件进行比较或排序 4. 知道尺子的用途和刻度的意义,使用厘米尺测量生活中物体的长度

(四)探究发现

表9　探究发现

小　班	中　班	大　班
1. 认识常见的动植物,能注意并发现周围的动植物是多种多样的 2. 能感知并发现物体和材料的软或硬、光滑或粗糙等特性 3. 能感知并体验天气对自己生活和活动的影响 4. 初步了解并体会动植物和人们生活的关系 5. 感知和发现周围物体的形状是多种多样的	1. 能感知和发现动植物的生长变化及其基本条件 2. 能感知和发现常见材料的溶解、传热等性质或用途 3. 能感知和发现简单的物理现象,如物体形态或位置变化等 4. 初步感知常用科技产品与自己生活的关系,知道科技产品有利也有弊 5. 初步了解人们的生活与自然环境的密切关系,知道尊重和珍惜生命,保护环境	1.能观察到动植物的外形特征、习性与生存环境的适应关系 2. 能发现常见物体的结构与功能之间的关系 3. 能探究并发现常见的物理现象产生的条件或影响因素 4. 感知并了解季节变化的周期性,知道变化的顺序

（五）探究能力

表 10 探究能力

小 班	中 班	大 班
1. 用多种感官探索事物 2. 对感兴趣的事物能仔细观察并发现其明显特征 3. 在操作材料时，会提出关于发生了什么的简单问题 4. 对自己简单的科学观察和发现，期望得到成人关注 5. 通过模仿展示对自然和物质世界的认识 6. 以做选择的方式做预测 7. 探索各种工具本身	1. 用多种感官来探索材料，开始表现出对事物变化过程的兴趣 2. 观察事物如何运用或事情在什么时候发生，当事情发生时表达或评论自己所看到的 3. 能对事物或现象进行观察比较，发现其相同点与不同点 4. 用简单的口语描述自己看到或做过的事 5. 通过简单的调查收集信息，用图画或符号进行记录 6. 通过反复试误去探究材料 7. 使用工具支持自己的游戏	1. 用多种感官更加细致地探索自然和物质世界 2. 通过观察、比较与分析，发现并描述不同种类的物体的特征或某个事物前后的变化 3. 表达一种想法并通过实验对其进行验证 4. 在成人的帮助下，能制订简单的调查计划，并执行 5. 用数字、图画、图表或其他符号记录 6. 在操作材料时，会提出关于发生了什么的问题，并通过实验去寻找答案 7. 根据已有经验做出预测，解释预测。基于观察结果验证预测，对结果进行口头解释 8. 以简单的方式解释工具如何工作以及能够做什么

四、表达与创造

(一) 欣赏

表 11　欣赏

小　班	中　班	大　班
1. 喜欢观看花草树木、日月星空等大自然中美的事物 2. 对大自然、艺术作品的美有积极的情感反应 3. 了解各种艺术形式中文学、音乐、美术、建筑、雕塑等基本表现手段，如颜色、声音、形状、动作、手势等 4. 初步感知不同文学作品的特点，如儿歌的韵律，故事的起始与结尾等 5. 喜欢跟读韵律感强的儿歌或童谣，感知儿歌朗朗上口的特点 6. 喜欢倾听运用不同修辞方式的文学作品 7. 愿意在成人陪伴下听音乐，看舞蹈、戏剧，对戏剧游戏有兴趣 8. 观察或参与创造性艺术活动	1. 关注自然界和生活环境中美的事物的形态、色彩等特征 2. 欣赏艺术作品时会产生相应的联想和情绪反应 3. 区分并说出各种艺术形式中的基本表现手段，如颜色、声音、形状、节奏、动作、手势等 4. 了解诗歌、故事、散文等不同体裁文学作品的特点和风格 5. 体会散文中描绘的各个画面的内容与意境 6. 理解文学作品中运用比喻、拟人、夸张等修辞方法的语句所表现的内容 7. 感知声音中的高低、长短、强弱的变化 8. 喜欢欣赏音乐、文学、美术等艺术作品，体会作品所表达的情绪情感，产生喜悦、担忧等情绪反应 9. 对戏剧游戏有积极的兴趣，理解艺术形象，关注人物角色的发展和相互影响 10. 对幼儿园周围的各种建筑有兴趣，了解不同的建筑风格 11. 在空闲时间愿意参加有趣的、丰富的活动，形成一定的休闲文化的基础，如游戏、阅读图书、绘画、泥塑、搭建、参观等	1. 能对自然界和生活环境中有特点的声音产生相应的联想 2. 艺术欣赏时能用表情、动作、语言等方式表达自己的理解 3. 艺术欣赏时能描述风格和内容方面的艺术特征 4. 愿意和别人分享、交流自己喜欢的艺术作品和美感体验，说出自己的艺术作品所表达的内容 5. 进一步感知不同类型诗歌，如数字歌、连锁调、谜语、绕口令等的特点 6. 感知不同风格、不同体裁作品中持续变化所带来的语境效果 7. 能初步感受文学语言的美 8. 爱好音乐、文学、美术等优秀的艺术作品，理解作品所表达的情感 9. 在空闲时间常进行有趣的、有益的、丰富的活动，形成良好的休闲文化的基础，如游戏、运动、阅读、绘画、泥塑、搭建、散步和参观等

(二) 表现

表 12　表现

小　班	中　班	大　班
1. 能口齿清楚地说儿歌、童谣或复述简单的故事 2. 根据成人的讲述或朗诵形成对文学作品中人物的动作、表情等的想象，并做出相应动作 3. 根据自己的经验和想象，替换作品中的单个要素，如角色、动作、对象，初步仿编文学作品 4. 经常自哼自唱或模仿有趣的动作、表情和声调，模仿学唱短小歌曲 5. 倾听环境中的声音，使用日常生活中的材料制造声音，尝试模仿声音 6. 学习串铃、铃鼓、有硬把的碰铃、鼓等可用大臂肌肉动作演奏的打击乐器的基本奏法，学会用适中的力量演奏 7. 能独立随熟悉的歌曲或乐曲有节奏地演奏，或在集体中合拍地齐奏 8. 探索用身体或身体的部分来做律动 9. 经常涂涂画画、粘粘贴贴，并乐在其中 10. 会画一些独立的构造简单的物体和内容简单的情节 11. 能用声音、动作、姿态模拟自然界的事物和生活情景 12. 在音乐的伴奏下，在旁白的配合下能模仿动物的动作	1. 结合已有的生活和文学作品的学习经验，表达对作品的初步感受，尝试有感情地讲故事、朗诵诗歌 2. 通过替换文学作品中的多个要素，仿编一个文学作品的片段或续编一个情节，合理且有逻辑 3. 能唱熟悉的简单歌曲，能唱出歌曲副歌或合唱部分的所有歌词或大部分歌词 4. 给熟悉的歌曲创编歌词，根据歌词即兴创作曲子来表达自己的心情 5. 能用一两种与音乐有关的方式来律动 6. 进一步学习一些打击乐器（如小钹、圆弧响板、吊钹、沙球等）的基本奏法，学会追求适中的音量和美好的音色 7. 学会辨别不同乐器的音色特征，体会各种演奏方案中音乐配置的对比性规律，在老师指导下尝试集体设计演奏方案 8. 进一步学会看指挥齐奏、合奏，保持自己的演奏速度和节奏型 9. 经常用绘画、捏泥、手工制品等多种方式表现自己的所见所想 10. 和同伴一起进行简单的扮演游戏，丰富游戏想法	1. 借助动作或口头语言表现不同类型诗歌的节奏和韵律，有感情地讲故事、朗诵散文 2. 结合生活经验谈论自己对文学作品主题或意境的理解 3. 调动生活经验，尝试用文学性、书面化的语言仿编、续编、创编诗歌、故事、散文等 4. 能唱复杂的歌曲，能唱合唱部分和几小节，游戏时能创作并演唱简单的歌曲 5. 能用律动或简单的舞蹈动作表现自己的情绪或自然界的情景 6. 进一步学习更多种类的打击乐器（如木鱼、双响筒、三角铁等需用腕、指等小肌肉动作演奏的乐器）的基本演奏方法，学会追求音色、音量的表现力 7. 体会各种演奏方案中音色、音量和节奏型配置的表现规律，初步学会独立设计演奏方案，并积极参与展示 8. 迅速、正确地按指挥的手势演奏，能在齐奏或合奏中始终保持自己的声部，并能有意识地与集体形成默契 9. 能用自己制作的美术作品布置环境，美化生活

续　表

小　班	中　班	大　班
13. 在戏剧游戏中能用语言伴随自己的动作，有初步的自主性和积极性 14. 能用平铺、垒高、对称等方式按照自己的构思建造建筑物 15. 游戏后把建构材料整齐地放回盒子 16. 乐于在成人陪同下做戏剧、绘画等有趣的活动，包括节日庆祝活动 17. 在成人的帮助下制作小饰物装扮教室，营造节日的氛围	11. 戏剧游戏中，能创编动物、人物的动作 12. 进行简单的戏剧表演，运用熟悉且富有表现力的手段来表现形象 13. 用多种材料建造建筑物，并用各种配件装饰建筑物 14. 游戏后能主动将建构材料分类收拾整齐 15. 和成人同伴共同庆祝传统的、幼儿园的、国际的节日 16. 积极参加节日准备和庆祝活动，装饰班级环境	10. 能用常见的几何形体进行组合绘画或添画出各种有创意的物体造型 11. 用材料或工具的特征来代表某件东西或创造某种效果，表达自己的感受和想象 12. 在丰富的戏剧表演场景中进行表演，积极参与各种戏剧演出 13. 能为自己的表演选择和搭配简单的服饰、道具或布景 14. 戏剧表演中能运用日用品亲手制作服装配饰等建立起角色的行为主线 15. 即兴创作，自由表达自己对角色的理解 16. 发现周围建筑物之间的联系，根据尺寸和结构创建各种建筑物 17. 热情、积极地对待节日，投身于节日的欢乐（艺术）活动中，活动中自己能亲手制作礼物 18. 庆祝祖国的、民间的、幼儿园的、国际的节日 19. 主动参加节日准备和庆祝活动，装饰班级、艺术大厅和幼儿园区域等空间

五、交往与适应

（一）人际交往

表13 人际交往

小 班	中 班	大 班
1. 愿意和小朋友在一起游戏，和熟悉的长辈一起活动 2. 想加入同伴的游戏时，能友好地提出请求 3. 在成人指导下，不争抢不独霸玩具，与同伴发生冲突时能听从成人的劝解 4. 别人对自己说话时能注意听并做出回应 5. 能大方地与人打招呼 6. 在提醒下能做到不打扰别人 7. 长辈讲话时能认真听，并听从长辈的要求 8. 身边的人生病或不开心时表示同情	1. 主动参与自己感兴趣的活动 2. 会运用介绍自己、交换玩具等简单技巧加入同伴游戏 3. 能用帮助、分享、轮流和交换的方式和自己喜欢的人交往 4. 与同伴发生冲突时能在他人帮助下和平解决，不欺负弱小 5. 在群体中能有意识地听与自己有关的信息 6. 活动时愿意接受同伴的意见和建议 7. 愿意与他人交谈，会用礼貌的方式向长辈表达自己的要求和想法 8. 喜欢和长辈交谈，有事愿意告诉长辈 9. 能注意到别人的情绪，并有关心体贴的表现	1. 能较快融入新的人际关系环境；有自己的好朋友，也喜欢结交新朋友 2. 能主动发起或加入同伴的游戏或活动；活动中能与他人分工合作，相互配合，协商讨论 3. 关注并热爱周围的人，有庆祝成人、朋友们值得纪念的事件的愿望 4. 有高兴的或有趣的事，愿意与大家分享；能想办法吸引同伴和自己一起游戏 5. 有问题愿意向别人请教；与别人的看法不同时敢于坚持自己的意见，并说出理由 6. 不欺负别人也不允许别人欺负自己 7. 能关注别人的情绪和需要，并能给予力所能及的帮助 8. 关心年纪小的伙伴，帮助他们，保护他们，热心，富有同情心

(二)社会适应

表 14 社会适应

小 班	中 班	大 班
1. 对群体活动有兴趣 2. 对幼儿园的生活好奇,喜欢上幼儿园,喜欢班上的老师 3. 知道父母的职业 4. 在提醒下能遵守游戏和公共场所的规则 5. 知道不经允许不能拿别人的东西,借别人的东西要归还 6. 在成人的提醒下爱护玩具 7. 不吃陌生人给的东西,不跟陌生人走	1. 愿意并主动参加群体活动 2. 关心了解长辈和身边的人 3. 认识了解常见社会成员的工作和自己的关系 4. 感受规则的意义并能基本遵守规则 5. 不私自拿不属于自己的东西 6. 知道说谎是不对的,知道接受了的任务要努力完成 7. 在提醒下能节约粮食、水、电等 8. 知道在公共场合不远离成人的视线单独活动,知道简单的求助方式	1. 在群体中积极快乐 2. 了解与自己生活有关的不同场所,知道他们与自己生活的关系 3. 了解城市中不同的职业、工作,熟悉身边一起生活、密切相关的人 4. 尊重为大家提供服务的人,珍惜他们的劳动成果 5. 接纳、尊重与自己的生活方式或习惯不同的人 6. 理解规则的意义,能与同伴协商制订游戏和活动规则 7. 爱惜物品,用别人的东西时也知道爱护 8. 爱护身边的环境,注意节约资源

(三)社会归属

表 15 社会归属

小 班	中 班	大 班
1. 知道和自己一起生活的家庭成员及其与自己的关系,体会到自己是家庭的一员 2. 能感受到家庭生活的温暖,爱父母,亲近与信赖长辈 3. 能说出自己家所在街道、小区的名称 4. 认识国旗,知道国歌	1. 喜欢自己所在的幼儿园和班级,积极参加集体活动 2. 知道父母的职业,能体会到父母为养育自己所付出的辛劳 3. 能说出自己家所在地的省、市、县(区)名称,知道当地有代表性的物产或景观 4. 知道自己是中国人,奏国歌、升国旗时能自觉站好	1. 能感受到家乡的发展变化,并为此感到高兴 2. 知道国家一些重大成就,爱祖国,为自己是中国人感到自豪 3. 知道自己的民族,知道中国是一个多民族的大家庭,各民族之间要互相尊重、团结友爱 4. 以客观、公正、开放、包容的态度对待外来文化,感受文化的独特性和多样性

六、习惯与态度

(一) 习惯

表 16　习惯

小　班	中　班	大　班
1. 在提醒下,按时睡觉和起床,并能坚持午睡 2. 在成人的帮助下学会按次序穿脱衣服 3. 在引导下,不偏食、不挑食,喜欢吃瓜果、蔬菜等新鲜食品 4. 愿意饮用白开水,不贪喝饮料 5. 不用脏手揉眼睛,连续看电视等不超过 15 分钟 6. 在提醒下,每天早晚刷牙,饭后漱口,饭前便后洗手 7. 与别人讲话时知道眼睛看着对方,说话自然,声音大小适中 8. 能在成人的提醒下使用恰当的礼貌用语 9. 遵守幼儿园活动室和区域内的秩序 10. 能独立完成一些简单的任务 11. 知道由食物产生的垃圾应放进厨余垃圾箱(袋)	1. 每天早晚刷牙,饭前便后洗手,方法基本正确 2. 有独立穿衣服的能力,养成整齐摆放和挂好衣物的习惯,能在成人的帮助下使衣物保持整洁 3. 不偏食、不挑食,不暴饮暴食,喜欢吃瓜果、蔬菜等新鲜食品 4. 常喝白开水,不贪喝饮料 5. 知道保护眼睛,不在光线过强或过暗的地方看书,连续看电视等不超过 20 分钟 6. 别人对自己讲话时能回应,根据场合调节自己说话声音的大小,能主动使用礼貌用语,不说脏话 7. 养成自觉保持班级活动室和幼儿园区域秩序的习惯 8. 独立完成值日任务 9. 能分清日常生活垃圾,并放进相应的垃圾箱	1. 养成每天按时睡觉和起床的习惯 2. 主动保护眼睛,不在光线过强或过暗的地方看书 3. 每天早晚主动刷牙,饭前便后主动洗手,方法正确 4. 巩固独立穿衣服和脱衣服的能力,整齐摆放柜子里的衣物。保持外表的干净整洁,珍爱个人物品 5. 别人讲话时能积极主动地回应,能根据谈话对象和需要调整说话的语气 6. 有在体育活动前帮成人准备器材,活动后收拾好归位的习惯 7. 帮助成人保持班级的秩序,擦拭清洗玩具,整理游戏材料,修理图书,等 8. 形成保持幼儿园区域秩序的能力 9. 认真完成值日生工作 10. 懂得按次序轮流讲话,不随意打断别人,能依据所处情境使用恰当的语言,如在别人难过时会用恰当的语言表示安慰 11. 日常生活中养成垃圾分类的习惯,并能提醒别人

（二）态度

表 17　态度

小　班	中　班	大　班
1. 在短时间内持续参与一项感兴趣的活动 2. 观察专注于一项任务或活动的其他人 3. 喜欢承担一些小任务 4. 遇到困难时用语言或手势向成人求助 5. 能说出一个想要活动的内容 6. 在帮助下能制订一项计划 7. 为自己的行为或活动成果感到高兴 8. 自己能做的事愿意自己做 9. 珍惜成人的劳动成果 10. 回忆并简单讲述自己做过的或与当前事件密切联系的事情，以及当时用过的材料	1. 在适度的时间内持续参与一项感兴趣的活动 2. 敢于尝试有一定难度的活动和任务 3. 知道接受了的任务要努力完成 4. 遇到问题寻求帮助以解决问题，尝试一两种解决问题的方法 5. 活动中能把所做的事情和计划联系在一起 6. 活动时愿意接受同伴的意见和建议 7. 知道自己的一些优点和长处，并对此感到满意 8. 回忆并讲述自己做过的事情的细节，以及所获得的经验	1. 在长时间内持续参与一项感兴趣的活动 2. 对自己感兴趣的问题能够刨根问底 3. 探索中有所发现时感到兴奋和满足 4. 能随着活动的需要，转换情绪和注意力 5. 愿意为集体做事，为集体的成绩感到高兴 6. 自己的事情自己做，不会的愿意学 7. 主动承担任务，并坚持完成任务 8. 遇到困难能够坚持，或与同伴一起克服，而不轻易求助 9. 做了错事敢于承认，不说谎 10. 能制订一项包括区域、材料、行为和游戏伙伴等较为详细的信息的计划 11. 能在活动中实施自己制订的计划 12. 详细回忆并描述一件或多件自己做过的事情，并能基于前期经验行动